权威·前沿·原创

皮书系列为
"十二五""十三五"国家重点图书出版规划项目

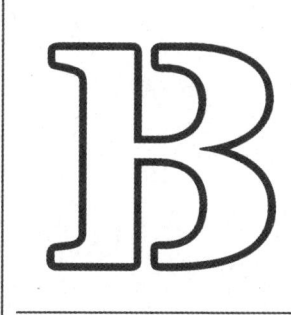

智库成果出版与传播平台

河北农业农村经济发展报告（2021）

AGRICULTURAL AND RURAL ECONOMY DEVELOPMENT
REPORT OF HEBEI(2021)

主　编 / 康振海
执行主编 / 穆兴增　张　波
副主编 / 段小平

社会科学文献出版社
SOCIAL SCIENCES ACADEMIC PRESS (CHINA)

图书在版编目(CIP)数据

河北农业农村经济发展报告.2021/康振海主编
.--北京：社会科学文献出版社，2021.4
（河北蓝皮书）
ISBN 978-7-5201-8050-4

Ⅰ.①河… Ⅱ.①康… Ⅲ.①农业经济发展-研究报告-河北-2021②农村经济发展-研究报告-河北-2021 Ⅳ.①F327.22

中国版本图书馆CIP数据核字（2021）第040872号

河北蓝皮书
河北农业农村经济发展报告（2021）

主　　编／康振海
执行主编／穆兴增　张　波
副 主 编／段小平

出 版 人／王利民
组稿编辑／高振华
责任编辑／连凌云
文稿编辑／刘　燕

出　　版／社会科学文献出版社·城市和绿色发展分社（010）59367143
　　　　　　地址：北京市北三环中路甲29号院华龙大厦　邮编：100029
　　　　　　网址：www.ssap.com.cn
发　　行／市场营销中心（010）59367081　59367083
印　　装／天津千鹤文化传播有限公司

规　　格／开　本：787mm×1092mm　1/16
　　　　　　印　张：18.25　字　数：270千字
版　　次／2021年4月第1版　2021年4月第1次印刷
书　　号／ISBN 978-7-5201-8050-4
定　　价／128.00元

本书如有印装质量问题，请与读者服务中心（010-59367028）联系

▲ 版权所有 翻印必究

河北蓝皮书（2021）
编辑委员会

主　任　康振海

副主任　彭建强　张福兴　焦新旗　肖立峰　孟庆凯

委　员　（按姓氏笔画排序）
　　　　王文录　王建强　王亭亭　王艳宁　史广峰
　　　　李鉴修　陈　璐　黄军毅　穆兴增

主编简介

康振海 中共党员，1982年毕业于河北大学哲学系，获哲学学士学位；1987年9月至1990年7月在中共中央党校理论部中国现代哲学专业学习，获哲学硕士学位。

三十多年来，康振海同志长期工作在思想理论战线。曾任河北省委宣传部副部长；2016年3月至2017年6月任河北省作家协会党组书记、副主席；2017年6月至今任河北省社会科学院党组书记、院长，河北省社科联第一副主席。

康振海同志著述较多，在《人民日报》《光明日报》《经济日报》《中国社会科学报》《河北日报》《河北学刊》等重要报刊和社会科学文献出版社、河北人民出版社等发表、出版论著多篇（部），主持完成多项国家级、省部级课题。主要代表作有：《中国共产党思想政治工作九十年》《雄安新区经济社会发展报告》《让历史昭示未来——河北改革开放四十年》等著作；发表了《传承中华优秀传统文化　推进文化强国建设》《以优势互补、区域协同促进高质量脱贫》《在推进高质量发展中育新机开新局》《构建京津冀协同发展新机制》《认识中国发展进入新阶段的历史和现实依据》《准确把握推进国家治理体系和治理能力现代化的目标任务》《奋力开启全面建设社会主义现代化国家新征程》《新时代：我国发展新的历史方位》《以"塞罕坝精神"再造绿水青山》等多篇理论调研文章；主持"新时代生态文明和党的建设阶段性特征及其发展规律研究""《宣传干部行为规范》可行性研究和草案初拟研究"等多项国家级、省部级立项课题。

摘　要

《河北农业农村经济发展报告（2021）》全面系统地回顾了2020年河北省农业农村经济运行情况，对2021年全省农业农村经济走势进行了分析预测，针对都市农业发展、乡村振兴与脱贫攻坚有效衔接、京津冀农业科技协同创新发展等热点问题进行了专题研究，有针对性地提出促进河北省农业农村经济健康发展的对策建议。2020年是全面建成小康社会、实现第一个百年奋斗目标的决胜之年，但也是我国经济社会发展面临形势最为复杂的一年。面对突如其来的新冠肺炎疫情造成的不利影响，河北省坚决贯彻党中央决策部署和习近平总书记重要指示批示精神，坚决落实中央关于保障重要农产品有效供给的要求，坚持农业农村优先发展，坚持防控疫情、稳产保供两手抓、两手硬，全力保障粮食、蔬菜、肉类等重要农产品有效供给，农业农村经济总体平稳，粮食生产再获丰收，主要农产品生产供给稳定，保障京津供应作用明显，为抗击疫情、保障全省经济社会稳定做出了重要贡献。62个贫困县全部脱贫摘帽，232.3万人全部达到稳定脱贫条件，全面建成小康社会目标如期实现。展望2021年，新冠肺炎疫情持续影响全球经济，河北省农业农村发展的机遇挑战并存。河北省将把握扩大内需战略基点，增加农村有效投资，推动农村消费升级，落实"藏粮于地、藏粮于技"战略，切实保障粮食等重要农产品供应安全，全面融入以国内大循环为主体、国内国际双循环相互促进的新发展格局，大力发展现代都市农业，加快发展科技农业、绿色农业、品牌农业、质量农业，调优调强农业生产结构，提升农业生产

质量效益；培育壮大新型经营主体，深化农业农村改革，健全统筹发展体制机制，推动脱贫攻坚与乡村振兴有效衔接，巩固拓展脱贫攻坚成果，夯实乡村振兴、共同富裕基础。

关键词： 河北省　农业农村　脱贫攻坚　乡村振兴　新冠肺炎疫情

Abstract

Agricultural and Rural Economy Development Report of Hebei (2021) makes a comprehensive and systematic review of the agricultural & rural economy operation situation of Hebei Province in 2020, conducts an analysis and forecast of the provincial rural economy trend in 2021, performs a special study of hot issues such as the development of urban agriculture, the effective connection between the rural revitalization and the struggles for poverty eradication, and Beijing-Tianjin-Hebei sci-tech collaborative innovative development, and puts forward targeted policy proposals to promote good development of the agricultural & rural economy of Hebei Province. The year 2020 is the decisive year in building a moderately prosperous society in all respects and realizing the first century-goal, but also the most complicated year in situations facing China's economic and social development. Faced with adverse impacts caused by the sudden COVID – 19 Epidemic, Hebei Province has been resolutely carrying out decision arrangements by the Party Central Committee and the spirit of President Xi Jinping's important instructions and comments as well as the Party Central Committee's requirement for guaranteeing effective supply of important agricultural products, giving priority to the agricultural and rural development, attaching equal importance to the prevention and control of epidemic situation and stabilizing production and ensuring supply to exert efforts in guaranteeing effective supply of important agricultural products such as grain, vegetables and meats; resultantly the agricultural and rural economy has been steady on the whole, the grain production has achieved harvest again, the production and supply of main agricultural products has been in a steady state, which has played a striking role in guaranteeing the supply to Beijing and Tianjin, and made important contributions to triumphing over the epidemic situation and guaranteeing the stability of the provincial economy and society; 62 poverty-stricken counties have eradicated poverty wholly, 2.323 million people all have reached the condition for stability in poverty eradication, and the goal of building a moderately prosperous society in all respects has been realized on schedule. The 2021 year will see the sustained impact of COVID – 19 Epidemic to the global economy, and the coexistence of opportunities and challenges of Hebei's agricultural and rural development. Hebei Province will grasp the strategic basic point of expanding domestic demands, increase effective investment in rural areas, advance the rural consumption upgrading, carry out the strategy of storing grain in land and technology, well guarantee security in supply of important agricultural products such as grain, incorporate itself into the new pattern of the domestic great circulation playing a major role and the domestic and international "dual circulations" promoting each other in an all-round way, vigorously develop the modern urban agriculture, accelerate the development of sci-tech agriculture, green agriculture, branded agriculture, and quality agriculture, adjust the agricultural production structure for the better and strong, improve the quality and return of agricultural production; foster and build up new-type business entities, deepen the agricultural and rural reform, establish complete systems and mechanisms of overall planning for development, advance the effective connection between the rural revitalization and the struggles for poverty eradication, consolidate and extend achievements of the struggles for poverty eradication, and tamp the solid foundation for the rural revitalization and common prosperity.

Keywords: Hebei Province; Agriculture & Rural Areas; Struggles for Poverty Eradication; Rural Revitalization; COVID – 19 Epidemic

序　言

2020年是极不平凡的一年，世纪疫情和百年变局交织，风险挑战世所罕见。河北省委、省政府坚持以习近平新时代中国特色社会主义思想为指导，认真贯彻落实党中央、国务院关于"三农"工作决策部署，扎实做好"六稳"工作，全面落实"六保"任务，坚持疫情防控、稳产保供两手抓、两手硬，全力保障粮食、蔬菜、肉类等重要农产品有效供给，奋力夺取疫情防控和经济社会发展双胜利，河北农业农村工作在全省经济社会全局发展中发挥了"基本盘""压舱石"的战略作用，各项事业取得历史性进展、发生历史性新变化，农业高质量发展实现突破，"十三五"规划目标圆满实现，全面建成小康社会取得决定性成就，为开启全面建设社会主义现代化国家新征程奠定了坚实基础。

2021年是我国实施"十四五"规划、开启全面建设社会主义现代化国家新征程的第一年，是中国共产党成立100周年，也是河北省全面加快建设经济强省、美丽河北的关键之年。河北省将按照省委九届十一次、十二次全会部署，以实施乡村振兴战略为总抓手，坚定不移贯彻新发展理念，坚持稳中求进工作总基调，坚持党对农村工作的全面领导，坚持农业农村优先发展，坚持农业现代化与农村现代化一体设计、一并推进，围绕粮食安全、产业提升、乡村建设、农村改革四条主线，强化根基、重点突破、系统推进，加快促进农业高质高效、乡村宜居宜业、农民富裕富足，实现"十四五"良好开局，为新时代全面建设经济强省、美丽河北提供有力支撑。重点工作将从五大方面着手：加强耕地保护和粮食生产，确保重要农产品有效供给；

持续深化"四个农业",推动农业高质量发展;实施乡村建设行动,改善农村生产生活条件;深化农村重点领域改革,增强农业农村发展活力;强化经济运行调度,保持农业农村经济健康平稳发展。力争通过5年的努力,全省乡村振兴取得显著进展,农业农村现代化水平明显提高,加快实现农业大省向农业强省转变,传统农村向美丽宜居乡村转变。

《河北农业农村经济发展报告(2021)》全面系统地回顾了2020年河北省农业农村经济运行情况,对2021年全省农业农村经济走势进行了分析预测,有针对性地提出了一些促进河北省农业农村经济健康发展的对策建议。本书分为四个部分。第一部分为总报告,对2020年河北省农业农村经济总体运行态势进行了回顾,分析了2021年河北省农业农村经济发展的宏观形势与面临的问题,并预测了2021年河北省农业农村经济发展的态势,针对河北省农业农村发展中存在的问题提出了具体对策建议。第二部分为分报告,对河北省粮食生产、畜牧经济、蔬菜经济、水果产业、渔业经济、农产品生产者价格、农村居民收入、农村居民生活消费、农村市场价格、农产品进出口贸易情况进行了分析和预测,针对各行业、各领域存在的问题和主要矛盾提出对策建议。第三部分为专题研究,主要围绕年度热点、难点和重点问题进行分析和探讨,本年度围绕乡村振兴战略中的产业振兴开展专题研究,包括河北省实施乡村振兴战略的阶段进展与总体趋势、京津冀农业科技协同创新策略及路径研究、都市农业发展策略、提升农业产业化经营水平促进乡村产业兴旺的举措研究、脱贫攻坚与相对贫困治理有效衔接的路径与对策、县域经济转型升级的思路与对策、城乡产业融合发展的对策建议、加快农业农村改革培育现代农业发展动力研究、农村能源转型与优化发展策略等。第四部分为典型村调查,围绕实施乡村振兴战略,深度剖析一个具有代表性的村庄,为全省推动乡村振兴战略实施积累经验,本年度重点介绍了河北省保定市涞水县南峪村通过发展乡村旅游推动产业兴旺的探索实践。

本书作为河北省社会科学院每年一卷的农业农村研究系列丛书,原为年度《河北省农村经济形势分析与预测》,已经由河北人民出版社连续出版18年。从2018年开始本书改名为《河北农业农村经济发展报告》,由社会科学文献出版社出版。改名后，我们总体延续了《河北省农村经济形势分析与预测》原来的研究体例，保持了统计数据和经济分析方法的连续性，力求体系完整、内容丰富、图文并茂、实用性强，能够为省委、省政府及有关部门决策提供参考依据，能够为普通群众提供信息、答疑解惑。

由于影响农业农村经济发展的因素众多，预测分析的挑战性强，书中涉及大量的统计调查数据，数据来源、调查时点、统计口径不同，不同报告之间的部分数据可能不尽一致，加之受资料、研究时间等诸多条件限制，书中仍可能存在一些缺点和不足，希望广大读者提出宝贵意见，以便更好地发挥蓝皮书的决策参考作用。

编 者

2020年12月

目 录

Ⅰ 总报告

B.1 2020~2021年河北省农业农村经济发展报告
.... 穆兴增 张 波 段小平 燕泽英 田文中 / 001

Ⅱ 分报告

B.2 2020~2021年河北省粮食生产形势分析与预测 ……… 许文丽 / 023

B.3 2020~2021年河北省畜牧经济形势分析与预测
.... 穆兴增 赵学风 马修国 / 032

B.4 2020~2021年河北省蔬菜经济形势分析与预测 ……… 宗义湘 / 048

B.5 2020~2021年河北省水果产业形势分析与预测
.... 李 军 王俊芹 袁 媛 / 065

B.6 2020~2021年河北省渔业经济形势分析与预测 ………… 周栓林 / 075

B.7 2020~2021年河北省农产品生产者价格形势分析与预测
.... 康振江 / 086

B.8 2020~2021年河北省农村居民收入形势分析与预测
　　…………………………………………………………… 张　坤 / 092

B.9 2020~2021年河北省农村居民生活消费形势分析与预测
　　…………………………………………………………… 张　坤 / 100

B.10 2020~2021年河北省农村市场价格形势分析与预测
　　…………………………………………………………… 谢　蕾 / 107

B.11 2020~2021年河北省农产品进出口贸易形势分析与预测
　　………………………………………………… 邵红岭　路　剑 / 116

Ⅲ　专题研究

B.12 全面建成小康社会背景下河北省实施乡村振兴战略的阶段进展
　　与总体趋势 …………………………………………… 张　波 / 132

B.13 河北省推进京津冀农业科技协同创新策略及路径研究
　　…………………………………………………………… 陈建伟 / 149

B.14 河北省都市农业发展策略研究 ……………………… 魏宣利 / 161

B.15 河北省提升农业产业化经营水平促进乡村产业兴旺的举措研究
　　…………………………………………………………… 时方艳 / 174

B.16 河北省脱贫攻坚与相对贫困治理有效衔接的路径与对策
　　…………………………………………………………… 赵然芬 / 188

B.17 加快推动河北省县域经济转型升级的思路与对策
　　………………………………………………… 李　军　李云霞 / 201

B.18 加快河北省城乡产业融合发展的对策建议 ………… 闫永路 / 216

B.19 河北省加快农业农村改革培育现代农业发展动力研究
　　…………………………………………………………… 段小平 / 225

B.20 河北省农村能源转型与优化发展策略研究
··· 耿卫新　韩彦慧 / 237

Ⅳ　典型村调查

B.21 河北省保定市涞水县南峪村调研报告
　　——一个太行深山网红民宿旅游品牌的兴起
··· 闫永路 / 251

B.22 后　记 ··· / 264

CONTENTS

I General Report

B.1 Agricultural & Rural Economy Development Report of Hebei (2020-2021)
Mu Xingzeng, Zhang Bo, Duan Xiaoping, Yan Zeying and Tian Wenzhong / 001

II Sub-reports

B.2 An Analysis and Forecast of the Grain Production Situation of Hebei Province (2020-2021) *Xu Wenli* / 023

B.3 An Analysis and Forecast of the Livestock Farming Economy Situation of Hebei Province (2020-2021)
Mu Xingzeng, Zhao Xuefeng and Ma Xiuguo / 032

B.4 An Analysis and Forecast of the Vegetables Economy Situation of Hebei Province (2020-2021) *Zong Yixiang* / 048

B.5 An Analysis and Forecast of the Fruit Industry Economy Situation of Hebei Province (2020-2021) *Li Jun, Wang Junqin amd Yuan Yuan* / 065

CONTENTS

B.6 An Analysis and Forecast of the Fishery Economy Situation of Hebei Province (2020-2021) *Zhou Shuanlin* / 075

B.7 An Analysis and Forecast of the Agricultural Product Price Situation of Hebei Province (2020-2021) *Kang Zhenjiang* / 086

B.8 An Analysis and Forecast of the Rural Resident Income Situation of Hebei Province (2020-2021) *Zhang Kun* / 092

B.9 An Analysis and Forecast of the Rural Resident Living Consumption Situation of Hebei Province(2020-2021) *Zhang Kun* / 100

B.10 An Analysis and Forecast of the Rural Market Price Situation of Hebei Province (2020-2021) *Xie Lei* / 107

B.11 An Analysis and Forecast of the Agricultural Product Import & Export Trade Situation of Hebei Province (2020-2021)
Shao Hongling, Lu Jian / 116

III Special Reports

B.12 Initial Headway and Overall Trend of Hebei's Implementing the Rural Revitalization Strategy in the Background of Building a Moderately Prosperous Society in All Respects *Zhang Bo* / 132

B.13 A Study of Tactics & Paths of Hebei's Advancing Beijing-Tianjin-Hebei Agricultural Sci-tech Collaborative Innovation *Chen Jianwei* / 149

B.14 A Study of Hebei's Urban Agriculture Development Tactics
Wei Xuanli / 161

B.15 A Study of Hebei's Moves to Heighten the Level of Industrialization of Agriculture for Promoting the Revitalization of Rural Industries
Shi Fangyan / 174

B.16 Paths and Measures of the Effective Connection between Hebei's Struggles for Poverty Eradication and Its Relative Poverty Governance
Zhao Ranfen / 188

B.17　Thoughts and Measures of Accelerating the Advancement of the Transformation and Upgrading of Hebei's Intra-county Economy

Li Jun, Li Yunxia / 201

B.18　Solution Proposals of Accelerating the Integrated Development of Hebei's Urban and Rural Industries　　*Yan Yonglu* / 216

B.19　A Study of Hebei's Accelerating the Agricultural & Rural Reform to Foster the Dynamic of Modern Agriculture Development

Duan Xiaoping / 225

B.20　A Study of Tactics of Hebei's Rural Energy Transformation and Improvement/Development　　*Geng Weixin, Han Yanhui* / 237

Ⅳ　Investigation Report

B.21　A Survey Report of Nanyu Village, Laishui County, Baoding City, Hebei Province
　　—*A Rise of a Family-inn Tourist Brand as an Internet Celebrity in Taihang Remote Mountains*　　*Yan Yonglu* / 251

B.22　Postscript　　/ 264

总报告
General Report

B.1
2020~2021年河北省农业农村经济发展报告[*]

穆兴增　张　波　段小平　燕泽英　田文中^{**}

摘　要： 2020年是全面建成小康社会、实现第一个百年奋斗目标的决胜之年，但也是我国经济社会发展面临形势最为复杂的一年。面对突如其来的新冠肺炎疫情造成的不利影响，河北省坚决贯彻党中央决策部署和习近平总书记重要指示批示精神，坚持防控疫情、稳产保供两手抓、两手硬，全力保障粮食、蔬菜、肉类等重要农产品有效供给，为抗击疫情、保障全省经济社会稳定做出了重要贡献，全力推进脱贫攻坚，62

---

* 本报告数据来源于河北省统计局2020年1~9月《统计月报》，2011~2020年《河北经济年鉴》。
** 穆兴增，河北省社会科学院农村经济研究所所长、研究员，主要研究方向为农业农村经济、畜牧经济；张波，河北省社会科学院农村经济研究所副所长、研究员，主要研究方向为城乡统筹发展；段小平，河北省社会科学院农村经济研究所副研究员，主要研究方向为农业农村经济、产业经济；燕泽英，国家统计局河北调查总队综合处处长、高级统计师，主要研究方向为统计学；田文中，国家统计局河北调查总队综合处副处长、高级统计师，主要研究方向为统计学。

个贫困县全部脱贫摘帽，232.3万人全部达到稳定脱贫条件，全面建成小康社会目标如期实现。展望2021年，新冠肺炎疫情持续影响全球经济，河北省农业农村发展的机遇挑战并存，河北省将把握扩大内需战略基点，持续扩大农村有效投资，推动农村消费升级，全面融入以国内大循环为主体、国内国际双循环相互促进的新发展格局，深入落实"藏粮于地、藏粮于技"战略，切实保障粮食等重要农产品供应安全，大力发展都市现代农业，加快发展科技农业、绿色农业、品牌农业、质量农业，调优调强农业生产结构，提升农业生产质量效益；深化农业农村改革，培育壮大新型经营主体，健全统筹发展体制机制，推动脱贫攻坚与乡村振兴有效衔接，巩固拓展脱贫攻坚成果，夯实乡村振兴、共同富裕基础。

关键词： 农业农村　全面建成小康社会　乡村振兴　新冠肺炎疫情　河北省

2020年是全面建成小康社会的决胜之年，但也是我国经济社会发展面临形势最为复杂的一年。面对突如其来的新冠肺炎疫情造成的不利影响，河北省坚决贯彻党中央决策部署和习近平总书记重要指示批示精神，把抗击新冠肺炎疫情、夺取常态化疫情防控和经济社会发展双胜利作为增强"四个意识"、坚定"四个自信"、做到"两个维护"、当好首都政治"护城河"的现实考验，坚决落实中央关于保障重要农产品有效供给的要求，坚持农业农村优先发展，坚持防控疫情、稳产保供两手抓、两手硬，全力保障粮食、蔬菜、肉类等重要农产品有效供给，农业农村经济总体平稳，粮食生产再获丰收，蔬菜生产平稳增长、畜牧业生产企稳向好，主要农产品生产供给稳定，为抗击疫情、保障全省经济社会稳定健康发展做出了重要贡献，确保了全面建成小康社会目标如期实现。

一 2020年回顾：新冠肺炎疫情背景下，河北省农产品供给稳定，农业农村发展稳中有进，全面建成小康社会目标如期实现

（一）粮食生产保持稳定，主要农产品供给保障有力，在抗击新冠肺炎疫情、保障全省经济社会稳定中做出重要贡献

面对新冠肺炎疫情带来的挑战，河北省统筹疫情防控和经济社会发展，严格落实"米袋子""菜篮子"责任制，稳政策、稳面积、稳产量，持续加强农业生产管理，强化生产农资供应保障，全力保障粮食等重要农产品生产供应。

粮食生产形势好于往年，有效发挥了农业"压舱石"作用。2020年，河北省夏粮播种面积3364.8万亩，夏粮平均亩产432.1公斤，比2019年增产12.6公斤，再创历史新高，夏粮总产量达到1453.9万吨，连续8年继续保持在1400万吨以上。小麦总体质量创历史新高，一等小麦占比比2019年提高14.3个百分点，达到86.5%；小麦耕种收综合机械化水平达到99.5%以上，高出全国4个百分点。全省秋粮播种面积6218.4万亩，比2019年增加34.7万亩。由于播种基础较好、田间管理措施到位，秋粮作物墒情较好、病虫害较轻，全年秋粮生产再获丰收，总产量达到2342万吨，增加79.3万吨，秋粮平均亩产376.6公斤，增加10.7公斤。其中，玉米播种面积5125.7万亩，比2019年增加13.4万亩，总产量达到2051.8万吨，比2019年增加65.2万吨。单产400.3公斤，比2019年增加11.7公斤。2015~2019年河北省粮食总产量见图1。

生猪产能加快恢复，带动畜牧业生产企稳回升。河北省全面落实国家稳产保供政策，全力推动生猪生产，生猪养殖场户补栏积极性高，生猪产能稳步回升。2020年6月，全省生猪存栏1532.1万头，能繁母猪存栏154.7万头，同比分别增长13.8%和10.2%，生猪产能恢复到正常年份存栏量的78.6%，高出全国2个百分点。全省每天净调出生猪2.5万多头，其中调往京津7500头左右。

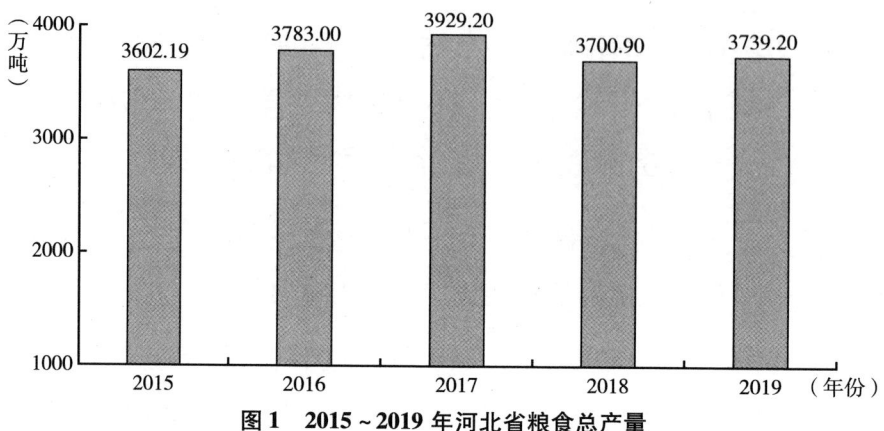

图 1　2015～2019 年河北省粮食总产量

资料来源：2016~2020 年《河北经济年鉴》。

在生猪产能恢复的带动下，全省畜牧业生产企稳回升。2020 年前三季度，河北省畜牧业产值达到 1700.4 亿元，同比下降 0.2%；牛奶产量达到 355.6 万吨，同比增长 10.9%；禽蛋产量达到 293.3 万吨，同比增长 0.3%。到 2020 年 9 月末，全省生猪存栏达到 1679.8 万头，与 2019 年同期相比有了明显增长。

蔬菜生产平稳增长，保障京津供应作用明显。2020 年全省蔬菜生产规模基本稳定，蔬菜播种面积 1204.5 万亩，蔬菜产量 5198.2 万吨，居全国第二位，平均亩产全国第一，是全国为数不多的一年四季可供应充足鲜菜的省份之一。2020 年前三季度，全省蔬菜产量 3191.3 万吨，同比增长 2.4%；瓜果产量 355.7 万吨，比 2019 年同期增长 7.3%。其中，2~4 月，全省蔬菜总供应量超过 1000 万吨，日均供应量在 10 万吨以上，远超本省 5.6 万吨的日需求量，除满足省内市场需求外，每天有 4 万多吨销往京津、湖北等地。

林草覆盖率大幅提高，林果生产基本稳定。河北省大力实施国土绿化三年行动计划，林业建设投资总额、造林面积、造林速度进入历史最好时期。2019 年，全省森林面积达到 9854 万亩，森林覆盖率为 35%；草原面积达到 4266 万亩，草原综合植被盖度提高到 72.3%，高出全国平均水平 16.6 个百分点。林果生产基本平稳。2019 年，全省园林水果产量为 1004.4 万吨，比 2018 年增长 5%；食用坚果产量为 53.2 万吨，比 2018 年下降 5.3%。2020

年前三季度，全省园林水果产量达到555.8万吨，同比增长0.8%，生产规模基本稳定。

渔业生产稳中有降，水产养殖受影响较大。随着渔业生产总量管控，河北省渔业生产规模有所下降。2019年，全省水产品产量为93.4万吨，同比下降9.4%。其中，养殖水产品产量为70.8万吨，同比下降8.8%；捕捞水产品产量为22.6万吨，同比下降11.4%。2020年上半年，河北省水产养殖渔情受新冠肺炎疫情影响，主要监测水产品出塘量减少，养殖品种价格下跌，水产养殖形势总体有所下滑。到第三季度，水产品市场销售有所恢复。

（二）农业农村经济规模稳步扩大，科技、绿色、品牌、质量农业加快发展，农业产业结构持续优化

2019年以来，河北省坚持农业农村优先发展，积极发展现代都市型农业，持续优化农业结构，农业农村经济规模稳步扩大。2019年，全省第一产业增加值达到3518.4亿元，第一产业占全省地区生产总值的比重为10.0%；农林牧渔业总产值达到6061.5亿元，同比增长1.9%；农林牧渔业增加值达到3727.5亿元，同比增长2.1%。

2020年，全省农业农村经济继续保持平稳较快增长态势。2020年前三季度，全省农林牧渔业总产值达到4071.6亿元，同比增长2.4%；农林牧渔业增加值达到2425.2亿元，同比增长2.3%；第一产业增加值同比增长1.9%，比2020年上半年高0.3个百分点。其中，畜牧、蔬菜、果品三大支柱产业产值占农林牧渔业总产值的比重达到74.9%，同比提高1.0个百分点。科技农业、绿色农业、品牌农业、质量农业加快发展，建成一批特色农产品优势区、现代农业园区。建设了81个农业创新驿站，培育出一批优质农产品，全省品牌农产品溢价率平均达到30%以上。化肥、农药使用量持续负增长，畜禽粪污资源化利用率和秸秆综合利用率均高于全国平均水平。全省农产品抽检总体合格率达到99.2%，高于全国平均水平。

河北省在稳定提升粮食综合生产能力的基础上，引导各地加快农业结构调整。全省粮食播种面积基本稳定，非优势区域低效农作物种植面积持续调

减。全省完成168万亩非优势区域低效农作物调减，建设季节性休耕示范区、旱作雨养示范区、冬小麦节水灌溉示范区等节水示范区14个，稳定季节性休耕200万亩，张家口坝上和黑龙港地区旱作雨养试点面积达到65万亩，推广小麦节水种植138万亩。"双高"（高蛋白、高油）大豆、设施蔬菜、高油酸花生、饲用玉米、杂粮杂豆、中药材等特色作物种植面积增加，农业发展质量效益得到提升。

新产业、新业态加快发展。农村电子商务、休闲农业加快发展，农业质量效益得到提升。2020年1~10月，河北省农村网络零售额达到1087亿元，同比增长34.6%。安国市郑章镇、青县曹寺乡、饶阳县王同岳乡入选2020年全国乡村特色产业十亿元镇，宁晋县苏家庄镇伍烈霍村、内丘县侯家庄乡岗底村、深州市穆村乡西马庄村入选2020年全国乡村特色产业亿元村。

（三）主要农产品生产价格稳中有升，农民从事农业生产的积极性有所提升

2020年河北省农产品生产价格总体呈上涨趋势。2020年前三季度，河北省农产品生产价格比2019年前三季度上涨12.2%。在各类农产品生产价格中，粮食、肉类、水果等主要农产品价格均出现不同程度上涨，肉禽、禽蛋价格出现下降。

种植业产品生产价格涨幅明显。在玉米等粮食价格回升的带动下，河北省种植业产品生产价格上涨明显。2020年前三季度，全省种植业生产价格同比上涨16.0%，其中，小麦生产价格同比上涨6.8%，玉米生产价格同比上涨10.9%，薯类生产价格同比上涨88.8%，油料生产价格同比上涨36.3%，蔬菜生产价格同比上涨29.3%，总体涨幅较大。

畜牧业产品生产价格高位运行。2020年前三季度，河北省畜牧业产品生产价格上涨7.4%。其中，生猪生产价格同比上涨62.6%，牛生产价格同比上涨11.2%，羊生产价格同比上涨14.1%。受畜禽存栏大幅增加的影响，肉禽、禽蛋生产价格出现下降。其中，肉禽生产价格同比下降15.9%，禽蛋生产价格同比下降27.9%。奶类生产价格基本稳定，同比上涨1.5%。

水果生产价格上涨明显。受春季倒春寒影响，部分地区水果产量下降，带动水果生产价格上涨。2020年前三季度，河北省水果生产价格同比上涨17.0%。

渔业产品生产价格略有上涨。2020年前三季度，河北省渔业产品生产价格同比上涨3.3%，其中淡水养殖产品生产价格上涨3.3%。

农产品生产价格的上涨有利于增加农业收入，对提高来年农民生产积极性，增加农产品有效供给具有重要作用。

（四）农业农村改革稳步推进，农村集体经济加快发展

全省农村土地承包经营权确权登记颁证基本完成，农村土地所有权、承包权、经营权"三权分置"改革稳步推进。2018年，全省农村土地承包经营权登记颁证率达到96.3%，农村土地流转面积达到2983万亩，占家庭承包经营耕地总面积的35.7%。

农村集体产权制度改革整省试点任务完成。全省49034个村完成农村集体产权制度改革任务，占99.93%。全省共清查农村集体账面资产1860.8亿元，核实农村集体资产2522.7亿元，增长35.57%，清查核实农村集体土地总面积23886.8万亩，确认集体经济组织成员5683.1万人。农村集体产权交易体系日益完善，150多个县（市、区）建立了集体资产管理平台，农村产权交易中心达到156家，实现了全省涉农县全覆盖。农村集体经济发展成效显著，集体经济收入"空白村"大幅减少。到2020年10月，全省有集体经济收入的村达到99.6%，集体经济收入5万元以上的村占72.4%。

农业信贷担保发展迅速。"冀农担"业务在全省11个设区市150多个县（市、区）落地，新型经营主体承担的综合融资成本比之前农户直接贷款降低了2~4个百分点，有效缓解了农户融资难融资贵的问题。

（五）农民收入增速大幅高于同期经济增速，全面建成小康社会目标如期实现

近年来，河北省农民收入持续较快增长。2019年，全省农村居民人均可支配收入为15373元，比2018年增长9.6%，与全国平均增速持

平。2020年前三季度，河北省农村居民人均可支配收入为12286元，增长5.5%，高出同期全省经济增速4个百分点，高出城镇居民收入增速1.7个百分点，城乡居民收入倍差缩小到2.21∶1，同比缩小0.04。决胜全面建成小康社会取得决定性成就。

支撑收入增长的因素主要有以下几点。一是疫情应对有力。针对新冠肺炎疫情对农民外出务工的影响，河北省开通了"12306""抗疫情解农困"三农热线，帮助农民点对点解决农资和产品运输不畅、积压滞销、企业无法正常开工等问题，从拓宽就业渠道、发展乡村产业、强化就业服务指导等方面对农民就业创业进行扶持，农民务工工资性收入增长逐渐恢复，保证了农民收入增长。二是农业生产形势较好，粮食生产获得丰收，蔬菜、畜牧、林果、中药材等高效特色农业规模扩大，农业生产效益提升。三是农产品价格上涨有效增加了农民家庭经营性收入，促进了农民收入增长。四是农民工资保持较高水平。

（六）脱贫攻坚战如期高质量打赢，62个贫困县全部脱贫摘帽，232.3万贫困人口全部实现"两不愁三保障"，达到稳定脱贫条件

河北省坚决贯彻落实党中央、国务院关于脱贫攻坚的决策部署，五级书记抓扶贫，聚全省之力推进脱贫攻坚。2019年，全省62个贫困县全部摘帽，7746个建档立卡贫困村全部出列，现行标准下的农村贫困人口从232.3万减少到3.4万，贫困发生率下降到0.07%，历史上首次消除区域性整体贫困。2020年，河北省聚焦3.4万剩余贫困人口，逐村逐户建立脱贫台账，采取领导干部包联、帮扶责任人帮扶、因户因人施策"三个全覆盖"，分区分级精准施策，持续加大脱贫攻坚力度。

到2020年6月，全省贫困群众"两不愁三保障"突出问题全部解决，义务教育各项学生资助政策全面落实，对贫困地区农户房屋进行了全面鉴定，彻底改造了危房，实现了住房安全；贫困群众基本医疗、大病保险和医疗救助实现全覆盖，剩余3.4万贫困人口全部达到稳定脱贫条件，脱贫攻坚取得决定性胜利。

二 2021年河北省农业农村经济发展形势分析与展望

2021年是我国全面建成小康社会、实现第一个百年奋斗目标之后，开启全面建设社会主义现代化国家新征程、向第二个百年奋斗目标进军的重要年份。深入分析河北省农业农村发展面临的形势，对深入贯彻乡村振兴战略，夯实农业农村发展基础，保障全省经济社会快速发展具有重要意义。综合分析，主要有如下判断。

（一）2021年河北省农业农村经济发展面临的形势

1. 新冠肺炎疫情对全球经济的深层影响持续发酵，我国发展面临的外部环境日趋复杂，农业农村发展的机遇与挑战并存

从国际看，当前世界正经历百年未有之大变局，新一轮科技革命和产业革命深入发展，和平与发展仍然是时代主题，全球治理体系重构、竞争优势重塑、经贸规则重建叠加。新冠肺炎疫情影响广泛深远，世界经济出现深度衰退，各国复苏前景不一，全球产业链、供应链分工调整趋势明显，贸易保护主义抬头，经济全球化遭遇逆流，全球金融和经济危机风险升高，能源安全、粮食安全挑战增多，我国发展的外部经济环境复杂多变。从国内看，我国开启全面建设社会主义现代化国家新征程，向第二个百年奋斗目标进军，制度优势明显、物质基础雄厚、人力资源丰富、市场空间广阔、社会大局稳定。我国在全球范围内率先控制住疫情，率先实现复工复产，国内经济企稳回升，成为世界经济复苏的主要动力源。但新冠肺炎疫情使世界大变局加速变化，国际安全风险点增多，对我国出口、跨国企业投资、产业转移、科技创新等产生不利影响。我国发展不平衡不充分问题仍然突出，创新能力还不适应高质量发展的要求，农业基础还不稳固，城乡区域发展和收入分配差距较大，生态环保任重道远，民生保障存在短板，社会治理还有弱项，国内经济发展面临的困难、挑战较多，但国内经济长期向好的基本面没有改变，我国仍然处在加快发展的重要战略机遇期。

2. 党的十九届五中全会明确提出坚持优先发展农业农村，走中国特色社会主义乡村振兴道路，为农业农村经济发展带来持续动力

党的十九届五中全会对我国开启全面建设社会主义现代化国家新征程、向第二个百年奋斗目标进军做出战略部署，明确了到本世纪中叶把我国建设成富强民主文明和谐美丽的社会主义现代化强国的时间表、路线图。全会提出优先发展农业农村，坚持把解决好"三农"问题作为全党工作重中之重，走中国特色社会主义乡村振兴道路，全面实施乡村振兴战略，强化以工补农、以城带乡，提升农业质量效益和竞争力，加快农业农村现代化，充分体现了党中央对"三农"问题的高度重视，对现代化建设规律和工农城乡关系变化特征的深刻把握，将有利于推动农业全面升级、农村全面进步、农民全面发展，为农业农村经济社会快速发展提供更加有力的支撑。全会提出加快构建以国内大循环为主体、国内国际双循环相互促进的新发展格局，推进土地、劳动力、资本、技术等生产要素市场化改革，将极大地改善投资结构、消费结构、产业结构、产品结构、就业结构，推动农业农村经济向中高端迈进。

3. 京津冀协同发展、雄安新区规划建设和2022年北京冬奥会筹办等重大国家战略、国家大事，为河北省农业农村经济发展释放持久红利

面临京津冀协同发展、雄安新区规划建设等重大国家战略和国家大事，河北省区位优势明显，产业体系完备，世界级城市群、京津冀机场群、环渤海港口群为河北省融入国内国际市场奠定了基础。河北省紧邻京津两大都市，城乡人口众多，市场空间潜力巨大，有利于构建以国内大循环为主体、国内国际双循环相互促进的新发展格局，为河北省强化以工补农、以城带乡，推动农业生产提质增效，加快农业农村现代化提供了有利条件。另一方面，河北省正处于转型升级、爬坡过坎的关键阶段，自主创新能力不够，区域协调发展不够，新型城镇化进程滞后，污染防治和生态修复任务艰巨，给河北省农业农村经济发展带来挑战。我们必须增强机遇意识和风险意识，遵循发展规律，主动作为、埋头苦干、砥砺前行，加快河北省农业农村现代化。

（二）2021年河北省农业农村经济形势展望

2021年，我国将开启全面建设社会主义现代化国家新征程，向第二个百年奋斗目标进军。预计，河北省农业农村经济发展将呈现如下特点。

1. 农业综合生产能力稳步提高，农业现代化积极推进

2021年，河北省将坚持农业农村优先发展，持续加大对农业农村的投入力度，大力发展现代都市型农业，加快发展科技农业、绿色农业、质量农业、品牌农业。河北省将把稳定和扩大粮食播种面积作为农业生产的重要任务，稳定小麦、玉米种植总面积，扩大优质强筋小麦、高淀粉玉米、鲜食玉米、高油和高蛋白大豆等优质专用粮食种植面积，增加粮食产量，保障粮食等重要农产品供给。河北省将因地制宜发展特色农业、设施农业，增加优质农副产品供给，满足城乡居民消费升级需求。预计，2021年全省粮食播种面积将稳定在9600万亩左右，小麦播种面积将保持在3350万亩左右。正常年景下，2021年全省粮食总产量预计将保持在1400万吨左右。从畜牧生产来看，在国家政策的支持和市场机制的引导下，全省生猪存栏将加快恢复。预计2021年全省生猪存栏将逐步接近正常年份存栏水平，市场供求紧张矛盾将得到有效缓解，猪肉价格有望回归合理区间。果品生产方面，2020年，受春季倒春寒等因素影响，全省梨果产量下降，价格上涨明显，将提升农民种植、管理积极性。在气候条件正常的情况下，预计2021年，全省梨、苹果等水果产量将恢复正常年景产量，略有增产。

2. 农村改革持续深化，农村集体经济发展加快

2021年，全省农村改革持续深化，第二轮土地承包到期后再延长30年工作有序展开。耕地保护制度更加健全、完善，占用基本农田建房、栽树等问题开始全面整治，耕地"非农化""非粮化"问题将逐步得到有效解决。农村宅基地管理制度逐渐完善，宅基地有偿退出、城乡一体建设用地市场与集体建设用地直接入市等改革试点稳步推进。农村集体产权制度改革全面完成，农村集体股份经济合作组织作用逐步发挥，各地集体经济发展的路径、模式日益多样。农村金融改革日益深化，金融机构服务"三农"积极性逐步提高，农村承包土地经营权抵押贷款试点范围逐渐扩大。农村新型经营主体将继续活跃，农业社会化服务组织发展加快，农业经营规模化、产业化水平稳步提升。

3. 农村一二三产业融合步伐加快，新产业、新业态带动更加有力

2021年，河北省将在全面建成小康社会的基础上，全面实施乡村振兴战略，加大农业基础设施、公共服务设施投入，持续开展农村人居环境整治，农业农村发展短板加快补齐。信息技术在农村广泛应用，微视频、微信公众号、电商平台、直播售货等带动特色农产品网络销售和家庭手工业、农产品加工等产业发展。农村生态优势显现，人居环境变好，到农村休闲度假、进行农事体验的城市居民增多，带动休闲农业、民宿经济、健身康养等新产业、新业态加快发展，有效拓展农民增收空间。

三 2021年河北省农业农村经济发展面临的突出矛盾和主要问题

（一）资源环境对农业发展的约束明显

河北省水资源匮乏，地表水资源不足，农业生产主要依靠抽取地下水进行灌溉。由于长期过量超采地下水，全省已形成6.97万平方公里地下水超采区，涉及10个市128个县（市、区），占全省平原面积的92%。同时，河北省作为重要的粮食主产省，农地长期超负荷生产。虽然当前农药、化肥使用量有所降低，但长期过量使用农药、化肥的影响仍在持续。部分地区农田土壤板结、地下水受到污染，影响农业可持续发展。相关数据显示，河北省化肥、农药有效利用率分别只有37%和38%，远低于发达国家60%以上的水平。

（二）粮食生产成本增加，农民来自农业生产的收益较低

2014年以来，粮食生产成本不断增加，种粮收益持续下降。2018年，河

北省每百斤小麦的净利润为-18.62元,玉米为-8.83元。2020年,小麦、玉米等主要粮食价格上涨,虽有利于提高粮食生产的收益,提高农民从事农业生产的积极性,但与外出务工的收入相比,农民家庭从事粮食生产的收益仍明显偏低,直接影响农户投入的积极性,给稳定粮食产能带来不利影响。

(三)农业基础设施和农业生产服务存在短板

当前,河北省高标准农田占耕地总面积的比重不到50%,有1000多万亩耕地没有排灌设施,干旱、极端温度、洪涝等灾害天气仍影响着农业生产。全省农业技术推广、畜禽防疫等基层公共服务人员缺乏,农业社会化服务组织发展相对不足,新型经营主体大都是以"松散型"合作为主,形成紧密型合作的少,小农户生产与现代农业连接还不够紧密。

(四)农民收入与发达省份相比差距仍然较大

2013~2019年,河北省农村居民人均可支配收入从9187元增加到15373元,全国农村居民人均可支配收入从9429元增加到16020元,河北省与全国农村居民人均可支配收入绝对差距从242元扩大到647元,差距逐渐拉大。与沿海发达省份相比,河北省农村居民人均可支配收入比浙江低14502元,比江苏低7302元,比山东低2402元,差距更加明显。2020年1~9月,河北省农村居民人均可支配收入增长5.5%,全国农村居民人均可支配收入增长5.8%,河北增速再次落后于全国平均水平。

四 新起点、新征程,推动河北省农业农村经济加快发展的对策建议

坚持农业农村优先发展,落实国家粮食安全战略,深化农业供给侧结构性改革,积极发展现代都市型农业,加快发展科技农业、绿色农业、品牌农业、质量农业,实施乡村建设行动,深化农业改革,推动巩固脱贫攻坚成果与乡村振兴有效衔接,不断提升农业农村经济发展水平。

（一）全面落实"藏粮于地、藏粮于技"战略，切实保障粮食等重要农产品供给安全

粮食是国民经济发展的基石，对粮食安全问题任何时候都不能松懈。要严格落实粮食安全责任制，扎实推进"藏粮于地、藏粮于技"战略，全面依法加强耕地保护，不断巩固提升粮食等农产品综合生产能力。

1. 持续加大高标准农田建设力度

坚持最严格的耕地保护制度，落实国土空间规划，以粮食生产功能区、重要农产品生产保护区为重点，多渠道筹集资金，着力提升农田水利、机耕道路、仓储设施、农机装备等设施条件，增强粮食综合生产能力。开展对基本农田种树、耕地建房问题的摸排，加大土地"非农化""非粮化"治理，保障有足够、高质量的农田生产粮食。加大对城乡建设用地增减挂钩中补充耕地、农村建设用地复垦土地质量的评估、监管，保障补充耕地质量。

2. 强化政策激励，提升农民生产积极性

着力稳政策、稳面积、稳产量，健全激励保障机制，保护农民种粮积极性，确保口粮绝对安全。用好地方政府债券等专项资金，优先保障高标准农田建设、重大水利工程。强化农田水利设施运行管护，落实管护主体，强化管护责任，确保农田水利设施长期发挥作用。统筹推进农田小块并大块，鼓励开展大规模机械化作业，降低农业生产综合成本。

3. 加大先进农业生产技术推广应用

推广深松深耕、播量控制、强力镇压、测土配方施肥、水肥一体化技术、病虫害绿色综合防治、节水灌溉技术，将良种良法应用到粮食生产全过程。建立以企业为主体、市场为导向，产学研相结合的技术创新体系，加强创新成果产业化，提升产业核心竞争力。加强小麦、玉米等农作物田间管理指导，根据不同作物的生产发育进程和苗情墒情变化，采取有针对性的增产增收措施，大幅度提高农业全要素生产率。重点采用水肥一体化技术，做到精准灌溉、精量施肥，突出抓好草地贪夜蛾等秋收作物重大病虫防控。推广

玉米适时晚收技术，保障玉米籽粒有足够的灌浆时间，促进玉米籽粒增重提质。

4. 提升农业绿色可持续发展能力

开展农业节水行动，全面推广结构节水、工程节水、农艺节水和机制节水，建设农业节水工程，提高农田灌溉水利用效率。扩大地下水超采综合治理范围，实行耕地季节性休耕，探索推广旱作雨养种植模式。实施测土配方施肥，推行有机肥替代化肥和病虫害全程绿色防控，减少化肥、农药使用量。加强农业废弃物资源化利用，实施畜禽粪污资源化利用整县推进行动，探索种养结合、农牧结合生产模式，构建生态农业循环经济产业链。加强废弃农膜全回收利用，提升秸秆等农业废弃物综合利用水平。

（二）把握扩大内需战略基点，增加农村有效投资，推动农村消费升级，加快发展数字农业，全面融入以国内大循环为主体、国内国际双循环相互促进的新发展格局

发挥农村市场广阔优势，将扩大内需战略与深化农业供给侧结构性改革有机结合，引领创造新需求，扩大对内对外开放，全面融入新发展格局。

1. 扩大农村有效投资

发挥财政对扩大投资的关键作用，推动公共财政更大力度地向"三农"领域倾斜。实施乡村建设行动，持续加大对农田水利设施建设、农业绿色发展、农业科技创新、农产品冷链物流、农村基本公共服务、农村人居环境整治、农业面源污染治理、生态环境建设等重点领域和薄弱环节的支持力度。建立财政支农稳定增长机制，激活带动社会资金投入，形成财政资金引导、社会资本多元投入的格局。

2. 加快推动农村消费升级

从供给侧入手，实施农村消费升级行动计划，依托互联网开展农超对接、农批对接，扩大电商进农村覆盖面，提升农产品进城和工业品下乡双向流通效率。鼓励发展定制配送、直供直销、微信营销等新模式，推动农村吃穿用住行等一般消费提质扩容。广泛开展农商互联、农网对接，开展手机下

乡、电脑下乡、汽车下乡、家电下乡，引导农村居民增加交通通信、文化娱乐、汽车等消费。推动城区传统市场、商场、超市、百货店、品牌店等加快渠道下沉，将更多更好的品牌商品销往农村。科学配置农村物流资源，加强农产品供应链体系建设，打通农村物流配送"最后一公里"。优化农村消费环境，严厉打击假冒伪劣产品，维护农村居民消费权益。

3. 加快发展智慧农业、数字乡村

加快农村网络基础设施建设，加大物联网、大数据、云计算、北斗导航、智能装备等现代信息技术和装备在农业生产全过程中的应用。研究设立现代农业产业技术体系智慧农业岗位专家，引导现代农业园区、龙头企业加大设施园艺、畜禽水产养殖、农产品加工流通、农机作业服务等方面的信息化应用，推动农业生产智能化。积极推广遥感监测、智能识别、自动控制、机器人等设施，加快建设一批现代智慧农业园区。推动宽带网络提速降费，深化电商大数据运用，提高农村生活便利化、智慧化水平。适应网络销售需求，开展农产品精准包装、精准营销。

4. 全面扩大农业对外开放

实施特色优势农产品出口促进行动，支持蔬菜、水果、水产品等高附加值产品出口。持续扩大农业对外招商力度，健全农业对外招商项目库，引进农业新项目、新品种、新技术、新装备和高端人才。深化对外农业技术合作，推动与以色列、荷兰、日本、韩国等国的农业技术合作，围绕种苗繁育、绿色农业、节水技术等开展针对性、超前性和储备性重大技术创新研究。支持晨光生物等农业企业到境外建设生产基地和加工、仓储物流设施。支持农垦企业率先打造具有国际竞争力的农业企业集团。

（三）发挥区位资源优势，发展都市型现代农业，调优调强农业生产结构，全面提升农业生产质量效益

发挥河北省在京津冀世界级城市群中的独特区位优势，加快发展都市型现代农业，强化科技支撑、品牌建设，加快农业大省向农业强省跨越。

1. 持续优化农业生产布局

因地制宜优化平原地区、山区丘陵、坝上地区、黑龙港流域和沿海地区农业产业布局。平原地区抓好粮食和蔬菜等重要农产品生产。山区丘陵发展林果、中药材、小杂粮等特色粮食生产。坝上地区发展豆类、莜麦、马铃薯以及适应冷凉气候的蔬菜等作物品种。黑龙港流域要以地下水超采治理为核心，积极推广旱作雨养作物，推动种植结构根本性转变。沿海地区发挥海洋资源优势，建设沿海渔业经济带，推动渔业高质量发展。

2. 大力发展都市型现代农业

在确保粮食产能稳定的基础上，顺应城乡居民消费升级变化，以品质高端、品牌高端、标准高端为目标，培育发展优质强筋小麦、高油酸花生、高端设施蔬菜、特色小杂粮、特色林果、健康畜牧业等特色农业、精品农业，满足中高端市场需求。实施生猪复产增养行动，以安平县国家现代农业产业园创建为引领，加快恢复生猪产能，发展生猪标准化、规模化养殖，支持创建一批生猪养殖优势区。大力推动奶业振兴，支持规模奶牛场智能化改造，推动建设一批奶业优势区，提升奶业发展质量水平。加快发展设施蔬菜，发展生鲜冷链物流和净菜加工，推动蔬菜产业提质增效。发展特色果品，引进新品种、新技术，提升产业附加值。

3. 加快农业科技创新发展

深化京津冀农业科技合作，以现代农业园区、农业科技园区、经济开发区和龙头企业为依托，加快建设一批院士工作站、国家农业重点实验室、京津冀农业协同创新平台，引进一批农业科技创新人才，推广一批农业新品种、新技术、新装备。实施农业创新驿站建设工程，发展壮大农业科技特派员队伍，加强先进农业科技成果示范推广，带动全省农业高质量发展。

4. 大力发展农产品精深加工

坚持粮头食尾、农头工尾，推进农产品初加工、精深加工和综合利用，加强农产品冷链物流设施建设。实施农产品加工业提升行动，引导加工向主产区聚集，加快发展一批亿元以上的农产品加工园区，培育壮大一批农业产业化龙头企业和农产品加工产业集群，带动全省农业产业链延伸拓展、价值链延伸增值。

5. 培育农产品知名品牌

把品牌农业作为推动农业高质量发展的重要抓手，按照省级主导、市县参与、专业设计、强化推广的思路，以树立河北农产品形象为主线，选择具有河北特色、产品优势突出的梨、板栗、食用菌、葡萄、苹果、小米、红枣、牛奶、牛肉、水产品等10种"大而精"的农产品，培树一批影响力大、竞争力强、带动明显的农产品"河北品牌"，强化河北特色农产品影响力。

6. 发展乡村特色产业

按照"一县一业""一村一品"原则，挖掘各地特色资源，培育发展乡村特色产业、家庭手工业、休闲旅游业。支持建设一批规范化的家庭手工场、手工作坊、乡村车间，打造一批特色产业专业村、专业镇。以省市美丽乡村为基础，因地制宜建设田园综合体、休闲农业园、村史博物馆、乡村民宿、农耕体验基地、市民农庄、研学基地，串珠成链，点线面结合，带动全省休闲农业发展。

（四）培育壮大新型经营主体，完善利益联结机制，推动小农户与现代农业有机衔接

充分发挥家庭农场、农民合作社、农业社会化服务组织在农业生产各环节、各领域的不同优势，发展多种类型的农业适度规模经营，形成以农户家庭经营为基础、合作与联合为纽带、社会化服务为支撑的立体式复合型现代农业经营体系。

1. 实施家庭农场培育发展工程

家庭农场是农业经营的中坚力量。加快完善支持家庭农场发展的政策体系和管理制度，推动家庭农场数量增加、质量提升。支持专业大户、返乡退伍军人、大学生等回乡创办家庭农场。支持以县乡为单位，组建家庭农场协会联盟，强化家庭农场指导服务。引导家庭农场采用先进科技手段，开展机械化、标准化生产，提升家庭农场竞争力。

2. 实施农民合作社能力提升工程

在清理整顿"空壳社"的基础上，加大对现有农民合作社的指导、提升。从农民合作社规章制度完善、"三会"作用发挥、财务会计管理制度提升、外部监管作用发挥等方面，提升农民合作社规范化运作水平。支持农民合作社发展农业生产性服务业、农产品加工业，建设冷藏保鲜、烘干、清洗分装、初加工等设施，延伸农业产业链，提升合作社盈利能力。

3. 实施农业社会化服务组织建设工程

将发展农业社会化服务组织作为推动小农户与现代农业衔接的有效方式，鼓励农村集体经济组织、农民合作社发展耕种收、病虫害防治、仓储加工、生产托管等农业生产性服务业，提升服务带动小农户发展的能力。加快农业生产性服务标准建设，规范服务行为，提升服务质量，保障农户利益。完善农业社会化服务价格机制和政策补贴机制，按照不同环节作业特点，在市场价格基础上予以一定的补助，提高农业生产托管服务积极性。

4. 实施农业利益分享工程

健全"公司+农户""合作社+公司+农户"合作机制，鼓励龙头企业、合作社等采取保底分红、利润返还、入股分红、订单收购等多种方式，让农民充分参与到流通、加工、销售过程中，分享农业全产业链发展红利。完善合作社、龙头企业评价机制，将农民参与、分享农业产业化经营，建立密切的利益联结关系作为省级合作社、省级龙头企业评价的重要内容。

（五）坚持深化农业农村改革，健全统筹发展体制机制，激活农业农村发展活力

深化农村改革的核心是处理好农民与土地、城市与乡村、工业与农业的关系，关键是破除制约农业农村发展的制度障碍，形成有利于农业农村发展的优良环境。

1. 持续深化农村土地制度改革

巩固农村承包地确权登记成果，落实第二轮土地承包到期后再延长30

年的政策，保障和维护农民的土地权益。妥善处理好承包地确权登记颁证遗留问题。健全土地流转激励制度，引导小农户自愿通过集体经济组织互换并地，实现承包地相对集中连片，破解承包土地细碎化问题。加强土地流转风险防控，健全土地承包经营纠纷调解仲裁体系，依法化解涉地经营矛盾纠纷。深化农村宅基地制度改革，采取行政和市场相结合的办法，妥善解决农村宅基地管理中存在的问题。

2. 深化农村集体产权制度改革

在完成农村集体产权制度改革整省试点的基础上，健全完善农村集体经济合作组织、集体股份经济合作组织管理机制。鼓励通过资产盘活、农业社会化服务、土地规模经营、项目合作、发展特色产业等方式，壮大农村集体经济，拓宽农村集体经济发展路径。加强农村集体资产监督管理，完善集体收益分配制度、资本积累制度，保障集体经济组织可持续发展。

3. 大力发展农村普惠金融和政策性保险

鼓励各类金融机构加大对农民和各类新型农业经营主体的信贷支持。支持农业龙头企业为小农户提供贷款担保。稳妥推进农村承包土地经营权抵押贷款业务。探索农村土地经营权抵押融资办法，允许承包土地经营权担保融资。完善农业保险政策，探索推进小麦、玉米完全成本保险和收入保险。鼓励发展农业大灾保险业务。支持各市县结合实际开展设施蔬菜、小杂粮、果品等特色农产品保险业务。

4. 完善农产品质量安全控制制度

建立健全覆盖生产环境、生产过程、产品品质、加工包装、流通销售等全产业链环节的标准体系，开展农业标准化示范区、园艺作物标准化示范园区、畜禽标准化示范场、水产健康养殖示范场创建，建立健全覆盖全产业链的标准体系。完善农产品质量安全全程监管追溯体系，健全完善农产品生产档案，推动实现农产品可追溯管理。完善重大农作物病虫害和动物疫病防控体系，强化质量安全监督管理，提高农产品生产风险防控能力。

（六）推动脱贫攻坚与乡村振兴有效衔接，巩固拓展脱贫攻坚成果，夯实乡村振兴、共同富裕基础

脱贫摘帽不是终点，而是幸福生活的起点。持续巩固脱贫攻坚成果，推动脱贫攻坚与乡村振兴有效衔接，推进脱贫摘帽地区乡村振兴，让脱贫群众和全国人民走上共同富裕的道路。

1. 继续巩固脱贫攻坚成果

坚持扶贫政策"不断档"，延续对脱贫摘帽地区的产业扶持和配套帮扶，巩固"两不愁三保障"成果。加强扶贫产业园区建设，引进龙头企业、优质项目，培育特色产业，增加脱贫摘帽地区群众的就业机会。加强就业培训，强化转移就业帮扶，让更多脱贫摘帽群众就业实现增收。建立健全防止返贫监测和帮扶机制，对脱贫不稳定的农户、贫困线附近的边缘农户进行常态化监测，及时纳入帮扶政策范围。

2. 继续做好脱贫摘帽地区、落后村庄帮扶

脱贫摘帽地区发展水平总体较低，道路基础设施、产业基础相对薄弱，自我发展能力不足。要发挥好财政对区域发展的引导撬动作用，继续支持基础设施、公共服务、产业发展、生态建设等领域的投资，改善脱贫摘帽地区基础设施和公共服务设施，改善发展条件，增强自我发展能力。要健全区域协作、对口帮扶机制，推动将扶贫工作队转化成乡村振兴工作小组，推动形成结对帮扶的长效机制。

3. 加强农村低收入人口帮扶

当前农村还存在着一些低收入"边缘户"群体，这些"边缘户"自身发展能力相对较弱，如果没有社会和政府的帮扶，很难实现收入与全社会同步增长、生活持续改善。要以现有社会保障和救助政策为基础，逐步建立对收入"边缘户"的帮扶机制，对无法通过产业获得稳定收入的人口、丧失劳动能力的人口要应保尽保，保障其基本生活。对具备劳动能力的"边缘户"要通过就业培训、公益岗位、转移就业、产业带动等多种方式，帮助其增收。

参考文献

彭建强:《建立健全长效机制确保持续稳定增收》,《河北日报》2020年8月19日。

康振海:《认识中国发展进入新阶段的历史和现实依据》,中国社会科学网,2020年12月16日,http://www.cssn.cn/index/zb/rsxsdjdtztjddjswdgc/202012/t20201216_5233281.shtml。

分 报 告
Sub-reports

B.2
2020~2021年河北省粮食生产形势分析与预测

许文丽*

摘　要： 粮食安全是国家安全的基石。2020年，面对新冠肺炎疫情，河北省委、省政府坚决落实中央关于统筹疫情防控与农业生产的决策部署，把粮食生产作为头等大事，稳政策、稳面积、稳产量，筑牢"三农"压舱石，粮食生产再获丰收，为抗击疫情、保障国家经济安全、社会稳定做出了重要贡献。本报告在回顾2020年河北省粮食生产情况的基础上，指出全省夏粮生产呈现"面积减、总产减、单产增"的特点，秋粮呈现"面积增、总产增、单产增"的特点，并从气候条件、田间管理、高标准农田建设等方面分析了2021年河北粮食生产形势，对2021年粮食生产进行了分析预测。

---

* 许文丽，国家统计局河北调查总队农业调查处主任科员、高级统计师，主要研究方向为农业产量调查、粮食安全统计、农业热点难点问题。

关键词： 粮食安全　新冠肺炎疫情　河北省

国家统计局河北调查总队抽样调查数据显示，2020年，河北省粮食总产量为3795.9万吨（759.2亿斤），比上年增加56.7万吨（11.3亿斤），增长1.5%。河北粮食生产再获丰收，产量连续8年稳定在700亿斤以上，连续5年稳定在740亿斤以上，是略低于2017年（765.8亿斤）的第二高产年，为应对复杂多变的国内外环境、克服各种风险挑战和全面建成小康社会、打赢脱贫攻坚战提供了坚实的基础。

一　河北省粮食生产呈现"面积减、单产和总产均增"格局

（一）夏粮播种面积、产量减少，单产增加

2020年，河北省夏粮播种面积3364.8万亩，比上年减少155.3万亩，减少4.4%；单产432.1公斤，比上年增加12.6公斤，增长3.0%；总产量1453.9万吨，比上年减少1.5%。其中，冬小麦播种面积3305.2万亩，比上年减少155.4万亩，减少4.5%；单产433.4公斤，比上年增加13.0公斤，增长3.1%；总产量1432.6万吨（286.5亿斤），比上年减少22.3万吨（4.5亿斤），减少1.5%。

（二）秋粮播种面积、产量、单产均增

2020年，河北省秋粮播种面积6218.4万亩，比上年增加34.7万亩，增长0.6%；单产376.6公斤，比上年增加10.7公斤，增长2.9%；秋粮总产量2342.0万吨（468.4亿斤），比上年增加79.3万吨（15.9亿斤），增长3.5%。其中，玉米播种面积5125.7万亩，比上年增加13.4万亩，增长0.3%；单产400.3公斤，比上年增加11.7公斤，增长3.0%；玉米总产量

2051.8万吨（410.4亿斤），比上年增加65.2万吨（13.0亿斤），增长3.3%。

（三）全年粮食播种面积减少，单产和总产均增加

2020年，河北省全年粮食播种面积9583.2万亩，比上年减少120.6万亩，减少1.2%；单产396.1公斤，比上年增加10.8公斤，增长2.8%；全年粮食总产量3795.9万吨（759.2亿斤），比上年增加56.7万吨（11.3亿斤），增长1.5%。其中，谷物、豆类播种面积分别比上年减少128.5万亩和4.4万亩，分别减少1.4%和2.4%；薯类播种面积增加12.4万亩，增长3.7%。2020年，河北省各地大力发展优质农产品生产，调整种植结构、调优作物品种。通过实施季节性休耕、小麦节水品种及配套技术推广等农业项目，使区域布局持续优化，扩大谷子、高粱、薯类等优质高效作物种植规模，粮食生产品质进一步提升。

二 粮食生产利弊因素分析

（一）夏粮生产利弊因素分析

1. 有利因素

第一，技术集成度高，播种质量好。河北省大力推广小麦规范化播种和节水稳产配套技术，小麦种子包衣和药剂拌种、精细整地、足墒播种和播后镇压等关键节水抗旱技术到位率高，秸秆还田、增施有机肥和化肥减量技术普遍应用。2020年，新增推广小麦节水品种及配套技术536万亩，节水品种基本实现全覆盖，推广优质强筋小麦405万亩，比上年增加45万亩。87.5%的地块实施了秸秆还田，85.6%的地块进行了测土配方施肥，86.6%的麦田进行了种子包衣或药剂拌种，85.5%的地块进行了播后镇压，23%的地块进行了农机深松。

第二，病虫害防治到位。2020年，针对病虫害偏重发生的趋势，河北

省在及时下拨中央预拨的4800万元农业生产救灾资金的基础上，省级安排了600万元蝗虫等生物灾害防控资金，为小麦病虫害防控提供了保障。河北省连续15天在省电视台对病虫信息进行预报预警，召开小麦条锈病监测防控、小麦中后期病虫害"一喷三防"暨专业化统防统治等现场观摩视频会。广泛开展宣传发动，组织农民及时实施以"一喷三防"为主的防治措施，病虫害得到有效防控，没有对小麦构成大的危害。

第三，气象条件总体有利，主体麦田长势较好。全省气温偏高、降水较多。小麦多数带绿或半带绿越冬，一、二类苗占94%，较上年提高2个百分点。2020年2月，全省麦区日均气温3.0℃，较常年高1.5℃，返青期冀中南麦区103个气象站平均积温较常年高201℃，且早春气温回升快。越冬期间亩茎蘖数增加25万~40万，生育进程较常年提早5~8天，是近20年以来最早的一年，在一定程度上延长了灌浆期，利于形成大穗。充分的光热条件和较好的土壤墒情，利于小麦个体发育和亩穗数的形成。2020年3月下旬至4月，全省经历了4次低温，促进了小麦两极分化，生育进程趋于合理，较常年早2~4天，降低了旺长风险，主体麦田群体适宜、长势良好，为后期抗干热风、抗倒伏打下了良好基础。

第四，冬小麦种植向相对优势产区集中趋势明显。2020年，河北省冬小麦播种面积为3305.2万亩，比上年减少155.4万亩，减少4.5%。从遥感监测数据看，冬小麦播种面积减少主要集中在种植面积最大和单产最低的沧州市，该市冬小麦面积调减达13.8%，占到全省减少面积的50%以上。优势产区的集中有利于全省冬小麦单产水平的提升。

第五，高标准农田建设，现代农业技术推广。2020年，河北省以粮食生产功能区和重要农产品生产保护区为重点，加快推进高标准农田建设，新建286万亩，达到4982万亩，同步配套深耕深松、测土配方施肥、自动化灌溉、土壤墒情监测等现代农业科技，为粮食丰收奠定了基础。

2. 不利因素

第一，部分麦田遭受低温冻害和冰雹灾害。2020年4月9~11日、4月20~23日，河北省出现两次大范围倒春寒天气，造成部分小麦受低温冻害影响，但据田间观察，未表现出霜冻害症状，小麦长势未见明显异常。5月3日，河北省辛集市等局部地区遭受大风、雷雨、冰雹等强对流天气，小麦有倒伏现象。

第二，病虫害比常年偏重发生。2020年河北省小麦重大病虫害发生早、程度重，小麦病虫害发生面积6980万亩次，中后期病虫害对全省小麦生产构成威胁，特别是小麦条锈病共有46个县发生，涉及面积320万亩，是近几年最重的年份。但是由于防治到位，病虫害得到有效防控，没有对小麦构成大的危害。

（二）秋粮生产利弊因素分析

1. 有利因素

第一，政策性利好利于稳定粮食生产。河北省认真落实国家各项粮食生产支持政策，稳步推进农业保险"扩面、提标、增品"，采取以奖代补、先建后补、贷款贴息等方式，支持发展500亩以上成方连片粮食种植。省级安排资金1880万元，专项支持山区丘陵发展谷子种植，扩大粮食作物面积。整合财政资金44亿元，建设高标准农田286万亩，累计达4982万亩，基本实现"两区"全覆盖，系列粮食生产支持政策的出台，有效保障了秋粮作物播种面积和生产能力。

第二，气象条件总体有利。河北省秋收作物播种以来，北部春播粮食作物（春玉米、马铃薯等）区光温水条件适宜，利于作物生长和产量形成。南部夏播粮食作物区热量适宜，光照前期正常，进入汛期后阶段性偏少，阴雨日数较多，但夏玉米开花授粉盛期基本避开了阴雨日，因此总体影响不大。8月中旬玉米授粉后，河北省大部分地区光照条件好，温度适宜，昼夜温差大，有利于玉米后期籽粒灌浆。前期（6月）降水偏少，部分地区出现阶段性旱情，但影响程度较2019年弱，且适度的干旱胁迫有利于蹲苗，大范围强降水过程来得早，旱情解除时间早，作物需水关键期降水充沛、墒情适宜，为作物产量提高提供了有利条件。

第三，关键技术落实到位率较高。在玉米生产上，河北省耐密型品种基本实现全覆盖。据组织的全省大面观察，2020年河北省玉米亩株数为3951.6株，较上年增加26株。种子包衣、种肥同播和播后化学除草技术得到广泛应用，有条件的地方示范应用了条带粉碎清垄播种、缓释肥简化栽培和水肥一体化等绿色高质高效技术。

第四，病虫草害发生整体较轻。种子包衣和药剂拌种、夏玉米播后化学除草、春玉米全膜覆盖和病虫绿色防控技术广泛应用，有害生物预测预报和防控及时到位，玉米、谷子、大豆、马铃薯、甘薯等粮油作物田间病虫草害发生整体较轻。虽然个别县市发现草地贪夜蛾，但到来时间较晚且数量很少，并得到及时控制，未对玉米形成危害。

第五，田间管理到位。受新冠肺炎疫情影响，农民外出打工减少，叠加玉米价格上涨，农民种粮积极性有较明显的提升，也为秋粮的丰收提供了保障。

2. 不利因素

第一，局部地区夏玉米整齐度偏差。夏玉米播种期降水偏少，部分地区需造墒播种，低平原地区有少量地块在夏玉米播种后未及时灌溉蒙头水，甚至有等雨播种或播后等雨现象，导致局部地区夏玉米出苗整齐度偏差。

第二，部分时段遭遇干旱。2020年6月，河北省平均降水量较常年约减少25%，该月上中旬降水约减少70%，抑制了春玉米穗期的生长发育以及夏播玉米的播种和出苗，6月中下旬不得不进行灌溉以保证夏玉米出苗。进入7月以后，随着降水的增加，旱情基本解除。

第三，个别地区遭受冰雹灾害。2020年5月3日、6月25日，河北省部分地区遭受两次较为严重的冰雹灾害，部分地块作物倒伏、折断，对处在苗期的小面积春播玉米造成一定危害，但绝大部分地块玉米未伤及生长点，灾后玉米很快恢复。

第四，汛期（7~8月）阴雨天数较多，部分地区日照偏少，对作物光合作用和干物质累积有一定不利影响。

三 2021年粮食生产形势预测

回顾2020年，全省落实中央和省委、省政府关于统筹疫情防控与农业生产决策部署以及"六稳""六保"要求,把粮食生产作为头等大事,紧盯"双稳"目标,坚持保粮食、调结构、促增收,筑牢"三农"压舱石,克服极端不利天气和新冠肺炎疫情影响,粮食生产喜获丰收。预计2021年,河北省粮食播种面积会稳中有增,单产有上升空间,粮食产能保持稳定。

(一)小麦

1. 小麦播种面积将会增加

政府严格落实稳粮政策,确保小麦播种面积,确保应播尽播。河北省统筹考虑地下水超采治理与稳粮的关系,大力引导农民进行种植业结构调整,大力推进农田水利设施配套建设,增加冬小麦播种面积,同时鼓励种植户发展一年两茬、间作套种等种植模式,充分利用闲散耕地、林下可利用耕地等进行粮食作物种植,切实做到应播尽播,有力地促进了小麦播种面积的增加。另外,相继受新冠肺炎疫情和全国各地汛情影响,各地加大了对粮食生产的补贴力度,良种补贴、种粮补贴、农业燃油补贴、大型农机具补贴等惠民补贴落实及时,小麦价格波动上行,提高了农民种粮积极性。冬小麦播种意愿明显加强,有力地促进了播种面积增加。

2. 冬小麦单产有上升空间

2020年,河北省冬小麦单产433.4公斤,比上年增加了13.0公斤。2021年,河北省继续建立优质小麦生产核心区,调整优化小麦种植布局和品种结构,发挥龙头企业带动作用,实行订单生产,发展适度规模经营,大力推广种植强筋、中强筋品种,打造优质小麦生产基地,提高单产,稳定产能。同时开展小麦绿色高产高效创建,整合项目资金,进行成方连片、整乡建制集中打造,核心区全部实行统一整地、供种、肥水管理、病虫害统治、机械收获,引领全省小麦生产方式转变。在生产技术提高、规模化生产扩大、高产示范田相继创建的带动下,在不遭遇特别严重的自然灾害的前提下,农业科技进步实施效果将进一步体现,2021年小麦单产将继续增加。

3. 小麦价格预期平稳运行,间或小幅上涨

从2006年开始,我国小麦最低收购价持续上涨,2014~2017年,小

麦（三等）最低收购价保持在1.18元/斤的历史最高点。2018年小麦最低收购价每斤下降3分，2019年小麦最低收购价继续下降3分，2020年与2019年持平，为1.12元/斤。2021年，综合考虑粮食生产成本、市场供求、国内外市场价格和产业发展等情况，政府将小麦最低收购价定为1.13元/斤，较2020年每斤提高了1分。预计2021年小麦价格将平稳运行或小幅上涨。

综合分析，2021年小麦播种面积将会增加，单产有望继续提升，市场价格将平稳运行，间或小幅上涨。

（二）玉米

1. 玉米播种面积将保持稳定

2020年，河北省认真落实国家各项粮食生产支持政策，稳步推进农业保险"扩面、提标、增品"，采取以奖代补、先建后补、贷款贴息等方式，支持发展成方连片粮食种植，努力克服疫情对粮食生产造成的不利影响。省级安排资金专项支持山区丘陵发展谷子种植，扩大粮食作物面积。预计2021年，河北省还将继续认真贯彻习近平总书记"越是面对风险挑战，越要稳住农业，越要确保粮食和重要副食品安全"①的重要指示精神，把粮食生产作为头等大事，玉米的种植面积将保持稳定状态。

2. 玉米单产将继续增加

河北省2014~2015年连续两年发生严重的夏旱，造成玉米单产因灾减少，两年单产共减少22.56公斤。2016~2017年，河北省气候适宜，田管得力，玉米单产恢复性上涨，两年单产共上涨40.05公斤。2018年玉米因不利的气象因素减产，2019年玉米单产恢复性上涨到388.6公斤，2020年单产继续保持涨势，达到400.3公斤。在玉米生产上，随着耐密型品种逐步实现全覆盖，种子包衣、种肥同播和播后化学除草技术的逐步广泛应用，如

---

① 《习近平：越是面对风险挑战，越要稳住农业》，人民网，2020年2月26日，http://politics.people.com.cn/n1/2020/0226/c1024-31604459.html。

不遇大灾,预计2021年河北省玉米单产将继续保持上涨。

3. 玉米价格平稳运行

2020年1~11月,河北省玉米价格持续回升,集贸市场平均价格达到2.12元/公斤,与2019年同期相比,每公斤价格上涨了0.26元,涨幅为14.0%,11月玉米价格更是高达2.50元/公斤,已接近2014年8月2.53元/公斤的最高点,继续大幅上涨的可能性不大。

综合分析,2021年河北省玉米播种面积将保持稳定,在未遭遇气象灾害的前提下,单产将继续上涨,总产量保持稳定态势,价格平稳运行。

参考文献

杜鹰:《中国的粮食安全战略(上)》,《农村工作通讯》2020年第21期。
杜鹰:《中国的粮食安全战略(下)》,《农村工作通讯》2020年第22期。

B.3
2020~2021年河北省畜牧经济形势分析与预测

穆兴增　赵学风　马修国＊

摘　要： 本报告在分析2020年河北省畜牧业产销形势的基础上，指出2020年全省坚持抓好新冠肺炎疫情防控、非洲猪瘟防控与国家恢复生猪生产各项政策，全省畜牧业生产总体保持稳中向好的发展态势，生猪生产逐步回升，奶业发展形势向好，蛋鸡、肉牛、肉羊生产总体平稳，主要畜产品价格走高，养殖收益普遍向好。展望2021年，国家持续加大对畜牧业的扶持力度，产业发展潜力巨大，但也面临畜禽适养空间压缩、疫病防控压力大、支撑产业发展的客观条件薄弱等问题，应从推进生态养殖、推进畜牧经济提质增效行动、开展科技创新、推动信息融合等方面，全面提升河北省畜牧业生产健康稳定绿色发展水平。本报告认为，2021年，在不出现大的疫情的情况下，全省生猪养殖量将逐步恢复到正常年份水平，生猪养殖将进入合理利润周期，肉牛、肉羊生产价格仍将高位运行，养殖效益持续向好，肉鸡存栏将小幅下降，蛋鸡养殖将处于微利状态。

关键词： 畜牧业　生猪　价格　河北省

＊ 穆兴增，河北省社会科学院农村经济研究所所长、研究员，主要研究方向为农业农村经济、畜牧经济；赵学风，河北省奶源工作总站农业技术推广研究员，主要研究方向为畜牧经济；马修国，河北省奶源工作总站高级畜牧师，主要研究方向为畜牧经济。

2020年以来,得益于国内新冠肺炎疫情控制良好,非洲猪瘟防控得力,全省上下着力推动养殖业复工复产,促进国家各项惠农政策措施落地,河北省全力推动生猪生产恢复发展,加快推进畜牧业供给侧结构性改革,畜牧业生产总体保持稳中向好的发展态势,呈现出主要畜产品价格走高,养殖收益普遍向好的年度特征。生猪生产加速恢复,猪价持续高位运行;奶业发展形势向好,量价齐升;蛋鸡生产平稳发展,蛋价先降后升;肉鸡养殖量增加,价格下降;肉牛、肉羊生产平稳发展,牛、羊肉价格高位运行。

一 2020年河北省畜牧业发展的总体特征与运行态势

(一)生猪生产加快恢复,猪价高位运行

2020年,河北省委、省政府围绕生猪稳产保供,出台系列支持生猪生产恢复的政策,从资金、土地、政策等各方面加大对生猪养殖龙头企业、合作社和养殖户等各类经营主体的扶持,加强生猪生产中的技术指导和疫病防控,推动生猪养殖转型升级,全省生猪生产形势持续向好,生猪存栏水平明显提升,猪肉产品供给充足。2020年全省生猪生产主要特点及后市预测如下。

1. 生猪生产持续加快恢复

根据国家统计局河北调查总队(简称"国调队")的数据,到2020年9月末,河北省生猪存栏为1697万头,比2019年同期增长21.9%,生猪存栏恢复到正常年份的86.2%,超额完成国家下达的目标任务。其中,能繁母猪存栏增幅明显,达到178.8万头,比2019年同期增长26.7%,生猪产能恢复的基础得到巩固。2020年末,全省生猪存栏达到1700万头,其中能繁母猪存栏180万头,累计生猪出栏3300万头,同比分别增长20%、27.3%和5.8%。

2. 养殖户养殖积极性较高

2020年,河北省生猪市场供需两旺,生猪养殖效益较好。2020年,河北省生猪养殖户商品猪纯盈利达到2000元/头,生猪养殖场户补栏积极性明

显提高,仔猪供应紧缺,带动仔猪价格保持在较高水平。监测显示,2020年11月,河北省全省仔猪均价达到73.57元/公斤。

3. 大型生猪养殖项目持续落地

2020年,河北省通过招商,精准对接吸引新希望集团、牧原公司等一批国内生猪养殖领军企业到河北投资建场。据统计,2020年,河北省有78个县计划新建、改扩建年出栏1000头以上的规模养殖场225家,投资约110亿元,年末预计可增加生猪存栏200余万头。

荷兰皇家农业集团与绿赛京安养殖科技发展(安平)有限公司签订生猪养殖协议;新希望集团在石家庄市深泽县新建年出栏50万头的生猪养殖项目、在辛集市建设年出栏67万头的生猪养殖项目;牧原公司在邯郸(馆陶县已建成)、邢台、衡水等地新建5家规模养殖场,年新增出栏60万头。

4. 猪肉价格高位运行

受前期猪肉价格较高的影响,2020年河北省猪肉价格呈现高位运行态势。据河北省30个价格监测点统计,11月河北省猪肉平均价格为43.61元/公斤,比上月下降8.38%,同比下降17.02%,河北省猪肉价格比全国平均价格低5%左右;仔猪、活猪平均价格分别为73.57元/公斤、28.27元/公斤,比上月分别下降14.22%、3.18%,同比分别上涨0.71%和下降14.88%。3月中旬至6月中旬,猪肉平均价格连续3个月下降。从2020年6月下旬开始,受新冠肺炎疫情稳定控制后消费拉动、季节性消费增加等影响,猪肉价格再次上涨,8月河北省猪肉均价达到55.46元/公斤,之后价格开始回落,到11月河北省猪肉下跌了11.85元,下跌幅度达到21.4%。进入12月,受玉米等价格上涨和冻肉检测出新冠肺炎病毒等因素影响,河北省猪肉价格开始有所回升,第50周(12月6~12日),猪肉价格涨到46.66元/公斤,周环比上涨4.9%。2019年1月至2020年11月河北省猪价走势情况见图1。

5. 后市预测

短期来看,生猪供应仍然偏紧,预计2021年春节前,河北省猪肉价格仍将高位运行。综合考虑生产恢复和消费需求变化等因素,随着产能逐步释

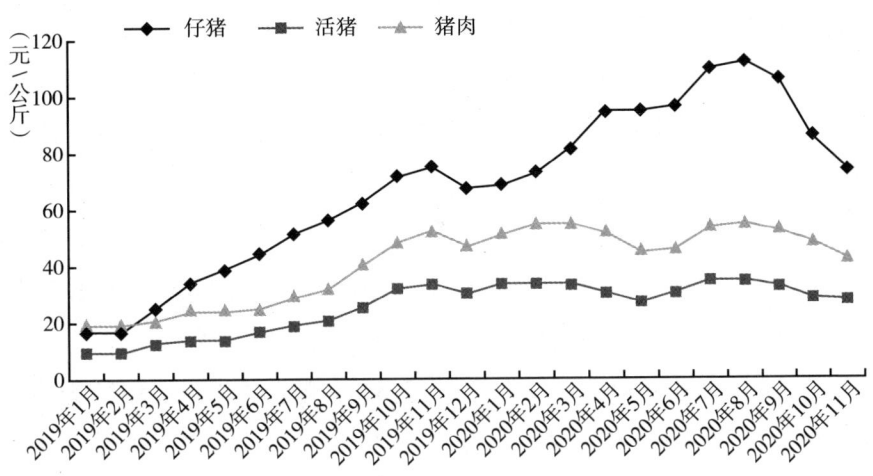

图 1　2019 年 1 月至 2020 年 11 月河北省猪价走势

资料来源：河北省农业农村厅。

放，出栏量持续增加，加上保供稳价的政策选择、国家储备肉的市场调控，河北省猪肉价格大幅上涨的可能性不大，预计 60 元/公斤将是价格顶点。2021 年春节后，预计猪价会有一波下降行情，总体猪价将低于 2020 年，预计到 2021 年第四季度，随着生猪养殖量逐步恢复到正常年份水平，生猪养殖将进入合理利润周期。

（二）蛋鸡生产平稳发展，蛋价先降后升

1. 蛋鸡存栏增加

受 2019 年河北省鸡蛋价格居高不下，蛋鸡养殖利润可观影响，2020 年河北省蛋鸡养殖量大幅增加，为近 5 年来的高位。根据国家统计局河北调查总队统计，2020 年 9 月末，河北省蛋鸡存栏 2.7 亿只，比 2019 年同期增长 10.2%。2020 年突然暴发的新冠肺炎疫情，在一定程度上影响了河北省雏鸡出栏量，从而抑制了 2020 年蛋鸡存栏量的增加，且高温天气影响蛋鸡产能，所以第三季度鸡蛋供应量较第一、第二季度有所减少。随着疫情防控进入常态化，复工复产持续推进，餐饮、团体消费等需求逐渐复苏，鸡蛋消费

量增加；2020年6月中旬以来猪肉价格上涨，受替代效应影响，鸡蛋消费需求增加。受上述因素影响，虽然蛋鸡存栏量增加，但是年内鸡蛋供应仍处于基本平衡状态。2020年末，河北省蛋鸡存栏量维持在2.7亿只，鸡蛋产量累计达到350万吨左右。

2. 鸡蛋价格先降后升

2019年9月，河北省鸡蛋均价达到11.13元/公斤的高位，之后鸡蛋价格一路下行，到2020年6月，河北省鸡蛋价格连续9个月下跌，下跌到5.64元/公斤，鸡蛋价格累计跌幅达到49.3%。随着国内新冠肺炎疫情得到有效控制，国内猪肉价格上涨，鸡蛋和猪肉的替代效应显现，鸡蛋消费量加大，进入第三季度鸡蛋价格触底回升，从8月开始，稳定在7元/公斤以上。受夏季供应减少和大中院校开学、中秋国庆两节备货推动，河北省鸡蛋价格通常在每年9月达到高点，之后缓慢下降。2020年也不例外，2020年9月，河北省鸡蛋价格达到全年高点7.82元/公斤，之后逐步回落，2020年11月，河北省鸡蛋均价为7.31元/公斤，较9月下降6.5%。2019年1月至2020年11月河北省鸡蛋价格走势情况见图2。

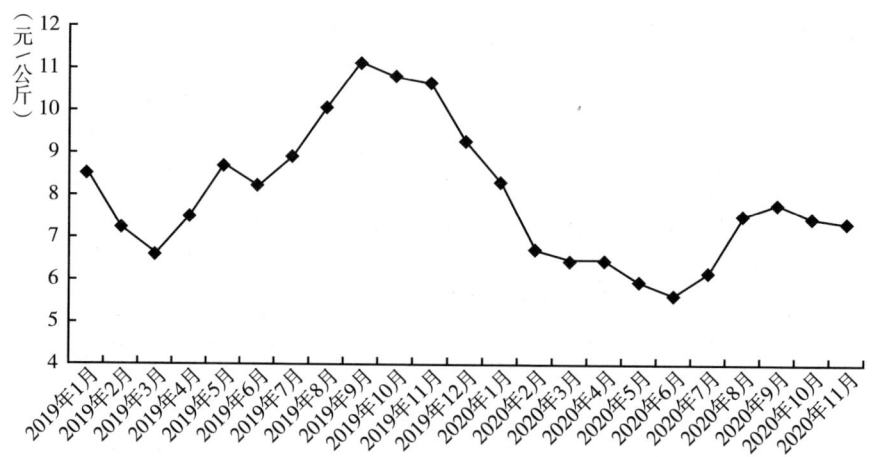

图2 2019年1月至2020年11月河北省鸡蛋价格走势

资料来源：河北省农业农村厅。

3. 后市预测

尽管2020年河北省鸡蛋价格较2019年同期下降幅度很大，但仍处于盈利区间，经过几个月亏损的养殖户在此时淘汰鸡的意愿不大，因此预计到2021年第一季度末河北省蛋鸡存栏量将处于较高水平。随着5月补栏增加，2021年预计蛋鸡存栏量将维持在2.6亿只左右。同时，2020年猪肉价格高位运行，对鸡蛋价格形成支撑，预计2021年春节后会有一波下跌行情，2021年3月的底价支撑线在5.5元/公斤左右，9月上探顶部预计不会超过10元/公斤。但新冠肺炎疫情影响仍在持续，不排除相关物价上涨带动鸡蛋价格上涨的可能。

（三）奶业发展形势向好

1. 奶牛存栏和牛奶产量大幅增加

在奶业振兴相关扶持政策和奶价走高的推动下，全省优质奶源基地建设加快，奶牛存栏和牛奶产量都大幅增加，根据国调队统计，截至2020年9月底，河北省奶牛存栏126.8万头左右，同比增长19.3%，牛奶产量达到355.6万吨，同比增长10.9%。2020年全省奶牛存栏达到128万头，牛奶产量达到430万吨。

2. 生鲜乳收购价持续小幅上涨

受季节性减产、消费回暖、饲料成本上涨、国际市场消费需求增加、全球乳制品拍卖价格持续回升等因素影响，从2020年6月开始，河北省生鲜乳收购均价持续小幅上涨。据农业农村部统计数据，2020年6月河北省生鲜乳收购均价为3.36元/公斤，为2020年最低点，之后开始持续回升，到11月全省均价为4.14元/公斤，环比增长2.7%，同比增长8.1%，为2018年以来的最高点。按照2020年11月的奶价计算，扣除玉米、豆粕等饲料原料价格上涨增加的成本，1头泌乳牛年均利润可达5500元左右，高于2019年。2019年1月至2020年11月河北省生鲜乳价格走势见图3。

3. 后市预测

受新冠肺炎疫情影响进口、全球乳制品拍卖平台价格走高及玉米等饲料

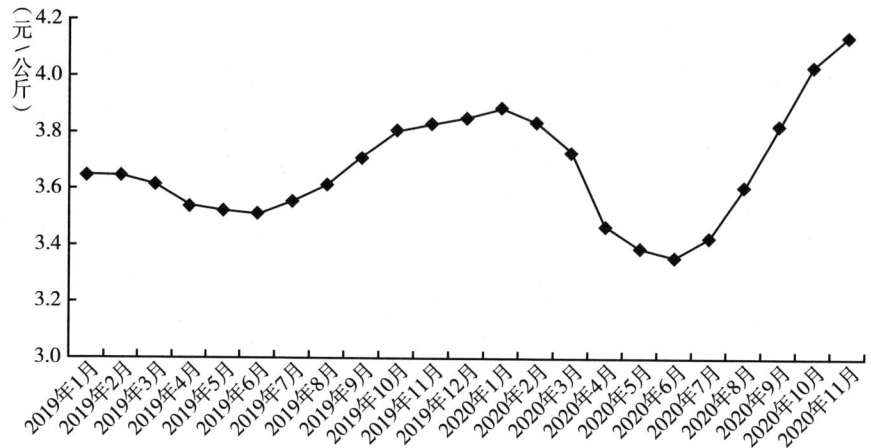

图3　2019年1月至2020年11月河北省生鲜乳价格走势

资料来源：农业农村部。

原料价格持续上涨拉动，预计到2021年第一季度末生鲜乳价格将站稳4元/公斤，2021年河北省全年底价支撑位将在3.5元/公斤左右，受乳制品消费影响，预计超过5元/公斤的可能性不大。

4. 河北省振兴奶业举措

奶业之所以有健康良性的发展，与全省上下深入实施奶业振兴规划纲要，加快奶业振兴步伐分不开，全省上下做了大量工作。一是建设优质奶源基地。制定实施方案，建设智能牧场100家，升级改造家庭牧场270家，支持奶牛牧场引进良种奶牛、升级养殖设备、建设智能化系统、配套粪污资源化利用设备及完善乳品加工和质量安全检测设施等，2020年54家智能牧场开工建设，家庭牧场加快改造，全省奶牛养殖规模化、智能化、绿色化水平进一步提高。完成300枚世界顶级种公牛胚胎采购招标，参加美国专业遗传评估，选育优秀后备种公牛31头，种子母牛30头，组建存栏465头的兼用牛母牛核心群。对5678头荷斯坦奶牛开展A2基因检测，完成奶牛生产性能测定16.5万头，测定奶样60万份，参测奶牛单产由2019年的8875公斤提高到9148公斤，全省奶牛种质水平和生产性能持续提升。新建10吨以上高产奶牛核心群22家，省内3家大型乳制品加工企业在建、筹建11个自有牧场、2个家庭牧场,将新增奶牛存栏8.8万头,全省生鲜乳生产能力显著增加。二是提升乳制品加工能力。2020年全省有7个在建并计划本年内投产的重点乳制品加工项目,总投资27亿元,年新增生鲜乳处理能力83万吨。8个2020年始建、2020年或2021年投产的项目,总投资35亿元,年新增生鲜乳处理能力120万吨。2个正在筹建的乳制品加工项目,总投资30亿元,年新增生鲜乳处理能力90万吨。2020年5月19日,河北省召开全省乳制品加工企业恳谈会,协调解决现实困难,加快全省奶业建设项目建设进程。唐山鸿兴泰食品有限公司(滦南)一期奶粉及黄油生产建设项目,邯郸市康诺食品有限公司巴氏奶、酸奶生产建设项目已建成投产。养殖场探索以开办奶吧、建加工厂、乳企代加工等方式进入加工领域,河北康宏牧业有限公司委托知名乳企代加工,首创"认养一头牛"直营模式,2019年销售额达到7亿元,比2018年翻了六番。三是保障乳品品质。制定《河北省奶业质量安全风险管控方案》,落实生鲜乳生产运输、乳制品加工仓储、市场流通销售全链条质量安全风险管控,印发《河北省疫情期间学生饮用奶质量安全风险管控指导方案》,明确"五个严控、三个强化"八项主要任务。组织起草推荐性生乳团体标准,对标国际一流标准,推动河北省生鲜乳质量不断提升,测定乳蛋白率3.35%、乳脂率3.90%、群体平均体细胞数22.06万个/ml。2020年上半年,河北省农业农村厅7次抽测5个地市444批生鲜乳,合格率为100%。省市场监管局抽检乳制品324批次,婴幼儿配方食品21批次,合格率为100%。君乐宝各奶粉工厂通过了全球食品安全标准(BRC)和国际食品标准(IFS)认证,旗帜乳业三款产品获得2020年第56届"世界食品品质评鉴大会"金奖,优萃有机奶粉摘得第14届"中国国际有机产品博览会"(亚洲最具规模和影响力的有机产品盛会之一)"年度有机奶粉金奖""年度最具影响力品牌奖"两大奖项,河北乳业的品牌影响力持续扩大。四是维护奶业发展秩序。积极处置保定市莲池区集中清理奶牛养殖场事件,指导保定市完善方案,对关停、搬迁奶牛养殖场进行救济和补助,在全省开展违法关停奶牛养殖场排查整治行动,稳固奶牛养殖业根基。创新会议方式,商议全省生鲜乳交易参考价格,推动养殖场与乳制品加工企业签订长期购销合同，并严格监督参考价格和收购合同执行情况，将违反收购合同的3家养殖场列入"黑名单"管理，并取消政策补贴，建议撤销1家养殖场生鲜乳收购许可证。完善乳品加工和奶牛养殖利益共享机制，上半年伊利乳业累计向河北合同牧场提供5.15亿元贷款或借款支持，蒙牛提供1.7亿元，君乐宝提供1.8亿元，保定完达山、新希望天香分别提供了534万元、420万元，省内几家大型乳企为合同牧场提供购牛、奶价政策补贴，购买冻精、饲料和国五车辆等各类补贴6000余万元，密切的利益联结，有力地保障了奶业持续健康发展。

（四）肉牛平稳发展，牛肉价格高位运行

1. 肉牛存栏量小幅增长

自2019年下半年开始，随着牛肉价格走高，繁殖母牛效益提升，主产区较多散户购买小母牛留作种用，增加了肉牛产能。2020年第三季度末全省肉牛存栏量为205万头，同比增长4.6%；牛肉产量为43.7万吨，同比下降4.3%。

2. 活牛、牛肉价格高位运行

牛肉受猪肉价格上涨拉动，自2019年6月止跌回升，到2019年11月全省牛肉均价达到70.32/公斤，站上70元/公斤这个台阶，之后平稳小幅增长，2020年11月均价为73.21元/公斤，同比增长4.1%。活牛均价2019年10月达到30.83元/公斤，之后在30元/公斤以上波动，至2020年8月增幅加大，2020年11月全省均价为34.32元/公斤，同比增长6.8%。2019年1月至2020年11月牛肉和活牛价格走势情况见图4。

3. 养殖利润高

玉米价格走高，在一定程度上抵消了牛价走高的红利，但是养殖收益仍然可观。自繁自育出售一头300~350公斤的架子牛，在舍饲条件下纯利润为5000元左右；购进一头300~350公斤的架子牛，养殖9~10个月，体重达650~700公斤出栏，每头肉牛盈利7000元左右；自繁自育出栏一头育肥牛（30个月）利润为12000元左右。

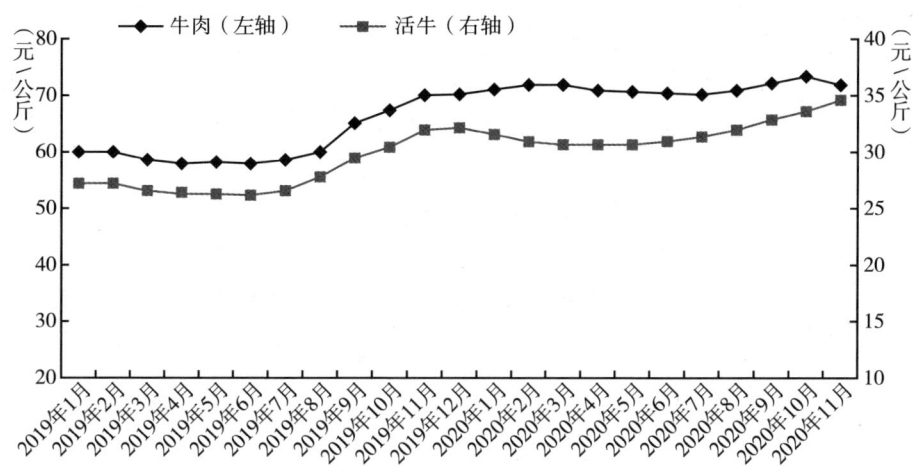

图 4　2019 年 1 月至 2020 年 11 月河北省牛肉和活牛价格走势

资料来源：河北省农业农村厅。

4. 后市预测

肉牛养殖周期长、投资大，扶持政策缺失，短期内难以完全依靠市场拉动养殖量快速增加，加上国际形势变化，活牛进口受限，预计 2021 年牛源紧张的形势难以缓解，而同时受猪价高位运行影响，牛肉消费将继续增加，供需紧张的趋势将持续存在，预计 2021 年河北省肉牛存栏量平稳增长，其中能繁母牛存栏量增幅加大。牛肉价格继续高位运行，养殖效益持续向好。

（五）肉羊生产稳中有增，羊肉价格持续走高

1. 肉羊存栏量稳步增长

随着肉类消费结构升级，羊肉需求量稳中有升，受猪肉价格高位拉动，羊肉价格高位运行，养殖效益显著，养殖户补栏积极性提高，养殖量增长，但受较长养殖周期的制约以及禁牧等因素影响，增长速度较慢。根据国调队统计，截至 2020 年 9 月末，全省肉羊存栏量为 1330.5 万只，同比增长 4.7%；累计出栏量为 1565.5 万只，同比增长 0.7%。

2. 羊肉、活羊价格高位运行

2019 年 9 月全省羊肉、活羊均价分别达到 72.27 元/公斤、29.33 元/公

斤，之后羊肉价格波动走高，2020年11月全省均价为76.11元/公斤，活羊均价为31元/公斤，2020年全年羊肉价格都在70元/公斤之上运行，活羊围绕30元/公斤波动，2020年均价为30.2元/公斤。2019年1月至2020年11月河北省羊肉和活羊价格走势情况见图5。

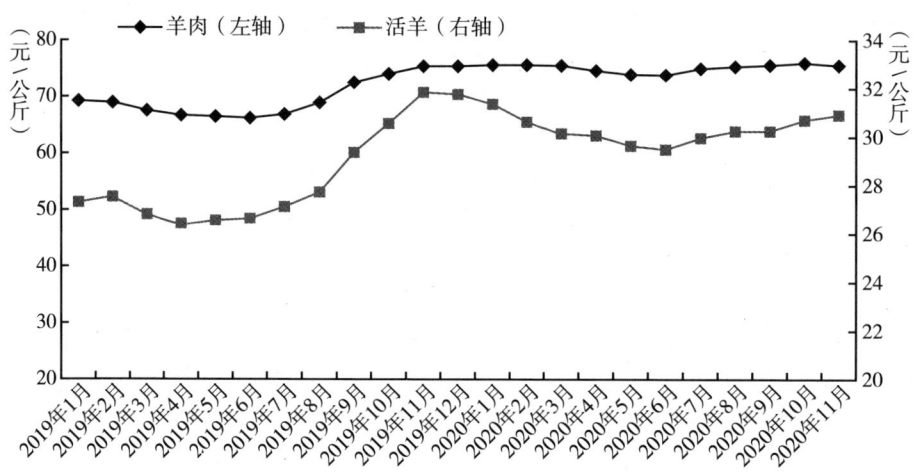

图5　2019年1月至2020年11月河北省羊肉和活羊价格走势

资料来源：河北省农业农村厅。

3. 养羊效益显著

按2020年11月的市场价格，靠以圈养繁殖母羊、出售小羊羔为主的养殖方式，北部秸秆资源较差的地区，每只母羊一年可盈利800元左右，秸秆资源丰富的地区可达1100元以上（养殖水平较高的生产场可达1500元以上）；购买10~15公斤的羔羊育肥，每只羊可盈利300元以上；规模养殖场自繁自育，每只基础母羊一年可创造1600~2200元的经济效益。

4. 后市预测

肉羊生产增长缓慢，供求处于紧平衡状态。预计2021年羊肉和活羊价格仍将高位运行，第四季度或将随着猪肉价格回归合理价位而波动下行。整体来看，2021年养羊仍将维持较好盈利。

（六）肉鸡存栏量增加，价格下降

1. 肉鸡供应偏紧

非洲猪瘟疫情影响及猪肉价格高位运行，利好鸡肉消费，加之2019年高盈利，带动肉鸡养殖量增加，但是受种鸡引种受限、环保倒逼等因素影响，增幅不大。根据国调队统计，2020年第三季度末全省肉鸡存栏量为6550万只，同比增长5.4%，活鸡（含淘汰蛋鸡）出栏量为3.76亿只，同比增长2.2%。

2. 肉鸡价格下降

2019年下半年活鸡价格总体高涨，11月均价达到15.57元/公斤，之后逐步回落，2020年6月均价下探到8.9元/公斤，其余月份都在9元/公斤以上，11月均价为9.6元/公斤。鸡苗价格2019年高点是11月的9.21元/只，之后下滑到2020年11月的2.83元/只，每只鸡苗下降了6.38元，降幅可观。2019年1月至2020年11月河北省活鸡价格走势情况见图6。

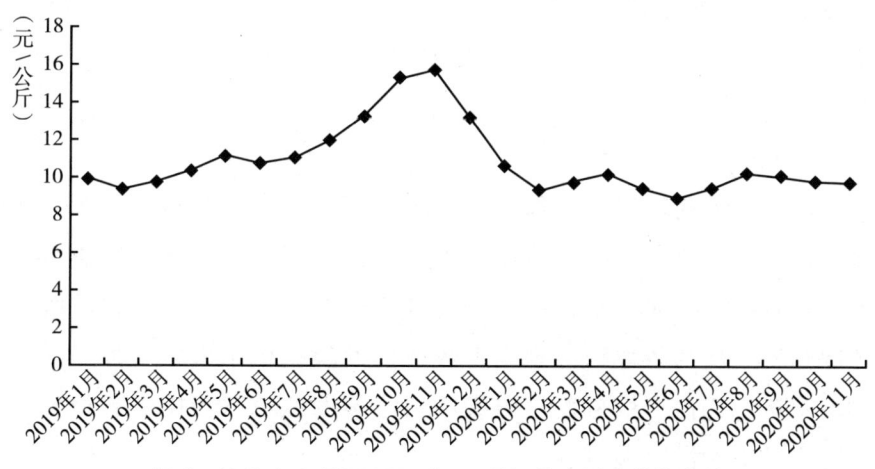

图6　2019年1月至2020年11月河北省活鸡价格走势

3. 肉鸡养殖保本微利

按照2020年11月的价格，肉鸡养殖处于微利状态，从全年情况看，2020年以来活鸡均价为9.8元/公斤，肉雏鸡均价为3.2元/只，玉米等原料价格上涨，按照每公斤9元成本测算，出栏一只肉鸡盈利不足1元钱，种鸡场微利甚至亏损。

4. 后市预测

受引种受限及商品代雏鸡价格走低等因素影响，鸡苗供应不足，将导致肉鸡养殖量下降，预计2021年，肉鸡存栏量会有小幅下降，存栏量在6000万只左右，出栏量减少及前三季度猪肉供应缺口较大，将支撑活鸡价格在10元/公斤左右徘徊。

三 河北省畜牧业发展机遇与挑战分析

（一）发展机遇

1. 政策环境持续向好

国家持续加大对畜牧业的扶持力度，相关法律法规不断完善。精准扶贫、奶业振兴、粮改饲、发展草食畜牧业、畜禽粪污资源化利用等国家发展战略的实施，为加快河北省现代畜牧业发展创造了难得的机遇。畜牧业综合生产能力稳步提升，生态环境明显改善。

2. 产业发展潜力巨大

河北省畜牧业发展基础稳定，饲草料资源丰富，并建立了相对完善的产业体系，主要畜产品产量居全国前列，为现代畜牧业发展奠定了坚实的产业基础。河北省畜牧科技研究推广体系相对完善，畜牧兽医科技人才综合实力较为雄厚，为现代畜牧业的发展提供了人才支撑。河北省人均肉、蛋、奶占有量与发达国家和京津等发达地区相比仍有很大的差距，畜产品消费潜力大。

3. 信息技术助力畜牧业发展

互联网、物联网、大数据、云计算等信息技术的快速发展、普及和应用，将对畜牧业生产、加工、流通、消费等各环节，以及政府部门的监管与服务方式转变发挥重要作用。

（二）面临的挑战

1. 生态安全压力大

随着生态文明建设的推进，畜禽适养空间进一步压缩；彻底破解养殖污染的一些关键技术和机制还不完善，种养业主体联结的问题尚未得到突破。

2. 疫病防控压力大

畜禽养殖密度大，饲养管理方式相对落后，基层动物防疫体系不健全，畜禽养殖生物安全压力大。

3. 支撑产业发展的客观条件仍然薄弱

行政干预超范围划定禁养区，人为抬高养殖业进入门槛，严重制约了畜牧业的健康发展。基层执法和产业服务队伍人员力量相对不足，设施装备比较薄弱，从业人员不够稳定，难以支撑畜牧业的持续发展。畜牧业生产资料和人工成本持续提高，环境保护促使畜牧业污染治理成本大幅增加，双重因素叠加使养殖成本大幅提升，畜牧业竞争力趋于下降。

四 推动河北省畜牧业绿色健康平稳发展的对策建议

（一）推进生态养殖

依据资源禀赋和发展基础，完善产业整体布局和特色精品规划，加快推进农牧结合生态循环养殖。重点改造提升现有畜禽规模养殖场，提高畜禽废弃物资源化利用水平，打造标准化生态化规模养殖示范场，创建农牧结合示范县（区）。对全省畜产品产量、有机肥需求量、农村环境质量进行综合平衡，科学布局农林牧渔业，实现畜牧业与农业、农村协调发展。

（二）实施提质增效

继续深入推进畜牧业结构调整和标准化建设，进一步提升规模化和特色化发展水平。坚持多畜经营，多元发展，通过机制创新和产业融合，建设一批区域优势突出、地方特色鲜明、集聚规模显著、标准化生产程度高、品牌经营强的特色精品产业。大力培育带动力、竞争力强的龙头主体和产销联合、利益共享的合作组织,延伸产业链,提升价值链,形成一批国内领先的全产业链。

(三)开展科技创新

以需求和应用为导向,引导各类主体研发畜牧业清洁化生产、排泄物资源化综合利用和重大动物疫病综合防控等新技术、新装备,鼓励有实力的企业培育畜禽新品种、研发新兽药、新饲料和饲料添加剂。加大先进适用技术的示范和推广,推进全产业提质增效。

(四)推动信息融合

依托大数据、物联网、互联网技术,开发建设智慧畜牧业云平台,升级完善动物标识及动物产品追溯系统,建设畜牧兽医数据中心,全面提升各级畜牧兽医系统行业管理、监督执法和服务主体信息化水平。

(五)完善产业预警

构建畜牧产业预警和信息服务体系,加强畜产品价格监测和产销预警,提升产业信息服务系统的宏观分析和产业指导作用。扩大畜牧业自然风险保险和畜产品目标价格保险范围,实现以丰补歉,稳定产业。

(六)强化重大动物疫病防控

实施强制免疫。以口蹄疫、高致病性禽流感、布病、小反刍兽疫等重大动物疫病为重点,扎实开展强制免疫工作,确保群体免疫密度常年保持在90%以上,应免畜禽免疫密度达到100%,免疫抗体合格率常年保持在70%以上。加强疫情监测。重点做好口蹄疫、高致病性禽流感、小反刍兽疫、非洲猪瘟、高致病性猪蓝耳病、猪瘟、布鲁氏菌病等病种的监测和流行病学调查工作，配合做好疯牛病、羊痒病等外来动物疫病的监测工作。严格执行疫情报告制度，健全应急处置机制，落实强制扑杀政策。完善疫苗招标采购和供应制度，推进"先打后补"试点，明确免疫责任主体，逐步建立强制免疫退出机制。加强技术培训，指导做好畜禽常见多发病防治。

参考文献

《河北省发布2020年重点支持畜牧业政策》，《北方牧业》2020年第16期。

《河北省农业农村厅：2020年全省畜牧业工作要点》，《北方牧业》2020年第6期。

B.4
2020~2021年河北省蔬菜经济形势分析与预测

宗义湘*

摘 要： 2020年河北省立足区域资源禀赋、产业基础和产品特色，实施科技兴菜、绿色兴菜、品牌兴菜、质量兴菜，蔬菜产业基本实现发展稳中向好、优势区特色鲜明、产销环节合作紧密以及宣传推广形式多样。针对河北省蔬菜生产的新形势，本报告在分析2020年蔬菜产业发展特征的基础上，预测2021年河北省蔬菜产业发展将由数量型向质量型转变，对高品质、特色加工类及季节蔬菜的需求会增加，蔬菜单位总量继续上升，消费总量稳中有增，并提出推广节本增效技术、提高风险防范能力、发展绿色清洁生产、提升组织化程度等具体对策建议。

关键词： 河北省 蔬菜产业 生产形势

蔬菜产业是河北省农业支柱产业，在河北省农村地区脱贫攻坚与农业高质量、产业化发展方面发挥着重要作用，确保蔬菜产业持续稳定发展是保民生、惠民生、保稳定和促和谐的重大民心工程。河北省是蔬菜生产大省，全省蔬菜总产量在5000万吨以上，居全国第四位，目前已经形成温室、拱棚、地膜、露地等多种栽培形式互补的生产格局，基本实现了生产设施齐全、花

---

* 宗义湘，河北农业大学经济贸易学院教授，博士生导师，主要研究方向为农业经济与政策。

色品种丰富、四季生产稳定、周年供应均衡,在保障京津与东北地区蔬菜供应中地位独特。近年来,随着人民生活水平的提高,消费者对蔬菜产品的需求逐渐从量转向产品安全、营养口感,对蔬菜生产加工提出了新的更高要求。

一 2020年全国及河北省蔬菜产业生产形势分析

(一)2020年全国蔬菜产销形势

2020年产季,受新冠肺炎疫情影响,产地蔬菜在短期内运输受阻,销地蔬菜供应不足。疫情有所缓解后,跨区域蔬菜流通逐渐恢复,各地区加大对蔬菜生产的扶持力度,蔬菜生产逐步恢复并且产量有所增加。全国蔬菜生产呈现如下特点。

1. 产量小幅增加

2020年,全国蔬菜产量预计将达到7.27亿吨,较2019年增长1.13%。2011~2019年全国蔬菜产量见图1。分类别来看,大白菜、番茄、黄瓜、辣椒、萝卜的产量仍位居前五。近年来,全国设施蔬菜播种面积不断增加,2020年设施蔬菜播种面积预计达到6150万亩。设施蔬菜产区主要集中在环渤海地区,山东、河北、辽宁等省份的播种面积约占全国总面积的60%。番茄、辣椒、黄瓜、茄子等是最重要的设施蔬菜种类,其中番茄设施栽培面积约为1200万亩,位居第一。

2. 价格波动较大

2020年,全国蔬菜价格整体高位运行,月度价格波动较大。2020年年均价格为4.68元/千克,较2019年增长10.62%。分月份来看,2020年1~3月受新冠肺炎疫情因素影响,蔬菜运输受阻,市场存量和供给量双重不足,蔬菜价格整体快速攀升,同比增长13.83%;4~5月市场状况良好,市场供应充足,蔬菜价格持续快速下降;6~9月北方夏季不良天气因素,对蔬菜生长和运输都极为不利,市场供不应求,蔬菜价格高企,均价达到

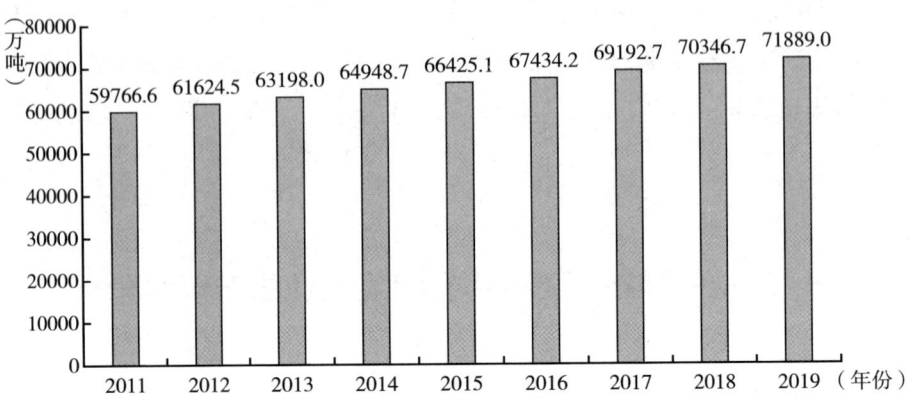

图 1　2011~2019 年全国蔬菜产量

资料来源：国家统计局。

4.57元/千克，同比增长13.13%；10月后北方冬季蔬菜生产由冷棚向暖棚过渡，生产成本上升，价格再次上升（见图2）。其中大葱、生姜受种植面积下降影响，价格大幅攀升，较2019年分别上涨99.1%和70.6%。

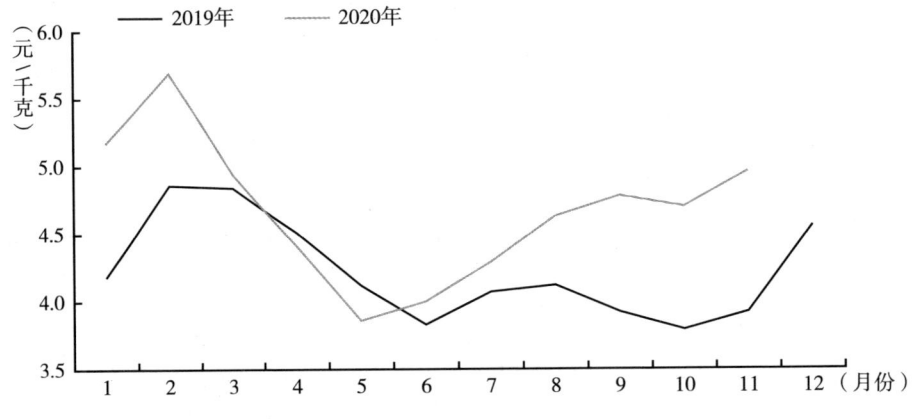

图 2　2019~2020 年全国蔬菜月均价格走势对比

资料来源：农业农村部市场与信息化司。

3. 对外贸易活跃

我国是全球蔬菜的重要供应基地，近年来进出口总额不断增加，海关总署公布的数据显示，2020年1~10月我国蔬菜的进出口总额为650.40亿元，虽然受疫情影响较2019年同期有小幅下降，但整体仍保持上升趋势，较2015年同期增长10.65%。在我国蔬菜种植行业发展的过程中，大规模的蔬菜生产满足了国内外的需求，出口远高于进口，呈现贸易顺差。海关统计数据显示，2020年1~10月我国蔬菜出口额为538.99亿元，较2015年同期增长20.75%；进口额为111.41亿元，受疫情影响较2015年同比下降21.22%。中国蔬菜出口额与进口额的差距不断拉大，国际需求上升，中国蔬菜供应能力增强。

（二）2020年河北省蔬菜产销形势分析

2020年，河北省认真贯彻落实党中央、国务院决策部署，全力保障蔬菜、粮食等重要农产品供应，全省蔬菜生产规模稳步扩大，蔬菜种植结构优化，产量稳中有增，为保障京津冀农产品市场稳定做出了重要贡献。

1. 产业发展稳中向好

2020年，河北省蔬菜播种面积和产量均呈波动增加趋势，全省蔬菜总产量为5198.2万吨，同比增长2.1%（见表1）。新建蔬菜生产设施主要以现代农业园区、休闲采摘农业园区为主，设施结构以新型节地型日光温室、钢骨架塑料大棚和盖苫大棚为主。分品种看，大白菜、黄瓜、番茄、辣椒、卷心菜、茄子、白萝卜和菠菜的种植面积较大，占河北省蔬菜总种植面积的比重超过60%，总产量占比维持在70%以上，产品结构稳定。近年来河北省水生类蔬菜、瓜类菜、茄果类蔬菜产量增长幅度较大，进一步丰富了蔬菜产品的多样化供给。

表1 2011~2019年河北省蔬菜播种面积及产量

年份	播种面积（万亩）	产量（万吨）
2011	1058.56	4507.90
2012	1101.00	4703.00
2013	1115.40	4823.80
2014	1132.05	4965.10
2015	1132.65	5022.10

续表

年份	播种面积(万亩)	产量(万吨)
2016	1127.40	5308.89
2017	1122.90	5058.53
2018	1181.40	5154.50
2019	1192.50	5093.10
2020	1332.45	5198.20

资料来源：《河北农村统计年鉴》。

2.蔬菜价格低于全国平均水平

2020年，河北省蔬菜均价为3.82元/千克，明显低于全国平均水平。蔬菜年内价格走势呈现明显的"凹"字形结构，"一峰一谷"的季节性波动特征明显。年初蔬菜价格受疫情因素影响，同比增幅较大，其中2月价格同比涨幅达59.51%；4~6月随着疫情得到有效控制，加之受良好的天气因素影响，价格恢复常态，下降趋势明显；7~8月受长时间高温和连续强降雨影响，蔬菜被雨水浸泡又被高温炙烤，出现腐烂现象，造成产量下降，市场价格持续上涨；进入10月后气温下降，露地蔬菜逐渐退市，蔬菜产地由北向南转移，季节性消费需求也持续增加，推动了蔬菜价格恢复性上涨（见图3）。

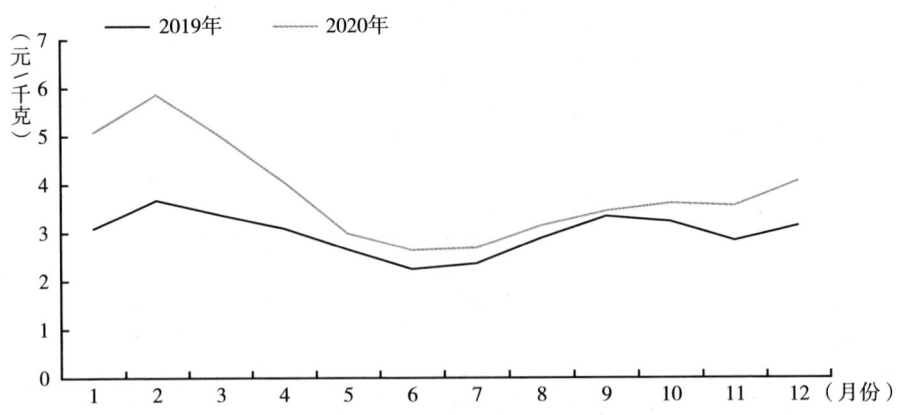

图3 2019~2020年河北省蔬菜月均价格走势对比

资料来源：河北省农业农村厅。

3. 优势产区特色明显

河北省南北跨度大，地形地貌多样，具有发展蔬菜周年生产得天独厚的条件，全省形成了冀东日光温室瓜菜、环京津设施蔬菜、冀中南棚室蔬菜和冀北露地错季菜四大产区，蔬菜产业区域化特征逐步显现。全省形成了鸡泽辣椒、乐亭甜瓜、青县羊角脆甜瓜、玉田包尖白菜、崇礼彩椒、平泉黄瓜、永年大蒜、馆陶黄瓜、昌黎旱黄瓜、永清胡萝卜等21个省级特色农产品优势区，其中鸡泽辣椒、平泉香菇和遵化香菇入选国家级特色农产品优势区。同时，全省注重在特色农产品优势区中建设精品示范基地，2020年共支持创建12个蔬菜"大而精"基地，7个蔬菜"小而特"基地，促进蔬菜单品规模化、集约化、标准化、全产业链发展。

4. 品牌培育效果凸显

省内注重以区域公用品牌打造引领农产品品牌建设，截至2020年10月共有省级特色蔬菜区域公用品牌20个，其中平泉香菇、玉田包尖白菜入选中国农产品区域公用品牌名录，品牌评估价值分别为17.78亿元和10.21亿元，以优良的品质抢占高端市场。青县"大司马"、秦皇岛"集发"、唐山"鼎晨"、鸡泽"天下红"等蔬菜品牌获中国驰名商标。永清"鑫耕田"、馆陶"馆青"等省级著名商标近100个，在消费者心中树立了河北蔬菜质优物美的良好形象。

5. 产销对接成效显著

为促进产销合作，河北省农业农村厅与北京市农业农村局、天津市农委、中国蔬菜协会等单位密切合作，举办第五届京津冀蔬菜食用菌产销对接暨北方秋冬季设施蔬菜大会，开展精品展示、冀菜直播、菜王争霸、冀菜盛宴等多项活动，其间共达成产销合作意向45.5万吨，涉及白菜、食用菌、番茄、黄瓜、青椒、豆角、甜瓜等20多类，金额约12.1亿元。京津冀产销深度合作，也为推动京津冀现代农业协同发展以及保障都市蔬菜应急供应奠定了坚实基础。夏季北京新冠肺炎疫情再次暴发时，河北省农产品批发市场起到了"后勤"应急基地作用。仅6月14~15日两天，就向北京调运3000吨蔬菜。河北新发地集团设立5000万元"保供"基金，专项用于货源组织和调拨，并采取有效措施，提升保障首都10天以上农产品供应的能力。

6. 对外贸易回稳向好

河北省出口蔬菜种类较多，包括24类鲜菜，其中以甘蓝、胡萝卜、萝卜、莴苣和西兰花出口量最大，加工番茄与蘑菇出口呈现大幅增长态势。从蔬菜出口情况来看，河北省蔬菜出口占农产品出口总额的10.91%，占比较大。海关统计数据显示，2020年1~6月由于受疫情影响，河北省蔬菜出口额同比下降4.50%，进入下半年随着疫情的缓解，蔬菜出口呈现恢复性增长，比上半年出口额增长19.46%，其中，出口额最高的蔬菜产品为干辣椒和大蒜。以河北省晨光生物公司为例，该公司以辣椒精深加工为主要业务，年均辣椒红销售量在3000吨以上，国际市场占有率超过80%，稳居世界第一。

二 2020年河北省主要蔬菜种类市场行情分析

（一）番茄价格走势分析及行情预测

1. 主要特征：价格同比上升，季节性特征明显

2020年，河北省番茄的年均价格为4.51元/千克，同比上涨20.14%。番茄价格走势呈"凹"字形走势，季节性特征明显，2月价格最高，为7.75元/千克，6月价格最低，为2.37元/千克。相较于2019年，2020年1~3月河北省番茄价格偏高，主要是疫情导致产销脱节，市场供给量和存量较低，引发价格上涨。4月由于前期延期定植的番茄集中上市，市场价格快速下降，6月进入价格谷底后开始触底反弹。2020年下半年番茄价格高，与2019年番茄价格偏低有关，番茄种植量减少，同时受到高温等恶劣天气影响，番茄一段时间内供不应求，价格增幅明显（见图4）。

2. 走势预测：2021年整体价差缩小，市场平稳运行

受季节因素和供求关系影响，预计2021年春节期间，河北省番茄价格将呈现上升趋势。由于2020年下半年番茄市场行情较好，刺激了农户种植

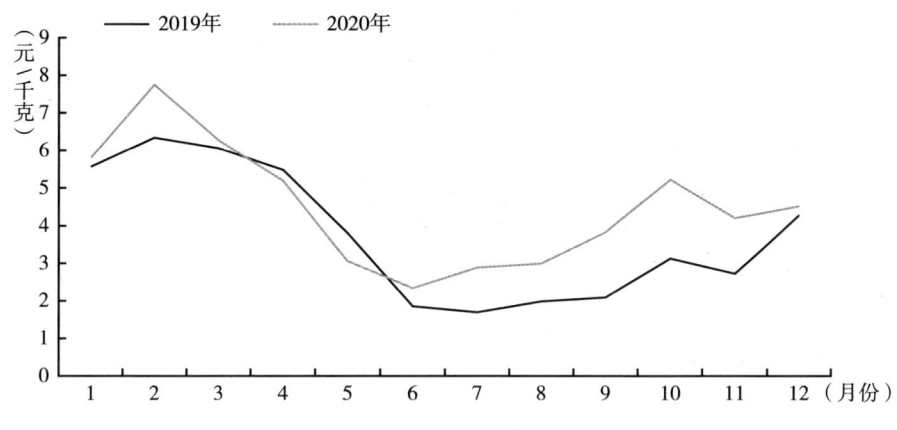

图 4　2019～2020 年河北省番茄月均价格走势对比

资料来源：河北省农业农村厅。

积极性，预计未来种植面积会有所扩大，春节期间市场供给量较 2020 年更为充足，价格会低于 2020 年同期。建议农户因地制宜，科学调整茬口安排，适当错峰上市，提高种植效益。

（二）黄瓜价格走势分析及行情预测

1. 主要特征：价格走势趋同，季节性特征明显

2020 年，河北省黄瓜的年均价格为 4.17 元/千克，与 2019 年相差不大。就河北省黄瓜历年月均价格变动来看，年间价格走势基本一致，呈先升后降再升的"凹"字形走势，季节特征明显。其中，2020 年 1～3 月黄瓜价格受疫情及节日效应影响价格总体高于往年同期，进入 4 月后不同茬口黄瓜开始上市，价格出现回落，6 月达到价格谷底，为 2.33 元/千克，然后触底回升，8 月主产区部分黄瓜退市，部分黄瓜尚处于定植期，市场供给量不足，同时受高温和暴雨天气影响，黄瓜难以储存，导致价格同比涨幅明显。进入 10 月，冷棚黄瓜开始退市，到 10 月中旬已经全部退市，暖棚黄瓜还未完全形成批量上市条件，供应出现短时间偏紧状态，价格同比偏高。11 月，辽宁朝阳暖棚黄瓜到了上市高峰期，上市量增大，价格短期内有所下降，进入 12 月价格继续上升（见图 5）。

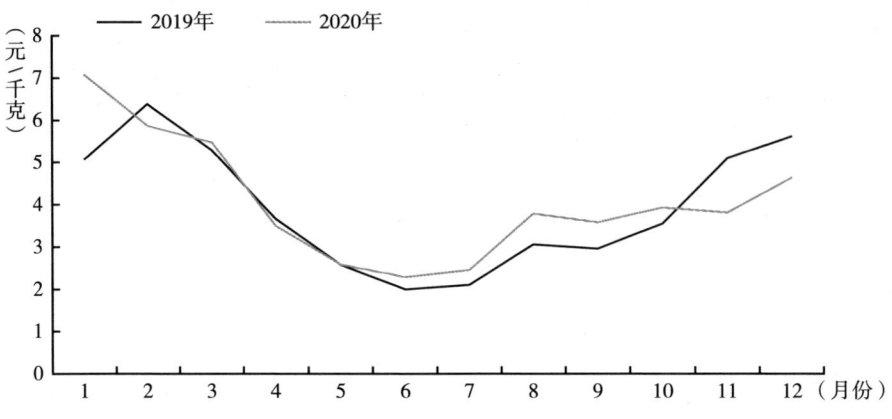

图 5　2019～2020 年河北省黄瓜月均价格走势对比

资料来源：河北省农业农村厅。

2. 走势预测：2021年价格走势与上年基本相同

受季节因素影响，预计2021年河北省黄瓜月均价格走势仍将呈现"凹"字形。其中，1～3月扩张性上涨，4～6月跌至波谷，7～9月再次回升，10～12月有所回落。后期除非出现较长时间的降温及光照不足天气，预计2021年供应状况会好于2020年。

（三）甘蓝价格走势分析及行情预测

1. 主要特征：价格同比上升，增幅明显

2020年，河北省甘蓝的年均价格为2.12元/千克，与2019年的1.45元/千克相比上涨46.21%，涨幅明显。月均价格走势呈现"一峰一谷"的波动态势，2月价格最高，为3.03元/千克，主要是由于疫情期间城乡居民对耐储类蔬菜的需求上升。后期随着河北省出台多项措施保障蔬菜生产流通以及春季甘蓝大量上市，价格开始下降且低于往年同期水平。6月甘蓝价格再次波动上升，进入7月后，降雨量和降雨次数较2019年增加，甘蓝主产区遭受冰雹灾害的次数较多，中茬甘蓝产量有所减少，对后期价格产生冲击。10月秋冬甘蓝开始上市，价格有所回落（见图6）。

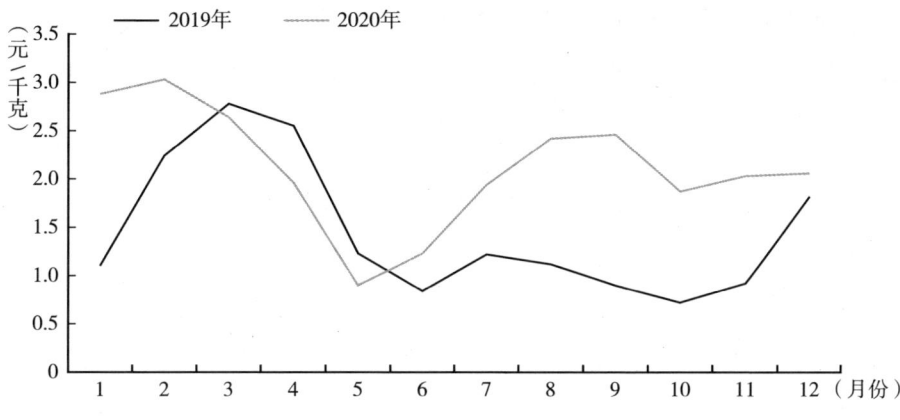

图 6　2019~2020 年河北省甘蓝月均价格走势对比

资料来源：河北省农业农村厅。

2. 走势预测：价格波动不大，注意防范风险

2020 年冬季甘蓝的存量较为正常，价格也基本上保持稳定，由于储存时间延长，储存费用和损耗增加，开春价格会稳中有升，但是上涨幅度也较小。近几年甘蓝价格波动较大，应加强农产品产销信息的技术发布，合理调整甘蓝市场价格波动区间，防止价格暴涨暴跌挫伤种植积极性。此外，甘蓝主产区坝上地区地下水过量开采，水位持续下降，对于甘蓝等耗水作物应结合区域特征适当调整种植品种和结构，进行现代化种植。

（四）大白菜价格走势分析及行情预测

1. 主要特征：价格同比上升，月度价格波动明显

2020 年河北省大白菜的年均价格为 1.80 元/千克，与 2019 年的 1.16 元/千克相比上涨 55.17%，涨幅明显。大白菜月均价格呈现"一峰一谷"的波动态势，2 月价格最高，为 2.46 元/千克，主要是疫情期间管控严格，城乡居民对耐储类蔬菜的需求上升，引发了"囤积白菜"的行为。4 月过后随着春白菜集中上市，大白菜价格开始小幅波动下滑，但价格明显高于往年同期水平，主要原因是 2~3 月地膜定植阶段农资与劳动力供应不足，集中上市期供应量有限，价格偏高。7~9 月大白菜价格再次波动上升，主要是 2019 年张家口地

区大白菜滞销，2020年河北省白菜种植面积有所减少，大白菜在短期内断茬，使得价格攀升。10月秋冬白菜开始大量集中上市，大白菜价格大幅下降，至12月达到价格谷底，为1.04元/千克（见图7）。

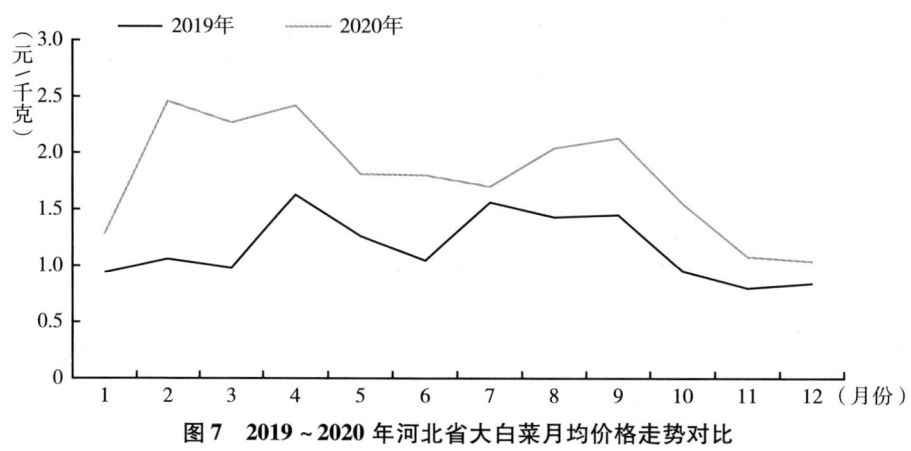

图7　2019~2020年河北省大白菜月均价格走势对比

资料来源：河北省农业农村厅。

2. 走势分析：后期供应充足，价格低位运行

受2020年秋冬季节大白菜产量充足影响，2021年初大白菜库存量充足，预计市场价格与同期相比将偏低，但由于新菜仍未上市以及库存量的消耗，预计大白菜价格将于3月进一步攀升。总体来看，2020年大白菜价格整体较高，2021年农户将会扩大生产行为，市场供应量相对充足，价格回归合理区间，建议做好价格监测，必要时进行季节性调控，避免白菜价格出现剧烈波动。

（五）大葱价格走势分析及行情预测

1. 主要特征：大葱产量减少，后期价格飙升

2020年河北省大葱的年均价格为2.59元/千克，与2019年的2.15元/千克相比上涨20.47%，涨幅明显。大葱月均价格走势与2019年相差较大，下半年价格上涨势头明显。2月大葱价格受春节影响上涨，形成小高潮，2月后大葱价格受北方地区越冬大葱和山东拱棚大葱上市影响开始下降，4月价格跌至谷底为1.41元/千克。4月过后价格一路飙升，一是大葱连续3年

种植效益不好，挫伤了葱农种植积极性，山东、辽宁和河北等北方产区种植面积普遍减少；二是冬季上市的大葱多来自山东，受雨水天气影响，大葱出现减产。两种因素叠加导致大葱价格居高不下，12月价格达到5.57元/千克，同比增幅超350%（见图8）。

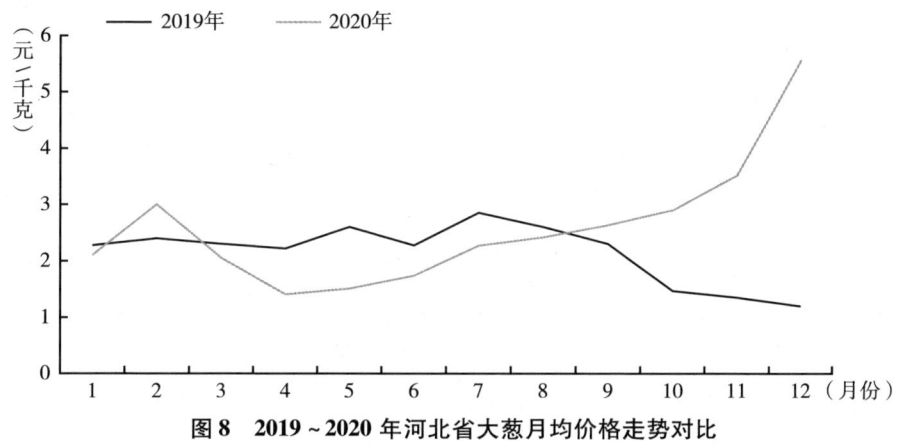

图8　2019~2020年河北省大葱月均价格走势对比

资料来源：河北省农业农村厅。

2. 走势预测：短期价格居高难下，防范盲目扩张风险

2020年11月，全国大葱市场存量不足，2020年12月下旬后大葱供应地向江苏、浙江等南方地区转移，但是这些地区2020年种植面积也略有减少，预计后期大葱总体供应仍然偏紧，短时间内价格仍将居高难下。预计2021年受2020年大葱高价影响，河北省大葱种植面积将会有所扩大，长期来看市场价格将有所回落。建议有关部门提供相应的信息服务，帮助农民科学决策，防止发生盲目扩种引起的价格剧烈波动现象，此外还应提高科技水平，降低自然灾害对农产品的不利影响。

三　当前河北省蔬菜产业生产面临的主要问题

（一）蔬菜生产成本上升

蔬菜产业是典型的劳动力密集型产业，人力成本较高，随着农村劳动力向城市转移,"劳工荒"成为农业高质量发展的重要瓶颈,且河北省适龄劳动力少于山东省、河南省,劳动力短缺状况更为严重,河北省露地与设施蔬菜的人工成本均高于全国平均水平。与此同时,河北省人均耕地面积较少,土地资源的稀缺导致土地生产流转成本也持续增长,城市周边蔬菜产业园区土地流转价格最高达到1600元/亩。此外,蔬菜设施造价上升、水位下降带来的灌溉成本上升、种子种苗费用以及农资投入偏高等使得河北省蔬菜生产成本较高,比较效益下降。

(二)市场风险加剧

现阶段全国蔬菜总量供过于求,产地价格持续低位运行,而河北省设施蔬菜生产成本较高,虽然与南方品种有差异但仍可相互替代,受价格下跌传导效应影响,在大众消费市场竞争难以实现预期收益,农户遭受风险打击被迫退出以后,市场风险加剧。2020年,全国大葱、生姜播种面积减少,市场价格大幅攀升,"向前葱""姜你军"现象再次来袭。此外,蔬菜上市季节和产量受气象条件不确定性的影响较大,常常出现集中上市,从而导致价跌滞销,规模化经营主体难以承受。

(三)绿色生产推广难

育种优良、科学施肥、种养结合、综合防治的绿色蔬菜生产模式是蔬菜产业未来的主导方向,但绿色生产受多重因素影响,推广难度较大。一方面,蔬菜连作障碍严重,导致土壤酸化、次生盐渍化与土传病害严重。此外,露地蔬菜菜田污染与废弃物也是亟待解决的重要问题。另一方面,绿色生产技术普及程度较低,蔬菜生产经营企业与园区等生产主体使用绿色生产技术动力不足,小农户对绿色技术接受度不高,蔬菜生产以传统种植观念与习惯为主导,产品难以实现标准化。

(四)组织化程度偏低

当前,河北省蔬菜生产以一家一户的小规模分散种植为主,农民参与合作经营的热情不高，参与合作社管理的动力不足，很少参与产品销售。河北省内龙头企业整体实力偏弱，竞争优势不足，与农户利益联结不紧密，省级蔬菜类农业产业化龙头企业销售收入均未超过5亿元，多在2亿元以内。此外，蔬菜产后仍以清洗、切分、包装等初级加工为主，冷冻、干制等精深加工较少，从事色素、药用成分提取的精深加工企业更少，产后增值能力偏弱。

四 未来河北省蔬菜产业生产形势的总体判断

从全国看，我国蔬菜产品市场需求发生变化。随着城乡居民生活水平的不断提高和农村人口向城镇转移加快，蔬菜产品的需求由数量型向质量型转变，对高品质蔬菜、反季节蔬菜、特色蔬菜、加工蔬菜等价格水平相对较高的产品的需求上升。

从河北省看，河北省蔬菜产业仍有很大的发展空间。在蔬菜生产端，随着蔬菜种植技术的进步及设施生产的发展，蔬菜单产将持续上升，蔬菜播种面积和产量将保持小幅增长趋势；在蔬菜消费端，受人口总量增长、城乡居民收入提高、加工技术进步等因素影响，蔬菜消费总量将继续保持稳中有增态势。但目前省内蔬菜仍以大路菜、露地菜的净菜加工销售为主，精特优菜、设施菜占比较低，蔬菜精深加工企业较少，产业组织化程度偏低。未来应转变蔬菜生产模式，优化蔬菜种植结构，促进蔬菜产业向生产绿色化、品种精细化、效益高效化方向发展。

五 推动河北省蔬菜产业提质增效发展的对策建议

2021年是奋进"十四五"、逐梦新征程的开局之年，全省蔬菜产业发展将以习近平新时代中国特色社会主义思想为指导，以实施乡村振兴战略为统领，以确保城乡蔬菜市场安全供应和农民增收为目标，立足现有蔬菜产业的区位优势，不断提高蔬菜生产的区域化、规模化、标准化、集约化、机械化、产业化和信息化水平，努力构建生产稳定发展、区域布局合理、产销衔接顺畅、市场波动可控的现代蔬菜产业体系，实现产业提质增效和农民增产增收。

（一）推广节本增效技术

一是用农机作业替代人工劳动。引进、研发小型农机具和节水灌溉设备，把设施生产专用机具纳入补贴范围，支持生产主体推行整地、移栽、卷帘、放风、灌溉等环节的机械化作业，加快设施蔬菜机械化进程。二是用生态防控替代人工防治。推广使用嫁接种苗，配套应用防虫网、粘虫板、性诱剂、杀虫灯、丽蚜小蜂、枯草芽孢杆菌等，针对不同作物分别选用熊蜂授粉或蜜蜂授粉，减少人工投入。三是发展社会化服务。引导有意愿的在外务工人员、大中专院校毕业生和退休科技人员返乡创业，围绕特色蔬菜主导产业，领办专业化服务组织，帮助做好从业人员能力培训，构建社会化专业化服务体系。

（二）提高风险防范能力

一是加强价格预测与风险监测。充分利用数据资源优势和现代信息技术，以打造网站、微信公众号信息化服务平台和建立产业基础数据资料信息平台为重心，发挥好蔬菜产销信息平台作用，继续采集批发市场蔬菜价格及供需信息，分析信息数据，科学研判市场，审慎预测市场走向，指导种植户合理安排生产，适时规避风险。二是创新信贷投放方式，鼓励农业担保公司和政策性银行、开发性金融机构、商业性金融机构，为符合条件的项目和相关企业提供信贷支持。引导风险投资、保险资金等各类资本为符合条件的企业或新型经营主体融资提供支持，落实农户小额贷款税收优惠政策，增加蔬菜育苗、蔬菜重大病虫害、大田蔬菜等保险险种。三是开展灾害天气应急服务。蔬菜生长关键期安排农技服务人员深入生产一线开展技术指导，对先进生产模式进行总结、完善、集成与示范，多形式多渠道开展技术指导培训和宣传，有效提高种植户风险保障水平，为蔬菜产业健康发展提供保障。

（三）发展绿色清洁生产

一是加快技术创新与集成。加快引进筛选适宜区域种植的蔬菜优良品种，集成示范推广设施结构优化、集约化育苗、合理使用有机肥、设施土壤消毒活化、病虫害绿色防控、机械化轻简栽培等技术，切实提高生态栽培水平。二是出台相关扶持政策。一方面扶持种植大户进行示范展示，另一方面出台政策，鼓励农民通过合作社进行统一生产、统一病虫害防控、统一采摘销售，提高农户对新技术的接受能力。三是完善有机旱作农业体系。研发旱作新品种、新技术、新模式，推广节水技术和水肥一体化技术，解除缺水地区水资源短缺对蔬菜产业的制约。

（四）提升菜农组织化程度

一是提升合作社实力。重点培育1000家蔬菜专业合作示范社，引导蔬菜种植户加入专业合作社，全省着力提高合作组织带动能力，推动合作社由单一生产经营向产前、产中、产后全链条服务转变。二是培育蔬菜产业化联合体。加快组建以蔬菜龙头企业为核心，合作社、家庭农场参与的链条完整、分工协作、经营有序的农业产业化联合体，串联农业产前、产中、产后各生产环节，形成利益共享、风险共担的责任共同体、经济共同体和命运共同体，使小农户融入蔬菜产业链，实现抱团发展。三是建立岗位专家联合攻关组。针对一种作物或几种作物进行合作研发和技术集成创新，形成一个智能化管理专家系统，联合绿色农资生产企业、产品销售企业建立全产业链服务推广平台，提高蔬菜产品市场竞争力。

参考文献

农业农村部市场专家预警委员会：《中国农业展望报告（2020~2029）》，中国农业科学技术出版社，2020。

申书兴：《河北省蔬菜产业发展形势与高质量发展对策》，《河北农业大学学报》（社会科学版）2020年第4期。

宗义湘等：《新冠肺炎疫情对河北省蔬菜产业影响评估》，《河北农业大学学报》（社会科学版）2020年第1期。

乔立娟、申书兴、赵邦宏：《京津冀协同背景下河北省蔬菜有效供给研究》，《河北农业大学学报》（社会科学版）2020年第1期。

高一丹等：《河北省黄瓜产业概况及特色优势区调查》，《中国瓜菜》2020年第2期。

B.5 2020~2021年河北省水果产业形势分析与预测

李军 王俊芹 袁媛*

摘　要： 2020年，河北省在党中央和河北省委的坚强领导下，克服新冠肺炎疫情影响，以果品业供给侧结构性改革为主线，大力调整果品种植结构，优化果品生产布局，努力构建现代果品产业体系，全省果品产量总体平稳，价格呈小幅上涨，区域规模优势更加明显，打造了集群发展的新优势，绿色要素投入比例加大，质量安全稳步提升，区域品牌培育效果凸显，产业化水平不断提升。但同时，目前河北省水果产业生产仍存在生产成本快速上涨、供求结构性矛盾突出、自然灾害抵御能力不足以及销售渠道拓宽受限等突出问题，针对目前果品生产的新形势，本报告预测了2021年河北省水果产业发展的基本态势，并提出了推进标准化体系建设、推动水果技术集成创新、增强抵御风险能力、推动水果高质量发展、推动水果产业转型升级等未来发展的具体对策和建议。

关键词： 水果产业　高质量发展　河北省

---

* 李军，河北省社会科学院农村经济研究所研究员，主要研究方向为农村经济理论与实践研究；王俊芹，河北农业大学教授，主要研究方向为林业经济；袁媛，河北林业信息中心正高级工程师，主要研究方向为林业生态文化与产业经济。

水果产业是河北省的优势特色产业，具有竞争优势强、综合效益好的特点，已成为继粮食、蔬菜之后的第三大农业种植产业，水果已成为农民的"扶贫果""增收果""幸福果"。实现水果产业转型升级，促进水果产业高质量发展，对产业增效、农民持续增收具有重要意义。

一 2020年全国及河北省水果产销形势分析

（一）全国水果产销形势分析

2020年，我国水果供应总体充足，但受气候因素影响，全国水果产量稳中有降，水果价格呈现前低后高走势。

1. 水果产量稳中有降

倒春寒、冰雹等气候灾害对2020年我国水果产量带来一定影响。全国受灾区域呈点状、片状分布，山地、塬上好于川地和平地，未造成大面积区域性灾害，西北产区受灾程度重于中东部地区。

苹果整体受灾害影响较小，产量虽有一定程度的减少，但减少幅度有限，仍保持在4200万吨左右，全国市场苹果供应总量充足；梨受灾害影响较大，全国梨产量较2019年减产近8%，预计为1600万吨，其中最大产区河北省年产量预计下降50%以上；葡萄产量略有增加，根据美国农业部（USDA）对2020/2021产季中国鲜食葡萄做出的预测，预计葡萄产量将达到1100万吨，相对于上个产季（1080万吨）稳定增长，种植面积达到1092万亩，比2019年略有增长。

2. 水果价格前低后高，不同品种价格波动幅度存在差异

2020年，我国国内主要水果价格较2019年下降趋势明显，与2019年初价格的大幅上涨形成鲜明对比，苹果、梨、桃、葡萄第一季度均价分别为6.12元/公斤、4.05元/公斤、8.39元/公斤和8.34元/公斤，同比分别下降12.94%、15.45%、8.24%和10.96%。主要原因是2019年较好的气候条件造成水果增产效果明显，库存充足，但受新冠肺炎疫情影响，水果消费

萎缩，供给增多和需求不足的共同作用使水果价格整体下行。

进入6月后，新果陆续上市，不同水果的价格波动略有差异，其中，苹果、梨、葡萄与2019年同期相比下降明显，桃同比小幅上涨。具体来看，全国苹果第三季度价格呈波动下降趋势，且除河南同比上升24.44%外，其余主产省均同比下降，其中，河北省同比下降幅度最大，为56.21%，全国、山东省、山西省分别同比下降32.79%、22.21%、6.38%，主要原因是2020年受春季自然灾害影响，优果率下降，收购商收购优质果意愿较强。随着苹果陆续上市，价格下降趋势明显。

2020年第三季度，除河北省外，全国和各主产省第三季度梨均价同比大幅下降，全国梨季度均价为3.98元/公斤，同比下降19.00%；安徽省季度均价为3.14元/公斤，同比下降5.89%；山东省季度均价为3.65元/公斤，同比下降26.01%。第三季度葡萄价格从高到低依次是河北省、全国和山东省，价格分别为13.85元/公斤、10.27元/公斤和8.70元/公斤；全国和山东省第三季度葡萄均价环比均呈下降趋势，下降幅度分别为11.17%、25.00%，河北省葡萄第三季度均价环比上涨1.89%，同比上涨100.25%。与苹果、梨、葡萄价格呈同比下降趋势相比，第三季度全国桃价格同比呈小幅上升趋势，全国、山东省、河北省、河南省季度均价分别为4.84元/公斤、5.12元/公斤、3.61元/公斤、3.06元/公斤，分别同比上升8.19%、17.09%、7.86%、4.67%。

（二）2020年河北省水果产销形势

河北省水果特色优势区、精品基地建设效果显著，全省水果产业进入新旧动能转换、高质量发展阶段。2020年，河北省水果产销呈现如下特征。

1. 产量总体平稳，价格小幅上涨

2020年，倒春寒、冰雹等气候灾害给河北省水果产业带来不同程度的影响。从产量上看，梨果受冻害影响最为严重，减产现象明显，河北省的梨产量与2019年相比减产30%～50%，沧廊片区梨树减产60%～70%，辛集市平均受灾率达60%以上。相比而言，河北省苹果、桃、葡萄生产较为稳定，受气象灾害影响较小，面积和产量基本与2019年持平，其中晋州、辛集的露地葡萄受灾害影响较大，果农收益大幅下滑。

从价格上看，2020年，河北省除苹果价格同比小幅下降外，梨、桃、葡萄价格均呈小幅上升趋势。

苹果：2020年河北省苹果价格总体稳定，价格前高后低。2020年7~9月，河北省苹果月均价呈较为稳定的变动趋势，环比变动幅度较小，第三季度均价为5.22元/公斤，相较于第二季度的5.91元/公斤下降11.68%，与2019年同期相比下降56.19%。

梨：2020年河北省梨产量下降明显，价格前低后高。河北省梨月均价格总体波动平稳，呈小幅上升趋势，第三季度河北省梨平均价格为4.04元/公斤，比第二季度上升11.61%，比2019年第三季度上升16.76%。

桃：2020年河北省桃价格总体稳定，后期略有上涨。2020年，河北省桃月均价整体波动上升，第三季度均价为3.61元/公斤，比2019年同期价格（3.35元/公斤）高0.26元/公斤，同比上升7.76%。

葡萄：2020年河北省葡萄价格波动明显，同比涨幅明显。2020年4~6月，河北省葡萄月均价分别为12.68元/千克、16.64元/千克、12.23元/千克，第三季度均价为13.85元/千克，与2019年同期相比上升100.23%。

2. 区域规模优势明显，打造了集群发展新优势

河北省水果总量在全国排名靠前，规模集聚效应凸显，目前具有黑龙港流域、太行山－燕山、冀北山地、冀中南平原、冀东滨海、桑洋河谷和城镇周边等7个优势产区，"富岗苹果""晋州鸭梨""深州蜜桃""怀来葡萄""兴隆山楂"相继入选中国特色农产品优势区，2020年"昌黎葡萄""辛集皇冠梨"入选中国第四批特色农产品优势区，农业农村部将河北省鸭梨评为特色优势产业集群，"平乡桃"入选国家农产品地理标志。特优区建设和产业集群已经成为引领河北省特色水果产业高质量发展的新引擎，拉动了全省农业供给侧结构性改革和农民增收。2019年，内丘县岗底村依靠"富岗苹果"，人均收入达4.5万元，成为乡村振兴的新样板。威县作为新兴梨果

大县,以秋月梨、新梨七号、红香酥梨、雪青梨为主栽品种,基地规模达到10万亩,建成高标准梨园280个,成为省级现代农业园区和省级出口鲜梨质量安全示范区。

2. 绿色要素投入比例加大,质量安全稳步提升

为了避免化肥农药过量施用和低效利用,立足于农民生产环节,广泛推广应用以有机肥代替化肥、水肥一体化、适当延长采收时间、杜绝使用膨大剂等一系列措施。邯郸魏县鸭梨协会出台并印发了《关于禁止早采禁止购销违规使用果实膨大剂鸭梨的通告》,建立了水果采收质量安全监测体系,以"管"促"投",严格规范生产者要素投入行为,倒逼农产品质量提升和果园生态环境改善;承德片区实施了果菜有机肥代替化肥项目,苹果含糖量提高了1%~2%,果实颜色更加艳丽,果个明显变大;深州进行了有机肥与化肥的对比实验,发现施用有机肥质量提升效果显著。

3. 科技集成创新,形成了"三新"发展新态势

水果产业科技力量不断发展,新技术、新品种、新模式得以形成。研发并推广应用了水肥一体化技术、郁闭果园改造技术、绿色防控技术以及宽行密植集约栽培模式,如承德地区部分果农对肥水一体化进行改造;重点开展传统产区老旧果园栽培模式、水果品质恢复与提升行动,如在廊坊建立高标准现代化桃园,在滦州市、井陉矿区、平泉市、邢台县苹果精品示范基地推行了老果园树体改造、品质提升、"四适三减"水肥管理、病虫害绿色防控、山地果园机械等新技术与新装备。同时,一系列新品种得以示范推广,其中,苹果新品种有"藤木一号""华夏(美国8号)""嘎啦系""乔纳金""斗南""金冠系""王林""富士系(冀红、石富短枝)""国光""寒富""岳冠""岳华""岳艳""契丹香里",梨新品种有"秋月梨""新梨7号""乔纳斯黄金",桃新品种有"黄油桃""蟠桃""油蟠桃",葡萄新品种有"阳光玫瑰""甜蜜蓝宝石",高寒地区、太行山区、燕山南麓地区、低平原区的不同果品新品种栽培取得了较大进展。

4. 培育区域品牌成效显著，提升了产业发展水平

政府加大力度培育区域公用品牌，扩大了"富岗苹果""晋州鸭梨""深州蜜桃""怀来葡萄""兴隆山楂"的影响力，国家质检总局批准"魏县鸭梨"和"泊头鸭梨"为原产地域保护产品。成功举办了"河北省第一届梨电商大会"，吸引了来自河北省梨生产大县果品龙头企业、专业合作社、家庭农场、种植大户踊跃报名参加，全面提升了河北梨的市场知名度。一大批国家级和省级水果龙头企业涌现出来，比如晋州长城、辛集天华、辛集裕隆、泊头东方、泊头亚丰、深州天波，"龙头企业+合作社+基地+农户"稳定的利益联结模式逐步建立，加大了水果生产、加工、流通、销售等一二三产业融合程度，产业链和价值链同时实现延伸和提升。实现了"深州蜜桃"卖到50元一个，完成"富岗苹果"128道种植工序，生产出100元一个的"金苹果"。

二 当前河北省水果产业发展面临的主要问题

（一）生产成本快速上涨

一家一户分散经营是河北省果园的主要经营模式，加之果园立地条件多是山地丘陵，地形差异较大，难以实现机械化统一种植管理，造成劳动力成本刚性增长，劳动力支出占总成本的50%以上，生产效益下降。同时，果园中60岁以上的劳动力占比较大，劳动力老龄化现象严重，劳动效率低下，产业发展缺乏后生力量。

（二）供求结构性矛盾凸显

随着居民消费水平的提升，安全健康、高质量的水果需求增加，虽然普通大宗水果的产量稳增，但总体品质未得到改善，过去的供应短缺矛盾变成供应过剩与供应不足的结构性失衡矛盾，季节性、区域性和结构性滞销频现，大宗产地价格长期在低位运行。

（三）自然灾害抵御能力不足

河北省自然灾害天气时有发生，早春低温冻害及夏季大风、冰雹对部分果园影响比较严重，但就目前来看，大多数果园缺乏有效的应急预案，自然灾害天气发生时，没有及时有效的抵御措施。2020年衡水市受灾面积达47.15万亩，各树种平均灾害率达69.3%。石家庄晋州市的受灾面积达24.19万亩，除苹果外，梨、桃、葡萄、李子等受灾率达58%。辛集市梨受冻害严重，全市平均受灾率达60%以上。2020年6月25日，保定西部山区突降冰雹，葡萄受灾面积约为2.5万亩，果穗基本全部受害。桃受灾严重面积达2万余亩，果实受害率为60%~90%。

（四）销售渠道拓宽有限

传统流通模式与新模式、新业态同时存在，批发流通模式仍然占据主导地位，但流通环节多、成本高、效率低。农超、农社、农餐等新兴流通模式不断涌现，但短期内销售量提高有限。电商模式在新冠肺炎疫情中快速发展，但带动产业发展的作用不足，电商企业盈利能力较弱。就保定片区水果销售来看，大宗水果销售渠道不畅是规模化果园存在的普遍问题，与2019年相比大宗收购商占比增加，但仍以少量收购的零散客商为主，销售市场比较凌乱，缺乏稳定的订单制销售渠道。

三 2021年河北省水果产业发展的主要思路

新冠肺炎疫情给国内农产品发展带来了极大的冲击与挑战。传统的销售渠道遭遇重创，水果产业频频出现卖难滞销等问题，加大了果农减收风险。新业态的产生将成为未来水果产业发展、保障农民稳产增收的重要途径。据统计，2020年春季疫情严重期间，"京东到家"销售额同比增长470%，"每日优鲜"销售额同比增长321%。应积极拓宽销售渠道，积极培育新型农业经营和服务主体，发展贮藏保鲜、生产托管、电子商务、直播直销等新业态，密切与小农户的利益联结，带动小农户衔接现代农业，有效应对未来的不确定性冲击。

2021年是"十四五"规划的开局之年，全省水果产业将以实施乡村振兴战略为总抓手，以农业供给侧结构性改革为主线，以科技农业、绿色农业、品牌农业、质量农业为着力点，以科技创新为动力，紧紧围绕特色优势水果产业发展，优布局、调结构、抓特色、提质量、强龙头、创品牌、拓市场、增效益，努力构建河北省现代水果产业体系，加快实现由生产大省向质量强省跨越。

四 加快河北省水果业优质发展的对策建议

（一）狠抓"标准"，推进标准化体系建设

一是建立标准化的苗木繁育体系。企业作为实施主体，借力科技创新，打造高标准苗圃基地，力争实现苗木繁育现代化。二是创建优质标准化示范基地。以新技术、新品种、新模式为引领，切实提高生产标准，保证农产品品质。三是建立全产业链发展的标准化体系。整个体系涵盖采收、分拣、包装、存储、冷链物流等所有环节，建立健全水果质量追溯信息平台。

（二）强化科技引领，推动水果技术集成创新

充分发挥国家水果体系和省水果体系等科研平台的技术优势，紧紧围绕新品种、新技术、新农机等环节开展科技攻关，围绕产后储藏、保鲜、加工、品牌营销等重要节点构建全产业链的技术支撑体系，重点攻破技术集成创新。培育生产型、经营型、管理型等覆盖各环节的新型职业农民，建立一支强大的技术服务储备人才队伍。建立从上到下统一的果树技术推广体系，包括果树科研机构和果树技术推广机构，在全省范围内形成上下统一、纵横一体的技术推广网络。

（三）加强预警机制和保险体系建设，增强抵御风险的能力

联合气象部门建立农业气象预警预测机制，有效预防自然灾害发生。建立抵御灾害天气应急预案，健全技术服务体系，及时开展防灾减灾技术指导，降低灾害影响。同时按照政府引导、政策支持、市场运作、自愿参与、协同推进的原则，采取"农户＋财政＋保险"的模式，政府利用财政资金给予参保农户保费补贴，保险公司提供果树受灾损失保险服务，逐步建立起政府财政资金引导、政府和保险业加强合作、共同承担风险、提高果树产业抗灾能力的支农惠农体制。

（四）培育特色品牌，推动水果高质量发展

一是牢固树立政府建设与管理区域公用品牌的主导地位，以国家特色农产品优势区为引领，重点抓品牌培育、保护和推广环节，强化品牌的差异化发展战略。二是重点突出合作社、龙头企业等新型经营主体的带动作用，培育苹果、梨、桃和葡萄等优势特色果品品牌和企业品牌，制定分层、分类、分区域品牌发展计划，构建结构合理、规模适度、特色各异、优势互补的品牌体系。

（五）创新融合发展模式，推动水果产业转型升级

加速一二三产业融合发展模式的创新进程，立足果品集中产区，以延长产业链、提升价值链、完善利益链为目标，建设水果区域产业联合体，完成生产基地、加工基地和仓储物流基地的科学布局和规划，打造"科技高端、标准高端、品质高端、品牌高端"现代果品精品园区。以家庭农场、合作社、龙头企业等经营主体为引领，加快土地流转进程，采取出租、托管、股份合作等多种形式，促进果品生产、加工、销售与乡村旅游一体化发展。

（六）创新市场体系，提升水果市场竞争力

发挥大型合作社和龙头企业的带动作用，加快建设贮藏保鲜设施，鼓励

企业发展水果精深加工。注重网上交易、电子商务、物流配送、连锁经营等新兴业态发展，推进期货、拍卖、电子结算等新交易方式的应用，建立辐射国内外的水果市场营销网络，形成多层次、多渠道的市场体系。强化品牌和产销对接会的宣传推介作用，借力"燕赵水果"的文化底蕴，大力发挥河北省销地市场的"桥头堡"作用，提高河北省水果的市场竞争力。

参考文献

王聪聪等：《河北省鸭梨价格波动规律及影响因素分析》，《山西农业科学》2020年第11期。

邓秀新：《关于我国水果产业发展若干问题的思考》，《果树学报》2021年第1期。

B.6
2020~2021年河北省渔业经济形势分析与预测

周栓林*

摘　要： 2020年河北省围绕提质增效、减量增收、绿色发展、富裕渔民的目标，在做好新冠肺炎疫情期间渔业稳产和京津冀地区水产品保供的基础上，加快转方式、调结构、强基础、拓功能，推动渔业绿色发展，全省渔业经济保持平稳较快增长。展望2021年，河北省渔业转型升级步伐继续加快，海洋牧场建设持续推进，水产养殖绿色化、生态化发展态势明显，但也存在高质量发展能力不强、渔业安全生产监管能力不够等问题。河北省将从完善渔业支持政策、加大渔业资源养护力度、优化捕捞生产结构、强化水产绿色发展能力、推动渔业产业融合等方面加快渔业经济健康平稳发展。本报告认为，2021年，河北省海洋捕捞、淡水捕捞总量将小幅减少，养殖结构将进一步调整，海水养殖产量将继续保持增加，增殖放流发展速度将加快，休闲渔业发展将较快增长。

关键词： 远洋渔业　海水养殖　休闲渔业　河北省

2020年，河北省渔业系统围绕提质增效、减量增收、绿色发展、富裕

---

* 周栓林，河北省农业农村厅渔业处一级主任科员，主要研究方向为渔业资源与渔政管理。

渔民的目标，转方式、调结构、强基础、拓功能，同时克服新冠肺炎疫情的不利影响，做好疫情期间渔业稳产和京津冀地区水产品保供工作，为完成全省"六保""六稳"任务做出了贡献。通过不断加大水域生态环境保护、渔业资源增殖放流、海洋牧场建设力度，积极促进一二三产业融合发展，大力发展休闲渔业，全力以赴加强休禁渔管理，严厉打击涉渔"三无"船舶和"绝户网"等违规网具，严格管控渔船渔港，不断增强科技创新能力，全力做好疫情防控、稳产保供及水产品质量安全保障工作，积极培育新产业新业态，提高现代化渔业发展水平，促进渔业经济保持平稳较快增长。

一 2020年河北省渔业生产形势总体情况

河北省2020年水产品总产量预计可达97.6万吨，同比增长4.48%。其中，海洋捕捞产量17.2万吨，同比下降10.08%，超额完成农业农村部下达给河北省每年压减海洋捕捞产量5%的目标任务；淡水捕捞产量3.4万吨，同比下降6.49%；海水养殖产量51.5万吨，同比增长14.83%；淡水养殖产量25.5万吨，同比下降1.44%。2020年渔业经济总产值预计可达288亿元，同比增长3.08%。渔民人均纯收入为19500元，同比增长5.73%。

受新冠肺炎疫情影响，休闲渔业增长势头放缓，河北省2020年休闲渔业经济总产值为6.82亿元，同比下降16.66%；接待游客407万人，同比下降6.54%。通过政策资金支持，政府有效引导，观赏鱼产业增长明显，经济总产值为6770.97万元，同比增长29.76%。虽然休闲渔业经济受疫情影响，游客数量和总产值有所下滑，但休闲渔业规模以上的经营主体数量不降反增，由2019年的56个增加到2020年的57个，展示了休闲渔业作为朝阳产业发展后劲充足的一面。回顾2020年渔业发展形势，可以总结出以下几个特点。

（一）水产绿色健康养殖基本全面展开

经河北省政府同意，河北省农业农村厅与河北省自然资源厅、河北省生态环境厅等10个厅局发布实施《关于加快推进水产养殖业绿色发展的实施意见》，为各市推动水产绿色健康养殖提供了基本遵循。全省24个市县完成了养殖水域滩涂规划编制发布任务，其中重点县级规划完成率为100%，市级规划完成率为81.8%。唐山、邢台市级规划编制已完成，正积极推动政府发布。省级规划已组织专家论证评审，正在进一步修改完善。大力发展水产绿色健康养殖，支持工厂化循环水、渔业物联网等基础设施建设和现代化装备，推广海水立体生态养殖等模式，全省新创建部级水产健康养殖示范场43家，曹妃甸区渔业健康养殖示范县通过了国家组织的复核验收，辐射带动作用不断扩大。

（二）捕捞业结构调整步伐进一步加快

认真推进减船转产和更新改造工作。河北省累计减船938艘，减少功率39989.13千瓦，2020年完成减少功率41757.3千瓦的任务；更新改造渔船351艘，进一步降低了海洋捕捞强度，有效恢复了近海渔业资源，渔船装备能力进一步提升。稳定发展远洋渔业。认真开展远洋渔业企业资格、项目和企业履约情况初审工作，扎实落实企业安全生产、船位监测、项目监管、自主休渔等有关要求，规范巩固现有远洋渔业。加强涉外渔业管理，印发《关于进一步加强涉外渔船管理工作的通知》，指导涉外（远海远洋）渔业企业加强渔船管控，做好外籍船员管理，严格落实疫情防控要求，严防疫情输入，保证涉外安全。

（三）渔业资源养护能力得到有效提升

在近海海域和内陆湖库，增殖放流中国对虾、三疣梭子蟹、褐牙鲆、鲢鳙鱼、草鱼、淡水青虾、中华鳖等水生生物苗种33.9亿单位，2020年6月6日在衡水湖举办了全国"放鱼日"河北同步增殖放流活动。据调查，增殖品种产量在捕捞总产量中的占比可达70%以上。加大对衡水湖等5处国家级水产种质资源保护区建设力度，配套完善保护区基础设施，加强对黄颡鱼等重要保护品种及其栖息环境的保护。组织做好白洋淀水生生物本底调查、日常监测及外来物种筛查工作，指导地方政府开展入侵物种防范及应急处置等工作。《河北省现代海洋牧场规划（2020—2025）》编制工作已征求相关厅局意见，正在进一步修改完善。向农业农村部申报第六批国家级海洋牧场示范区3个，有6个海洋牧场示范区人工鱼礁建设项目开工，投放人工鱼礁46万多空方。人工鱼礁区水域生态环境和海洋生物群落构成均有改善，生物种类数量为非礁区的2倍以上，生物量是非礁区的3倍以上。

（四）一二三产业融合发展提速增效

继续开展休闲渔业品牌培育活动，支持建设省级休闲渔业示范基地23个和休闲渔业精品典型14个，并组织评选出第四批省级休闲渔业示范基地30个，全省休闲渔业"一带三区"建设成效初显，经济总产值达6.82亿元。严格落实农业农村部《关于推进大水面生态渔业发展的指导意见》，在全省范围内组织开展了摸底调研，拟于年底出台《关于推进河北省大水面生态渔业发展的实施意见》，推动大水面发展生态渔业。

（五）渔船渔港管控措施落实到位

完成省渔船渔港动态监控系统研发、硬件设备安装调试等工作，认真开展九位码专项整治，扎实落实渔船安全生产责任保险，有序推进渔业船员证书换发，加强渔业船员日常管理，规范开展渔业船员培训考试等各项工作。对全省渔港关键信息点开展采集摸排，梳理出25座重点渔港及渔业港区。反复征求省发改委、省自然资源厅等厅局意见，完善渔港基础资料，最终7座渔港经省政府同意对外公布。支持沿海三市开展港区环境综合整治、渔船进出渔港规范化管理、污水油污处理等建设，督促地方加快渔港污染防治设施设备配备，有3座渔港已完成整治任务。组织申报唐山丰南黑沿子中心渔港、沧州渤海新区新村一级渔港为河北省渔获物定点上岸渔港。

（六）政策支撑能力稳步增强

认真贯彻农业农村部、财政部有关要求，河北省农业农村厅与财政厅联合印发《关于做好2020年国内渔业油价补贴政策调整专项转移支付项目实施工作的通知》（冀农财函〔2020〕65号）和《河北省2019年度渔业油价补贴政策调整中央一般性转移支付资金实施方案》（冀农财发〔2020〕9号），配套实施6个专项方案。积极争取并落实资金，指导各地稳步推进油补发放及项目建设工作。会同有关单位组成督导组，对渔业油价补贴政策调整资金执行情况进行抽查与调度，指出各地存在的问题，要求进一步加强梳理与整改。制定实施《2020年全省渔业渔政工作要点》，着手编制《渔业"十四五"实施方案》，配合起草《关于持续深化"四个农业"行动方案》，促进渔业指导政策体系化、制度化。指导渔业海淡水专家团队制定实施产业体系年度工作方案，推动科研成果更快更好地服务渔业生产。召开全省渔业工作会议，总结工作成效与经验，分析存在的问题，研究部署下一阶段及"十四五"渔业重点任务，推动渔业事业更好更快发展。

（七）科技创新能力和水平明显提高

开展生态健康养殖模式、养殖尾水治理模式、水产养殖用药减量、配合饲料替代幼杂鱼和水产种业质量提升等水产技术推广"五大行动"。积极开展养殖尾水治理，选取黄骅、丰南两地实施整县制尾水治理试点，项目均已通过专家评审。实施池塘原位和异位净化技术示范，示范面积20多万亩，养殖尾水逐步实现达标排放或零排放。在7个市开展水产养殖用药减量行动试点，实现渔药使用量比2017年下降5%以上。加强与黄海水产研究所、北戴河中心实验站等国家级科研院所合作，做好中国对虾、南美白对虾、牙鲆、半滑舌鳎、梭子蟹等优势主导品种良种选育及提纯复壮，繁育"黄海3号"中国对虾苗种1亿尾以上，选育越冬亲虾5000尾。

（八）安全保障工作扎实有效

加强全省渔业系统组织领导，制定并下发加强水产养殖、做好渔业应急保障供应等文件，完善信息周报告制度，提高养殖渔情、渔业统计等信息采集频次，完成水产品保供基地备案登记，组织实施企业包联，及时帮助企业解决生产经营中存在的困难和问题，做好疫情期间渔业稳产和京津冀地区水产品保供工作。组织渔业官方兽医资格培训，考核认定官方兽医283人。全力做好水产苗种产地检疫工作试点工作，开展水生动物重大动物疫病专项监测、产地水产品质量安全监督、省级风险监测，抽查各类样品1088个。开展海参专项整治行动，抽检样品67批，合格率为100%。加强贝类毒素抽样监测，对发现的贝类毒素含量超标情况，及时发布预警，禁止采捕，提醒居民勿食，防止发生中毒问题。积极开展渔业安全"双控"机制建设试点，起草印发《河北省渔业船舶安全专项整治三年行动实施方案》，明确相关管理制度和管控措施，有针对性地开展安全检查，全省共组织培训活动20多起，培训渔民800多人，检查渔船6000艘次，整改隐患698处，立案处罚94起。

（九）渔政执法始终保持高压态势

印发《"中国渔政亮剑2020"河北系列专项执法行动方案》，开展十大专项行动。加强海洋伏季休渔渔船的全方位监管，始终保持"史上最严"不松劲，全省休禁渔秩序总体良好，共查处违反休禁渔规定案件345件，其中移送司法机关51件。全省累计开展水生野生动物及其制品保护利用双随机执法检查活动128次，共检查各类经营场所1587个次，检查经营者1852个次。加强与海警、公安等部门的执法协作，为海警、公安等部门开具涉案网具认定书39份。落实京津冀内陆水域渔政执法、冀辽津鲁海上渔政执法协作机制，召开省际协作会1次，组织开展联合执法行动4次。落实《禁渔禁航和清扫海军地协作协议》，组织30艘次渔政船配合海军开展禁渔禁航和清扫海工作9次。严格落实行政执法三项制度，举办全省渔政执法培训班1期，培训渔政执法人员100余人。

二 2021年河北省渔业经济发展面临的有利与不利因素

当前，河北省渔业产业发展有三方面有利因素。第一，领导重视。省委、省政府领导高度重视渔业转型升级，将渔业结构调整作为省政府乡村振兴的一项重要工作来抓，省委一号文件也将海洋牧场建设等渔业工作作为重要内容，充分体现了领导的重视程度。第二，资金充足。2021年，国家渔业油价补贴政策将进行新一轮调整，资金总规模变动不会太大，支持渔业发展所占比例会更大，资金也更充足。第三，政策有利。近几年农业农村部出台了水产养殖绿色发展、大水面生态渔业发展等一系列有利于渔业发展的政策措施，河北省也进行了配套出台，并有相应的资金支持。

但另一方面，河北渔业经济发展还存在一些突出问题。一是基层渔业行政主管部门主动发声力度不够。目前个别地区还在对水产养殖搞"关停""封堵"等"一刀切"式的执法，主要原因是渔业部门对水产养殖、渔业增殖在净水控藻、生态修复等方面的重要作用主动发声不够，正面宣传不足。二是高质量发展水平较低，项目推进进度缓慢。渔业高质量发展还存在很多短板，尤其是个别地方多年前的建设项目尚未完工。三是基础设施升级改造迟缓，安全形势不容乐观。渔港等渔业基础设施建设管理水平依然较低，整体布局不平衡，等级结构不合理，功能定位不明确。大部分渔港缺少建设维护费用，配套管理制度建设滞后，相关管理机制不健全。渔业安全生产监管能力还需进一步提高，对渔船安全设备、救生设备和渔船通信设备的检查不严谨，执法不严，处罚不及时，需要进一步落实责任。

三　2021年河北省渔业经济发展预测

2021年，全省渔业系统将坚定执行党的十九届五中全会和河北省委九届十一次会议精神，把满足人民对优质安全水产品、优美水域生态环境的需求作为渔业发展目标，准确把握渔业面临的新形势、新任务，促进全省渔业经济保持平稳发展的走势。

捕捞业：随着各项引导捕捞渔民转产转业政策措施的落地实施，近海捕捞渔民减船转产积极性依旧较高，海洋捕捞渔船数量将进一步得到压减，海洋捕捞产量仍有3%左右的降幅。内陆水域禁渔期制度落实举措也更加完善，且有大水面生态渔业发展作为引导政策，淡水捕捞产量也会有所减少，但产出会转化为增殖渔业产值。

养殖业：渔业供给侧结构性改革将继续深入，部分大宗高能耗、高排放、低价值、低效益的粗放水产养殖方式的规模会进一步减小，近海养殖密度也会进一步降低。而随着规模海水工厂化养殖和海洋牧场等模式的发展，海参、鲍鱼、河鲀鱼等海珍品增养殖产量将有所增加，滩涂底播和海洋底播增殖的牡蛎、蛤蜊等贝类产量将明显增加，海水养殖产量将继续保持增长。随着鲟鱼、鲑鳟鱼等特色品种占比的增加，淡水养殖产量下降势头将有所缓解，降幅在2%以内。

增殖业：生态文明建设对水域生态环境的要求会更高，高度资源依赖、只取不予的生产方式逐步被淘汰，各级政府及渔业主管部门、生态环境部门、自然资源部门将更加重视传统渔业水域、饮用水源地、湿地、湖库等水域生态环境与水生生物多样性的相互依存关系，会充分利用渔业在净水、控藻、固磷氮、移碳、消除富营养化等方面的重要作用，增殖放流投入资金会大比例增加，海洋牧场建设力度进一步加大，增殖业发展速度会更加迅速。

休闲渔业：各级政府、渔业主管部门、渔业企业将更加注重休闲渔业在宣传渔业、吸纳就业、保护环境、吸引游客、高附加值等方面的优势，加大资金政策支持力度，改造现有捕捞渔船、养殖池塘、养殖设备等基础设施，依托海洋牧场、养殖水域等渔业生产场所，结合当地旅游资源，发掘渔业文化、特色饮食、历史传统、渔业景观等传承资源，支持建设休闲渔业，有效延伸渔业的产业链和价值链，促进休闲渔业加速发展。随着2021年夏季来临，疫情形势缓解，国内外旅游逐步恢复，全省休闲渔业经济产值增长迅速，能够实现40%以上的增速，保守估计休闲渔业经济总产值2021年可达到9亿元以上。

四 推动河北省渔业经济健康绿色发展的对策建议

2021年，河北省渔业系统严格贯彻国家和省委、省政府相关要求，大力推进渔业绿色高质量发展，争取全省水产品总产量达到103万吨，渔业经济总产值达到295亿元，渔民人均纯收入超过21000元。

（一）重点完善渔业发展政策措施

根据《河北省农业农村现代化发展"十四五"规划》，编制实施《渔业"十四五"实施方案》，制定并努力实现渔业远景目标。根据农业农村部新一轮渔业油价补贴调整政策，加强与省财政厅沟通，在充分调查了解市县需求的情况下，出台实施新一轮国内渔业油价补贴政策调整实施方案，配套实施相关专项方案，进一步加强渔业基础设施、产业龙头、品牌培育、新产业新业态等方面的支持建设，促进渔业绿色高质量发展。

（二）突出抓好水产养殖绿色发展

做强水产种业，健全水产原良种繁育体系，加强水产原良种场建设，引进高效养殖品种，年繁育优质水产苗种300亿单位以上。全面推进生态健康养殖，推广示范一批节能减排养殖技术模式和优质、高效、安全水产养殖品种。落实养殖水域滩涂规划制度，有序拓展深远海养殖。大力发展工厂化循环水养殖、池塘多品种混养、滩涂贝类底播增养、近海立体生态养殖、渔农综合种养等生态健康养殖模式，创建国家级水产健康养殖示范场20个以上。加大池塘养殖、工厂化养殖等养殖基础设施升级改造，推广应用智能投喂、在线水质监测、远程病害诊断等物联网先进技术，提高养殖生产现代化水平。

（三）继续调整优化捕捞业生产结构

继续以保护资源和减量增收为重点，组织渔民进行减船转产，巩固加强现有远洋渔船管理，鼓励支持壮大发展。严格执行海洋和内陆水域休禁渔制度，组织进行休渔期间专项捕捞，实施限额捕捞制度。积极组织申请国家渔港整治维护和升级改造项目，开展渔港标准化建设，提高渔港建设管理水平，努力打造渔港经济区。

（四）大力推动渔业产业融合发展

大力发展特色休闲渔业，按照休闲渔业"一带三区"优势区域布局，支持建设第四批省级休闲渔业示范基地30个，推动休闲渔业集聚式、高质量发展，继续强化省级休闲渔业示范基地建设，依托海洋牧场、健康养殖示范场、渔港等资源，重点打造海上观光、城市周边休闲度假及观赏鱼休闲渔业精品典型，创建第五批省级休闲渔业示范基地15个以上，促进休闲渔业上档次、提水平，带动冷链物流、水产品精深加工、海洋休闲等产业发展。加快大水面摸底调查，积极推进大水面生态渔业发展，因地制宜，选取2~4个大水面，分别进行水产原种种质收集与资源修复、湖库生态高效增养殖、大水面渔业综合利用试点，打造一批大水面生态渔业发展模式。

（五）加大渔业资源养护工作力度

在沿海水域和内陆适宜水域开展水生生物增殖放流，努力确保年放流量不低于30亿单位，举办全国"放鱼日"同步增殖放流活动。强化海洋牧场建设，继续创建国家级海洋牧场示范区，加快推进海洋牧场项目实施，年投放人工鱼礁10万空方以上。加大国家级水产种质资源保护区建设力度，保护中国对虾、三疣梭子蟹、红鳍东方鲀、中华鳖等本地品种及其栖息环境，强化保护区日常巡护管理。持续做好白洋淀水生生物日常监测，完成淀区水生生物本底调查，筛查外来物种。修订河北省渔业行政执法处罚自由裁量基准和细则，进一步量化处罚标准，坚决遏制慢作为、不作为、乱作为行为。加强对全省渔业行政执法人员的教育培训和实战训练，加强组织协调、监督指导职责，加快形成上下三级紧密配合的纵向联动和地区之间横向联动的联合执法机制。加强与海警、海事、公安等部门的执法联动，在资源环境保护、生产秩序维护、打非治违、扫黑除恶等方面齐抓共管，提高打击成效。

（六）提升渔业安全保障综合实力

严格落实疫情常态化防控要求，督导养殖企业严格落实疫情防控措施，配备必要的防疫设备，严格按照防疫要求开展养殖生产。加强水产养殖生产和质量安全工作监督指导，有针对性地开展养殖技术培训，严格落实水产品养殖生产和质量安全管控措施，指导企业合理控制放养密度，实施科学投喂和用药，加强日常生产管理。积极开展水产品质量安全检测和病害监测，增加检测频次，扩大检测品种，防止规模性病害发生。严厉查处抽查发现的质量问题，加大处罚力度，增强震慑力。持续组织开展渔业安全生产大检查、"安全生产月"等活动，加大行政执法和处罚力度，严格落实海洋渔船"双控"机制，全面落实船东安全生产主体责任，及时转发发布天气预警和禁渔禁航信息，加大重大活动和节假日期间渔船管理力度，维护渔业安全形势稳定。

参考文献

农业农村部渔业渔政管理局编制《2020 中国渔业统计年鉴》，中国农业出版社，2020。

B.7
2020~2021年河北省农产品生产者价格形势分析与预测

康振江*

摘　要： 受新冠肺炎疫情和国际市场波动、气候等因素影响，2020年，河北省主要农产品生产者价格波动较大，部分农产品创历史新高。其中，畜产品价格高位运行，生猪价格涨幅有所回落，牛羊肉价格高位小幅上涨，小麦、玉米价格第三季度涨幅明显，水果、蔬菜价格上涨明显，林产品价格有所下降。本报告认为，2021年，河北省粮食供需基本平衡，粮食价格稳中有升、小幅上扬，生猪供给日趋平衡，价格将有所回落，牛羊肉价格将小幅上涨，禽蛋价格将有所反弹。

关键词： 农产品　生产者价格　河北省

河北省42个国家调查县（市、区）主要农产品生产者价格抽样调查结果显示，2020年前三季度，河北省主要农产品生产者价格升多降少，总体保持上涨态势。受新冠肺炎疫情和国际市场波动等因素影响，河北省农产品生产者价格波动较大，特别是受运输限制、人员管控、畜产品防疫等因素影响，部分农产品生产者价格涨幅创历史新高。

---

* 康振江，国家统计局河北调查总队农村调查处副处长，主要研究方向为农产品价格。

一 2020年前三季度河北省农产品生产者价格运行整体情况

2020年前三季度，河北省农产品生产者价格指数为113.67，同比上涨13.67%，是近5年来同比最高增速。分季度看，受疫情与节日叠加等因素影响，第一季度上涨达25.53%；受疫情逐步得到控制和季节性影响，第二季度涨幅回落，同比上涨9.82%，虽然较上年同期高1.28个百分点，但涨幅较第一季度明显收窄15.71个百分点；第三季度上涨12.19%，涨幅比第二季度高2.37个百分点（见图1）。分行业来看，2020年前三季度，河北省农、牧、渔产品生产者价格均呈现上涨态势，同比分别上涨8.84%、22.23%、15.88%，林业则下降了11.45%。

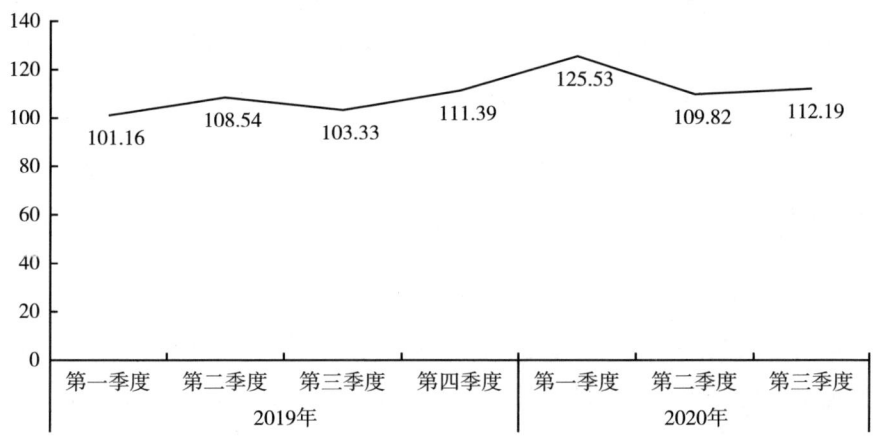

图1 2019年至2020年9月各季度农产品生产者价格指数变动趋势

资料来源：国家统计局河北调查总队。

（一）畜产品生产者价格上涨是生产者价格上行的主导力量

2020年，受疫情影响，河北省畜产品多地区供应偏紧，前三季度，由于猪、牛、羊生产者价格大幅上涨，畜产品生产者价格同比涨幅达22.23%，影响整个农产品生产者价格指数上涨8.05%，影响度达58.89%，是影响主要农产品生产者价格上行的主导力量。从具体类别来看，活牲畜产品类同比上涨59.61%。其中，活猪生产者价格同比上涨85.93%。

（二）农业产品生产者价格涨幅明显

2020年前三季度，河北省农业产品生产者价格上涨8.84%，其中，第三季度上涨16.04%，涨幅比第二季度升高9.34个百分点，主要是由薯类、蔬菜、油料生产者价格上涨幅度较大所致。在调查的八类种植业品种中，谷物、薯类、油料、蔬菜及食用菌、水果坚果五类产品生产者价格同比分别上涨了6.82%、88.80%、36.34%、29.19%、16.60%；棉花生产者价格与上年持平。

（三）林业产品生产者价格下降

2020年前三季度，河北省林业产品生产者价格下降11.45%。其中，第三季度同比持平。出售的品种有松树苗和杨树苗。河北省林业产品的特点是整体数量较少，市场需求量不高，所占比重不大，所出售的树苗用途多为道路旁绿化。

（四）渔业产品生产者价格上涨明显

2020年前三季度，河北省渔业产品生产者价格上涨15.88%。2020年第三季度，河北省渔业产品出售类别仅有淡水养殖产品，同比上涨3.28%，主要是草鱼生产者价格上涨所致。

二 河北省主要农产品生产者价格变动特点分析

（一）主要粮食生产者价格较快上涨

2020年前三季度，河北省小麦生产者价格累计上涨2.65%。其中，第三季度小麦平均出售价格为2.27元/公斤，同比上涨了5.45%。上涨的主要原因是价格长期低位徘徊，加之2020年受疫情影响，市场供应偏紧。

2020年前三季度,河北省玉米生产者价格快速回升,累计上涨5.41%。其中,第三季度平均出售价格为2.13元/公斤,同比上涨10.94%。玉米生产者价格上涨的主要原因,一是2020年受全球疫情因素影响,一些国家限制粮食出口,玉米及玉米替代品进口数量受到较大影响;二是生猪产能逐渐恢复,玉米饲料需求增长较快。

(二)蔬菜生产者价格涨幅明显

2020年前三季度,河北省蔬菜生产者价格累计上涨17.05%。第三季度同比上涨29.31%。其中,白菜类、根茎类、甘蓝类生产者价格上涨幅度最高,涨幅均超过40%。蔬菜生产者价格上涨较快,主要还是受疫情、天气等因素影响的结果。另外,2020年雨季来得比较早,而且雨水充足,有些地方降雨量甚至突破了历史纪录,对蔬菜生产不利,加之南方地区、山东等多地蔬菜生产区出现洪涝冰雹灾害,许多应季蔬菜产量大幅减产,恶劣的天气使蔬菜调运难度也增加了不少,损耗加大,导致河北省蔬菜价格上升。

(三)水果生产者价格上涨

2020年前三季度,河北省水果生产者价格累计上涨12.45%。其中,第三季度上涨44.46%。前三季度,梨的生产者价格上涨较快,主要原因是受冻害及冰雹的影响,梨的产量比往年减产较多,市场供应偏紧。

(四)活猪生产者价格趋稳

2020年前三季度,河北省活猪生产者价格累计上涨85.93%。其中,第三季度平均出售价格为35.11元/公斤,同比上涨62.62%。从2019年8月开始,河北省猪肉生产者价格持续快速增长,2020年2月生产者价格达到52.5元/公斤的最高点。虽然2020年第三季度猪肉生产者价格依然明显高于2019年同期水平,但随着国家各项调控政策效果的逐步显现,活猪生产者价格将在趋稳的基础上保持下行趋势。

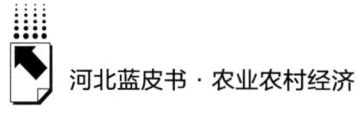

（五）牛羊生产者价格继续上涨

2020年前三季度，河北省活牛生产者价格累计上涨10.86%，第三季度继续保持稳中有升的态势，同比上涨11.19%。2020年前三季度，活羊价格累计上涨9.11%，第三季度同比上涨14.10%。牛羊生产者价格的上涨除受猪肉价格上涨替代效应影响外，主要还是城乡居民生活水平提高，刚性需求增加所致。

（六）禽蛋生产者价格降幅明显

2020年前三季度，河北省肉鸡生产者价格累计下降16.23%，鸡蛋生产者价格下降24.40%。第三季度肉鸡生产者价格为8.02元/公斤，同比下降15.93%；鸡蛋生产者价格为6.37元/公斤，同比下降17.86%。2020年，受疫情影响，大中小学及大中专院校停课时间较长，市民外出聚餐减少，宾馆、饭店等消费场所正常经营恢复较慢，造成禽蛋消费需求大幅下滑，生产者价格持续低迷。

三 2021年河北省主要农产品生产者价格走向预测

（一）粮食供需基本平衡，预计粮价稳中有升

2020年，河北省小麦产量较2019年略减，但供应依然充足，未出现因供需缺口拉动的价格急剧上涨。预计2021年上半年，小麦生产者价格将在保持平稳的基础上小幅上扬。受需求、国际市场冲击和生猪产能进一步恢复等因素影响，预计玉米生产者价格将继续呈现回升趋势，但随着新玉米陆续上市，玉米生产者价格上涨幅度将缩小并逐步趋稳。

（二）活猪生产者价格缺乏支撑，可能逐步回落

2020年第三季度，活猪生产者价格突破30元/公斤大关，在近15年的农产品价格历史中是少见的。综合各方面因素看，这种高位上行周期缺乏支

撑力度，随着供给端产能的逐步恢复，预计 2021 年上半年活猪生产者价格会逐步回落。

（三）活牛、活羊生产者价格可能小幅上涨

自 2014 年开始，河北省活牛、活羊生产者价格持续走低，经历了一年半多的持续下跌，到 2016 年第三季度止跌回升。2020 年第三季度仍持续保持小幅回升的态势，但已基本接近较为理性的价格水平。随着人民生活水平的提高，人们对优质牛羊肉的刚性需求也会不断增加，预计 2021 年上半年，河北省活牛、活羊生产者价格同比将继续保持小幅上涨态势。

（四）禽蛋生产者价格或涨幅明显

2020 年春季以来，受疫情和供需形势的影响，上半年河北省禽蛋生产者价格暴跌，降幅近两成。从 9 月集贸市场的反馈信息来看，禽蛋生产者价格出现复苏迹象。预计 2021 年上半年，河北省禽蛋生产者价格将改变之前的低位运行模式，出现平稳上涨的走势。

参考文献

河北省奶牛体系繁殖与智慧牛场岗位：《疫情下河北省奶业形势分析》，《河北科技报》2020 年 5 月 14 日。

胡杨、张朝阳：《基于 ARIMA 模型的河北省玉米价格预测》，《农业与技术》2020 年第 23 期。

B.8
2020~2021年河北省农村居民收入形势分析与预测

张 坤*

摘 要： 2020年，河北省农村居民实际可支配收入增长明显高于同期经济增速，增速呈现前负后正、逐步加快的态势，工资性收入仍然是农村居民增收动力，收入水平接近全国平均水平。本报告认为，2021年，受国际上面临的不确定性、国内结构性矛盾及疫情影响，经济运行、恢复进程不快，农村居民增收面临的挑战与机遇并存，河北省应关注农村居民就业，抓好农村劳动力转移，确保惠农政策落实，加大脱贫地区扶持力度，推进乡村振兴战略，力促农村产业融合发展，推动农村居民收入增长。

关键词： 农村居民 可支配收入 河北省

2020年，河北省扎实做好"六稳"工作，全面落实"六保"任务，统筹推进新冠肺炎疫情防控和经济社会发展工作，复工复产政策措施效果逐渐显现，农村居民生产生活秩序逐步恢复，农村地区经济社会发展运行基本回归常态。2020年前三季度，河北省农村居民人均可支配收入为12286元，比2019年同期增加642元，增长5.5%，比同期城镇居民人均收入增速高1.7个百分点。

---

* 张坤，国家统计局河北调查总队居民收支调查处主任科员，主要研究方向为农民收入与消费。

一 2020年河北省农村居民收入增长的主要特征

2020年，在以习近平同志为核心的党中央坚强领导下，河北省委、省政府科学统筹疫情防控和经济社会发展，经济继续稳定恢复，增长势头进一步巩固。疫情对第一季度农村居民收入影响较大，不利于农村居民增收，对第二季度农村居民收入影响逐渐减弱，上半年农村居民收入名义增速由降转增，对第三季度农村居民收入影响基本消除。前三季度，河北省农村居民可支配收入实际增速由负转正。预计2020年农村居民人均可支配收入将继续保持前三季度平稳增长态势。

（一）收入实际增速由负转正，城乡差距进一步缩小

1. 农村居民收入增长逐季回升，实际增速由负转正

2020年前三季度，河北省农村居民人均可支配收入为12286元，同比名义增长5.5%，较第一季度和上半年分别回升8.7个百分点和2.3个百分点。扣除价格因素，实际增长2.3%，较第一季度和上半年分别回升9.6个百分点和2.4个百分点。农村居民收入逐季回升，实际增速自疫情暴发以来首次由负转正，增收形势稳步向好。

2. 农村居民收入增速快于城镇，城乡差距进一步缩小

2020年前三季度，河北省城镇居民人均可支配收入为27203元，同比增长3.8%，农村比城镇高1.7个百分点。脱贫攻坚、乡村振兴助力农村居民增收，城乡收入差距进一步缩小。2020年河北省城乡居民收入比由2019年的2.25∶1（农村为1）缩小到2.21∶1，同比缩小0.04，是2013年以来城乡居民收入比值最小的一年，为打赢脱贫攻坚战、全面建成小康社会打下了坚实基础。

（二）收入全面增长，工资性收入仍为农村居民增收主动力

1. 保就业：工资性收入逐季回升，继续主导农村居民增收

2020年前三季度，河北省农村居民人均工资性收入为6359元，同比增

长5.2%（见表1），较第一季度高7.9个百分点，较上半年高2.6个百分点，占农村居民人均可支配收入的51.8%，拉动收入增长2.7个百分点，对收入增长的贡献率为48.6%，是农村居民增收的关键点。面对疫情影响，河北多措并举稳就业，针对低收入员、返乡农民工等不同群体，通过技能培训、定向帮扶、发展地摊经济等政策，增加就业岗位。

2. 促生产：经营性收入恢复较快，复商复市有力推动农产品销售

2020年前三季度，河北省农村居民人均经营性收入为3957元，同比增长6.1%，较第一季度高12.2个百分点，较上半年高2.0个百分点，占农村居民人均可支配收入的32.2%，拉动收入增长1.9个百分点，对收入增长的贡献率为35.3%，是农村居民增收的有力支撑。2020年前三季度，河北省多种农产品价格上涨较快，其中，小麦价格上涨2.7%，玉米价格上涨5.4%，蔬菜价格上涨17.1%，水果价格上涨12.5%。同时，农产品网络直播带货热潮的兴起，有力地支持和推动了农产品销售。2020年前三季度，河北省农民第一产业经营性收入同比增长11.9%。

3. 稳金融：财产性收入继续增加，利息、保险等金融类收入受疫情影响较小

2020年前三季度，河北省农村居民人均财产性收入为262元，同比增长6.5%。其中，利息净收入与储蓄保险净收益等金融类收入受疫情影响较小，人均增收37元；农村集体经济回暖速度较慢；休闲农业、乡村小镇等农村特色产业上半年客流量大幅减少，虽在国庆期间有所回升，但就2020年前三季度看，河北省农村居民红利收入仅与2019年同期持平；河北省农民转让承包土地经营权租金净收入同比下降7.9%。由于近年来河北省农产品价格上涨，农民种植业收入提高，选择自己耕种的农户增多。同时，受经济下行压力加大等因素影响，土地流转需求减缓，导致河北省农民转让承包土地经营权租金净收入同比下降。

4. 惠民生：转移性收入稳中有升，扶贫惠农政策落地见效

2020年，河北省农村居民人均转移性收入均呈增长态势，其中，第一季度同比增长3.4%，与上半年相比增长2.9%。2020年前三季度，河北省农民人均转移性收入比2019年同期增长5.4%，人均转移性收入达1708元。

各项扶贫惠农政策是转移性收入增长的主要因素，一是针对低收入群体发放的各种补贴，2020年前三季度，河北省农村居民人均政策性生活补贴和从政府得到的实物产品与服务同比分别增长3.4%和20.9%。二是再次提高退休人员基本养老金，7月底前发放到位。三是受疫情防控隔离影响，拜年串门、走亲访友变为聊视频、发红包，促使转移性收入增加。

表1 2020年前三季度河北省农村居民人均可支配收入情况

单位：元，%

指标名称	水平	增量	增速	占比
农村居民人均可支配收入	12286	642	5.5	100.0
工资性收入	6359	312	5.2	51.8
经营性收入	3957	227	6.1	32.2
财产性收入	262	16	6.5	2.1
转移性收入	1708	87	5.4	13.9

资料来源：国家统计局河北调查总队。

（三）收入水平接近全国平均水平，和京津差距明显

1. 收入水平接近全国平均水平

2020年前三季度，河北省农村居民人均可支配收入比全国平均水平12297元低11元，居全国第11位。排名在河北之前的10个省（市）分别为上海、浙江、北京、天津、江苏、广东、福建、山东、辽宁和安徽。从增速看，2020年前三季度，河北省农村居民人均可支配收入同比增长5.5%，比全国的5.8%低0.3个百分点。

2. 与京津收入差距较大

2020年前三季度，河北省农村居民人均可支配收入同比增长5.5%，高于北京市3.4个百分点，高于天津市4.0个百分点；2020年前三季度，北京市农村居民人均可支配收入为23465元，高出河北省11179元；天津市农村居民人均可支配收入为19091元，高出河北省6805元。

虽然河北省农村居民人均可支配收入增速高于京津，和京津相比差距逐

步缩小，但收入倍差仍较大。从2013~2020年前三季度同期数据来看，京冀收入倍差（北京农村居民人均可支配收入比河北农村居民人均可支配收入，河北为1）分别为1.98、1.96、1.97、1.98、1.98、1.98、1.97、1.91，津冀收入倍差分别为1.68、1.68、1.69、1.70、1.70、1.65、1.62、1.55。

二 2021年河北省农村居民收入增长的形势分析

2021年，我国将进入"十四五"时期，在全面建成小康社会的基础上，向第二个百年奋斗目标进军，是开启全面建设社会主义现代化国家新征程的第一年。国际上面临各种不确定性，国内还存在一定的结构性矛盾，加上疫情影响，经济运行还处在恢复过程之中，机遇与挑战同在，有利与不利并存。

（一）有利因素

1. 工资性收入继续保持稳定增长

一是农民工非农劳动力总量逐步恢复。据国家统计局河北调查总队农民工监测调查，2020年第一季度末，河北农村非农劳动力总量同比减少50.2%；第二季度末，河北农村非农劳动力总量同比减少0.8%；第三季度末，河北农村非农劳动力总量同比增长0.6%，增速由负转正。二是疫情对农民工收入水平的影响逐步减小。河北外出务工农村劳动力月均收入与上年同期相比，虽仍有减少，但是与2020年第二季度相比已经转好回升。2020年第三季度，河北外出务工农村劳动力月均收入同比增长4.3%。

2. 农产品价格保持上涨态势

国家统计局河北调查总队调查数据显示，2020年前三季度，河北主要农产品生产者价格指数为113.67，比上年同期上涨8.37%。其中，农业、牧业产品价格同比分别上涨了8.84%、22.23%。经测算，2020年前三季度，主要农业产品出售价格上涨使农村居民人均增收443元左右，但出售量减少，农村居民人均减收69元左右，增减相抵农村居民人均增收374元左右，拉动可支配收入增长3.2%，拉动经营性收入增长10.0%。

3. 财产性收入呈不断增长趋势

农村基本经营制度进一步巩固完善。第二轮土地承包到期后再延长30年政策出台，农村承包地所有权、承包权、经营权"三权分置"取得重大进展。新一轮农村宅基地改革试点启动实施。农业支持保护制度逐步健全，以绿色生态为导向的农业补贴制度初步建立。随着农村土地制度改革不断深化，种植业大户、家庭农场和农村居民合作社的增加，土地流转比较活跃，流转方式多样（出租、转包、入股、托管、出让、征用等），流转面积增加，流转价格提高，促进农村居民财产性收入不断增长。

4. 转移性收入增加

一是乡村振兴实现良好开局。乡村振兴的政策框架基本构建，一批标志性的重大工程启动实施。农村水、电、路等基础设施加快建设，教育、医疗、养老等公共服务水平不断提升，乡村治理体系进一步完善。二是继续巩固脱贫攻坚成果。摘帽不摘责任、摘帽不摘政策、摘帽不摘帮扶、摘帽不摘监管，接续推进脱贫地区发展，帮助脱贫户实现稳定增收。三是农村低保补贴标准提高，政策性生活补贴增加，社会救济和补助等各项农村地区转移支付力度不断加大。

（二）不利因素

1. 下行压力犹存，整体经济运行平缓

整体经济情况是决定居民收入水平的基础，宏观经济运行趋势直接影响居民收入增长。当前，河北省结构性矛盾和周期性问题相互交织，短期问题和长期矛盾相互叠加，经济面临较大的下行压力。前三季度，河北省地区生产总值同比增长1.5%，规模以上工业增加值同比增长2.7%，固定资产投资同比增长1.7%，社会消费品零售总额同比下降3.7%。河北经济下行压力加大，将会影响农村居民工资性收入增长。

2. 农村经济抵御自然风险和经济风险的能力比较弱

与城市经济相比，农村生产经营受疫情、市场、季节等影响较大，农村经济运行的稳定性连续性不强，农村居民收入也随之波动。突如其来的新冠

肺炎疫情，导致 2 月末农村非农劳动力总量同比下降 50.2%；前三季度，河北生猪出栏量同比下降 9.7%；上半年以采摘、家庭旅馆、农家乐为主的乡村旅游业受疫情影响基本呈歇业状态。

三 促进河北省农村居民收入稳定较快增长的对策建议

（一）关注农村居民就业，抓好农村劳动力转移

一是出台优惠举措和补贴措施，鼓励企业优先录用本地农村居民和脱贫人员就业，各地政府应积极向企业推荐本地经过培训的人员，帮助企业就近招工。二是做细做实农村居民职业技能培训，找准市场人才缺口，在家政、养老护理、安保、医疗陪护等多方面，针对不同人群开展多样化、市场化的职业技能培训，提升农村居民职业技能水平。三是加大保障农民工工资支付工作的实施力度，全力保障农民工及时足额获得务工收入。

（二）确保惠农政策落实，加大对脱贫地区的扶持力度

一是落实农村居民耕地地力保护补贴、农机购置补贴、渔业油价补贴、棉花补贴等惠农政策，采取一卡到户方式，确保补贴发放及时到位。二是加大农村居民养老保险扩面力度，深入实施全民参保计划，促进用工单位依法参保缴费。落实农村居民基本养老保险待遇和基础养老金正常调整机制，确保农村养老金标准不低于每人每月 108 元。三是巩固脱贫攻坚成果，摘帽不摘责任、摘帽不摘政策、摘帽不摘帮扶、摘帽不摘监管，接续推进脱贫地区发展。

（三）推进乡村振兴战略，力促农村产业融合发展

一是切实加快推进农业供给侧结构性改革。要因地制宜，因时制宜，大力培育名特优新农产品，把农产品做优、做大、做强、做出特色，形成产业规模。二是延长农产品增值链条。要培育一批农业深加工龙头企业，通过加工增值，提高农产品的加工率和产业的非农化程度。三是进一步实施乡村振

兴战略，统筹抓好乡村产业、人才、文化、生态、组织振兴，加快推动农村居民全面进步、农村社会全面发展。

参考文献

王艺洁、陈荟羽：《河北省农民收入影响因素分析》，《粮食科技与经济》2020年第3期。

B.9
2020~2021年河北省农村居民生活消费形势分析与预测

张 坤*

摘　要： 2020年，在新冠肺炎疫情的冲击下，河北省农村居民生活消费增长受到一定程度的影响，农村八大类消费"三升五降"，食品烟酒支出增长最快，服务性消费支出下降明显，疫情防控、健身保养支出增加，无接触消费模式发展快速。本报告认为，随着新冠肺炎疫情的有效防控和经济的逐步恢复，2021年，河北省农村消费者信心将逐步增强，恢复到正常水平。应顺应农村居民消费结构升级大趋势，加快培育消费热点，满足大众个性化、多样化消费，提高农民收入，缩小城乡差距，补齐各项建设短板，提升农村消费环境。

关键词： 农村居民　生活消费　河北省

2020年，在新冠肺炎疫情的冲击下，河北省农村居民生活消费增长受到一定程度的影响，但是随着疫情防控和经济社会发展的统筹推进，农村居民生活消费逐步恢复。

---

* 张坤，国家统计局河北调查总队居民收支调查处主任科员，主要研究方向为农民收入与消费。

一 2020年河北省农村居民生活消费主要特点

2020年初，突如其来的新冠肺炎疫情对农村居民生活消费带来了较大的影响，河北省委、省政府稳就业，促发展，多措并举刺激消费，河北省农村居民生活消费市场逐步活跃。2020年前三季度，河北省农村居民人均生活消费支出为8652元，同比下降1.7%，但随着疫情影响逐渐减弱，预计2020年全年农村居民人均消费支出同比增速有望转正。

（一）农村居民生活消费支出下降幅度逐季收窄，受疫情影响小于城镇

2020年前三季度，河北省农村居民人均生活消费支出为8652元，比2019年同期下降1.7%，较第一季度和上半年分别回升4.1个百分点和2.1个百分点。虽仍在降幅区间，但回升势头明显，下降幅度逐季收窄。2020年前三季度，河北省城镇居民人均生活消费支出为16292元，比2019年同期下降4.2%，下降幅度高于农村2.5个百分点，农村居民生活消费支出受疫情影响小于城镇。

（二）八大类消费"三升五降"，食品烟酒支出增长最快

2020年前三季度，河北省农村居民人均食品烟酒支出为2665元，居住支出为1759元，生活用品及服务支出为554元，同比分别增长9.6%、4.1%、0.7%；衣着支出为540元，交通通信支出为1310元，教育文化娱乐支出为645元，医疗保健支出为998元，其他用品和服务支出为181元，同比分别下降7.4%、8.8%、23.4%、7.2%、7.3%（见表1）。

表1 2020年前三季度河北省农村居民人均生活消费支出情况

单位：元，%

指标	支出	同比增长
农村居民人均生活消费支出	8652	-1.7
食品烟酒	2665	9.6
衣着	540	-7.4

续表

指标	支出	同比增长
居住	1759	4.1
生活用品及服务	554	0.7
交通通信	1310	-8.8
教育文化娱乐	645	-23.4
医疗保健	998	-7.2
其他用品和服务	181	-7.3

资料来源：国家统计局河北调查总队。

（三）受疫情影响，服务性消费支出下降明显

2020年前三季度，河北省农村居民人均服务性消费支出为2953元，同比下降12.7%；商品性消费支出为5699元，同比增长5.1%。农村居民服务性消费占比由上年同期的38.4%下降至34.1%，下降4.3个百分点，疫情对服务性消费影响较大。

（四）疫情防控影响消费支出，但部分商品需求旺盛

虽然农村地区总体消费并不活跃，但因为疫情防控影响，部分商品购买需求旺盛。首先，疫情之下，农村地区逐渐开启无接触消费模式。2020年前三季度，河北省农村居民人均通信服务费支出同比增长14.4%，其中，上网费支出增长12.3%，购买电脑支出增长25.8%。其次，受疫情影响，农村居民用于疫病防控、健身保养的开支明显增加。2020年前三季度，河北省农村居民人均购买医用酒精、口罩等医疗卫生器具支出增长139.0%，购买滋补保健品支出增长8.7%，购买健身器材支出增长58.2%。

（五）生活消费水平增速均低于全国，与京津水平差距明显

从消费水平看，2020年前三季度，全国农村居民人均生活消费支出为9430元，河北省比全国低778元，居全国第17位；从增速看，河北省农村居民人均生活消费支出同比下降1.7%，与全国平均增长0.8%相比，低2.5

个百分点。2020年前三季度，北京市农村居民人均生活消费支出为15179元，比河北高6527元，是河北的1.75倍；天津市农村居民人均生活消费支出为11971元，比河北高3319元，是河北的1.38倍。

三 2020年河北省农村居民生活消费影响因素分析

2020年前三季度，河北省农村居民收入平稳增长，随着疫情影响逐渐减弱，河北省农村居民生活消费逐步恢复。但受国内外整体经济复苏较缓影响，疫情外防输入、内防反弹的压力较大，进一步促进农村居民生活消费恢复还需要付出巨大的努力。

（一）有利因素

1. 经济增长实现由负转正，消费品市场回暖向好

从2020年第二季度开始，随着国内新冠肺炎疫情得到有效控制，河北省地区生产总值实现正增长，此后经济回升速度稳步加快。2020年前三季度，河北省经济累计增长1.5%，高出全国平均水平0.8个百分点。在经济复苏的带动下，河北省消费市场逐步复苏。2020年前三季度，全省社会消费品零售总额降幅比第一季度、上半年分别收窄12.6个百分点和1.9个百分点。2020年前三季度，河北省农村居民人均可支配收入实际增长由负转正，扣除物价因素，实际增长2.3%，与经济增长基本同步。收入增加、市场活跃、政策利好等各种因素叠加，农村居民生活消费呈稳步向好态势。

2. 互联网消费规模逐步扩大，消费新模式、新热点迅速升温

2020年前三季度，河北省网上零售额增长14.5%，比第一季度和上半年分别高12.6个百分点和2.0个百分点；网上零售额占社会消费品零售总额的比重为19.9%，比第一季度提高1.8个百分点。网上购物、远程教育、互联网诊疗等新型消费业态模式逐渐进入农村居民家庭，为扩大内需、带动农村消费内循环提供持续动力。

3.工资性收入稳步增长，消费价格总指数逐季回落

2020年第三季度末，河北省农村非农劳动力总量同比增长0.6%；河北外出务工农村劳动力月均收入同比增长4.3%。2020年前三季度，农村居民人均工资性收入同比增长5.2%，比第一季度和上半年分别高7.9个百分点和2.6个百分点。同时，前三季度，河北农村CPI上涨3.1%，比第一季度和上半年分别回落1.4个百分点和0.2个百分点。

（二）不利因素

1.消费信心不足

新冠肺炎疫情对全球经济的影响复杂而深远。国内新冠肺炎疫情得到有效控制，但国外特别是欧美等主要经济体疫情尚未得到有效控制，世界经济复苏进程缓慢，影响消费者信心。国内散发病例依然存在，全社会边际消费倾向下降，居民预防性储蓄倾向较为明显，在一定程度上会影响居民消费的信心和消费市场的恢复。2020年前三季度，河北省金融机构各项存款同比增长9.8%，其中住户存款增长14.2%，在一定程度上显示出居民对未来消费所持的谨慎态度。

2.收入水平较低

一是和发达地区相比，河北省农村居民收入较低。2020年前三季度，河北省农村居民人均可支配收入为12286元，仅相当于北京的52.4%、天津的64.4%。二是收入区域差距较大。分城乡看，虽然城乡相对差距有所缩小，但绝对差距还比较大。2020年前三季度，河北省农村居民人均可支配收入仅占城镇居民收入的45.2%，绝对差距达14917元。分地区看，河北省农村居民人均可支配收入最高的唐山市比最低的承德市高5439元，区域发展不平衡不充分。

3.农村地区消费发展还存在基础设施不足、服务能力偏弱、监管规范滞后等短板

农村水网、电网、路网、互联网、物流体系建设还存在薄弱环节，农村居民在消费结构和消费层次上长期滞后于城镇居民。2019年，河北省农村居民年末耐用消费品每百户拥有量中，汽车38.49辆，比城镇少14.01辆；空调

83.01台，比城镇少48.76台；热水器67.56台，比城镇少25.92台；计算机39.12台，比城镇少25.16台；照相机1.99台，比城镇少14.29台。适应农村地区需求的商品有待增多，消费新业态新模式有待向农村市场拓展。

四 有效扩大河北省农村居民生活消费的对策建议

（一）多渠道增加收入，提升消费能力

收入是消费的前提和基础，提高农村居民生活消费能力的根本在于提高农村居民收入。应着力从四方面入手：一是发展现代农业，提高农产品科技含量，增加农民农业经营性收入；二是抓住"两新一重"建设契机，持续扩大农业基础设施投资，改善农村生产生活条件；三是大力发展民营经济，促进农村居民就业，提高非农就业工资水平；四是改革和完善土地流转制度，提高农村居民财产性收入。

（二）培育消费热点，加快升级步伐

顺应农村居民消费结构升级大趋势，提升传统消费、培育新兴消费，加快发展新兴消费，推动大众消费向个性化、多样化消费转变。一是实施"汽车下乡""家电升级"行动，释放农村汽车消费潜力，支持购置新能源汽车，促进二手车流通。支持绿色智能商品以旧换新，鼓励回收废旧电子电器产品。二是发展"互联网+社会服务"消费，大力发展文化旅游、健康医疗、教育、健身休闲等现代服务消费。三是完善农村物流基础设施建设，让农村地区足不出户也可以实现"全国购""全球购"，享受电子商务带来的便捷生活。

（三）加强商贸基础建设，优化农村消费环境

补齐各项建设短板，优化农村消费环境。一是持续改善农村商贸基础设施条件。统筹农村商业网点规划建设，优化县城、中心镇、特色小镇购物中心、商场超市、便民市场规划布局，提升便利店、菜场等商业设施，促进农

村生活服务业发展。二是开展价格诚信、质量诚信、计量诚信活动，严厉打击销售伪劣产品行为。加大对侵害农村消费者合法权益行为的曝光力度，营造让消费者放心消费、合法权益能够得到有效维护的消费环境。

（四）摒弃落后观念，提倡积极消费

培养农村居民积极的消费观念，引导农村居民形成健康合理的消费观。按照量入为出、适度超前的原则，鼓励引导收入水平较高的农村居民增加汽车、文化教育、休闲旅游、康体健身等领域的消费。支持中等收入家庭转变消费观念，进一步扩大子女教育、电子信息、图书等领域的消费。加大对低收入家庭转移支付力度，推动农村居民从注重温饱型消费向追求能力提升型消费转变。

（五）树立消费信心，完善社保制度

面对新冠肺炎疫情的不利影响，应在增加农民收入的基础上，加强农村居民心理疏导，提振农村居民消费信心。要强化农村社会保障体系作用，使其切实起到兜底保障作用，打消农村居民消费支出顾虑。一是完善城乡居民基本医疗保险制度和大病保险制度，提升对农村中低收入家庭的保障能力，避免农民因病返贫。二是适时调整农村居民最低保障标准，提高对农村低收入人群的保障能力。稳步提高农村居民养老金标准，提高农村低收入人群消费能力。三是完善农村助学贷款资助制度，建立政府奖学金、银行贷款资助、学校助学金、社会捐助金相结合的农村教育资助体系，不断减轻农村居民子女教育负担。

参考文献

徐金红等：《河北省农民消费潜力影响因素分析》，《统计与管理》2020年第5期。

B.10
2020~2021年河北省农村市场价格形势分析与预测

谢 蕾*

摘 要： 受新冠肺炎疫情、市场供求变化、居民消费升级、劳动力成本提升和价格改革等多种因素影响，2020年，河北省农村居民消费价格指数（CPI）总水平同比上涨2.8%，八大类商品和服务价格"四涨四降"，结构性上涨特征更为显著，连续两年出现CPI涨幅高于城市的局面，但涨幅低于全国平均水平。本报告认为，2020年，食品烟酒价格是推动CPI上涨的主要因素，服务项目价格上涨进一步推高农村市场CPI。在没有突发性新涨价因素影响的前提下，预计2021年河北省CPI将继续保持温和上涨的态势。

关键词： CPI 市场价格 农村

2020年，河北省委、省政府坚持稳中求进工作总基调，一手抓疫情防控，一手抓经济社会发展，生产生活秩序加快恢复，经济社会发展取得成效，河北省农村居民消费价格指数（CPI）保持总水平高位回落、运行平稳的走势。据国家统计局河北调查总队调查，2020年1~10月，河北省农村居民消费价格指数总水平同比上涨2.8%，涨幅较上年同期回落0.2个百分

---

* 谢蕾，国家统计局河北调查总队消费价格调查处主任科员，主要研究方向为价格统计、农村统计。

点,低于全国平均水平(3.7%)。其中,食品价格上涨11.5%,非食品价格上涨0.3%,服务价格上涨1.1%,工业品价格下降1.2%。

一 2020年河北省农村居民消费价格指数运行主要特征

(一)农村居民消费价格指数涨幅高于近10年均值

2011年以来,河北省农村CPI均保持上涨态势,平均涨幅为2.6%。2020年1~10月河北省农村CPI涨幅高于均值0.2个百分点(见图1)。扣除食品和能源价格后,核心CPI同比上涨1.0%,结构性上涨特征更为显著。

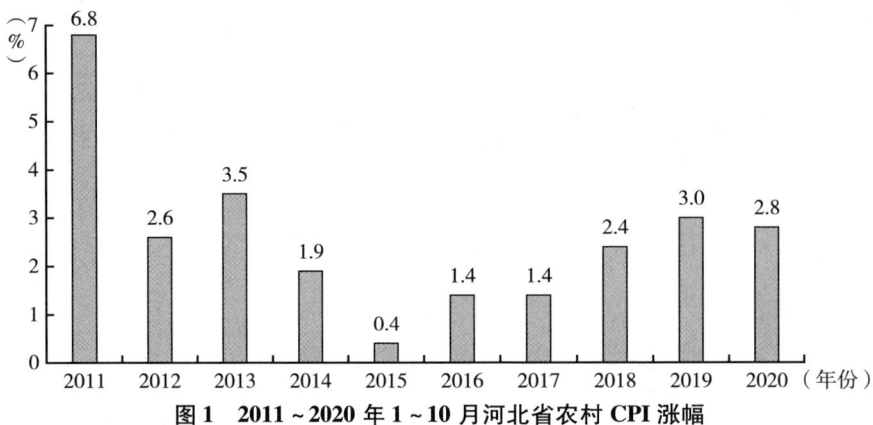

图1 2011~2020年1~10月河北省农村CPI涨幅

资料来源:国家统计局河北调查总队。

(二)农村居民消费价格指数涨幅高于城市

分城乡看,2020年1~10月,河北省CPI总水平平均上涨2.7%,其中,农村CPI上涨2.8%,城市CPI上涨2.6%,连续两年出现农村CPI涨幅高于城市的局面。

(三)月度环比由涨转降,同比涨幅冲高回落

从环比情况看,2020年1月受元旦、春节双节效应及天气因素影响,

河北省食品价格上涨明显，拉动全省农村CPI环比上涨1.2%；2月节日因素消退但受疫情影响，河北省农村CPI在1月环比上涨的情况下继续上涨0.4%；随着疫情得到有效控制，交通、生产逐步恢复，食品、服务价格普遍回落，3~5月，河北省农村CPI分别下降0.9%、1.3%和1.1%；6~9月，随着鲜菜和猪肉价格上涨，河北省农村CPI涨幅略有回升；10月食品价格回落，河北省农村CPI下降0.4%（见图2）。

从同比情况看，2020年1月，河北省农村CPI延续上年末上涨态势，上涨5.0%，既有节日及新冠肺炎疫情的影响，也有2020年与2019年春节错月，2019年对比基数较低的原因（2019年春节在2月）；2020年2月，虽然节日因素褪去，但是交通运输受管制、物资配送难度加大、企业和市场开工开市延期、居民囤购行为加剧，助推食品价格上涨，河北省农村CPI同比上涨4.6%；随着鲜菜价格下降及生产的逐步恢复，2020年3~5月，河北省农村CPI涨幅由3.9%回落至1.6%；2020年6~10月，受鲜菜和猪肉价格波动影响，河北省农村CPI略有反弹，升至3.0%，后又降至0.3%。

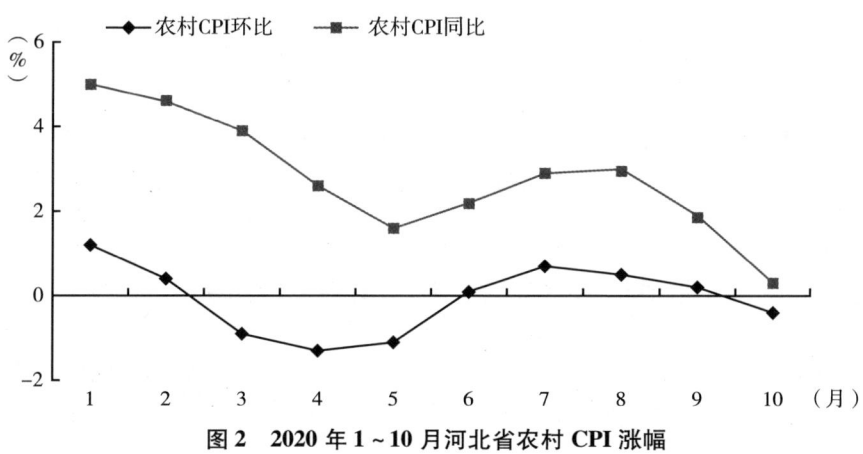

图2　2020年1~10月河北省农村CPI涨幅

资料来源：国家统计局河北调查总队。

（四）八大类商品和服务价格"四涨四降"

2020年1~10月，河北省所调查的八大类商品及服务价格按涨幅由高到低排序为食品烟酒（9.2%）、其他用品和服务（5.4%）、教育文化和娱乐（2.4%）、医疗保健（1.9%）、生活用品及服务（-0.4%）、居住（-1.0%）、衣着（-1.3%）、交通和通信（-2.6%）。从价格运行的结构变化来看，食品烟酒、其他用品和服务价格高于上年同期，其余六大类价格均低于上年同期（见图3）。

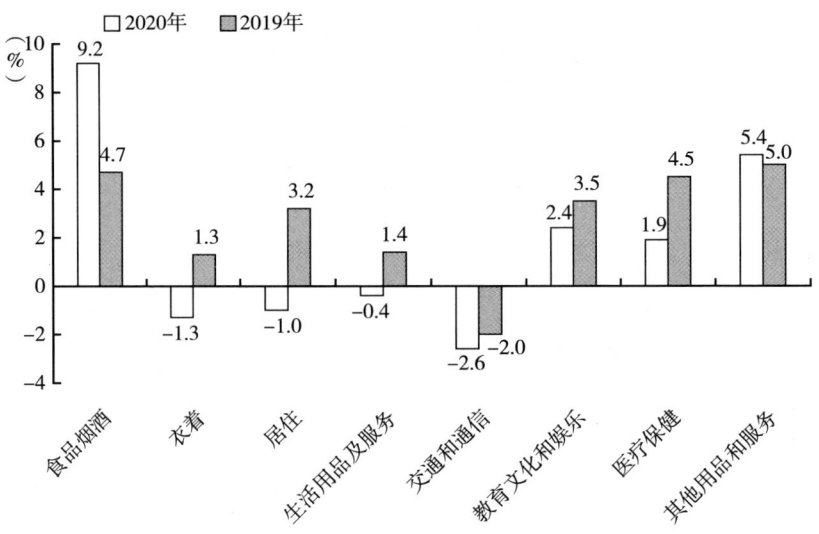

图3 2019~2020年1~10月河北省农村CPI八大类商品及服务价格涨幅

资料来源：国家统计局河北调查总队。

（五）食品烟酒价格是推动CPI上涨的主要因素

2020年1~10月，构成CPI的三大项价格中，食品烟酒价格同比上涨9.2%，涨幅比上年同期提高4.5个百分点，对CPI上涨贡献率达100%（上年同期为50.7%），成为拉动CPI上涨的首要因素；工业品价格同比下降1.2%，涨幅比上年同期收窄2.9个百分点，对CPI上涨贡献率为-14.3%；服务价格同比上涨1.1%，涨幅比上年同期收窄1.8个百分点，对CPI上涨贡献率达14.3%。

（六）河北省农村居民消费价格指数涨幅低于全国平均水平

2020年1~10月，河北省农村CPI上涨2.8%，比全国平均水平低0.9个百分点。其中，食品烟酒、衣着、居住、生活用品及服务、医疗保健低于全国平均水平0.2~2.6个百分点；教育文化和娱乐、其他用品和服务、交通和通信高于全国平均水平0.5~1.3个百分点（见表1）。

表1 2020年1~10月河北省农村CPI与全国比较

单位：%，个百分点

	全国	河北省	差额
CPI	3.7	2.8	0.9
食品烟酒	11.8	9.2	2.6
衣着	-0.3	-1.3	1.0
居住	-0.5	-1.0	0.5
生活用品及服务	-0.1	-0.4	0.3
交通和通信	-3.1	-2.6	0.5
教育文化和娱乐	1.1	2.4	1.3
医疗保健	2.1	1.9	0.2
其他用品和服务	4.5	5.4	0.9

资料来源：国家统计局河北调查总队。

二 影响河北省农村居民消费价格指数走势的因素分析

2020年1~10月，受新冠肺炎疫情、市场供求变化、居民消费升级、劳动力成本提升和价格改革等多种因素影响，河北省农村食品烟酒、服务价格出现上涨。

（一）农村食品价格涨势明显，成为拉动CPI上行的主导动力

2020年1~10月，河北省食品价格上涨11.5%，涨幅较上年同期（5.9%）

提高了5.6个百分点，拉动全省农村CPI上升2.6个百分点，贡献率达92.3%。主要食品猪肉、鲜菜合计拉动全省农村CPI上升2.2个百分点，是影响全省农村CPI上行的主导力量。

1. 猪肉价格高位运行

受前期猪瘟疫情叠加新冠肺炎疫情影响，2020年1~10月，河北省猪肉价格同比上涨73.0%，拉动全省农村CPI上升2.1个百分点，对全省农村CPI上涨贡献率达73.7%。从各月同比情况看，2020年初，在新冠肺炎疫情、春节、非洲猪瘟疫情与"猪周期"等因素共同作用下，河北省猪肉价格快速上涨，1月、2月猪肉价格同比分别上涨140.9%和158.9%。随着疫情得到有效控制，中央保供稳价政策出台，河北省生猪产能逐步恢复，市场供应稳中有增，2020年3~6月猪肉价格同比涨幅逐月收窄。随后受生猪进口量减少和团体消费需求回升等因素影响，7月涨幅略有反弹，之后逐月快速回落，至10月猪肉价格同比下降5.4%。此外，受消费替代效应影响，2020年1~10月，河北省牛肉、羊肉价格同比分别上涨15.2%和8.7%。

2. 鲜菜价格冲高回落

2020年1~10月，河北省鲜菜价格上涨7.7%，拉动CPI上升0.2个百分点。2020年1月受全省低温、节日因素影响，河北省鲜菜价格居高不下，环比上涨22.7%。从1月下旬开始受"居家"要求、"减少接触"、"手中有粮，心中不慌"心理等因素影响，市场供需短期失衡，河北省蔬菜价格不断冲高，2月鲜菜价格环比上涨11.8%，同比上涨11.3%。2020年3~6月，随着天气转暖，地产蔬菜大量上市，全国新冠肺炎疫情防控取得显著成果，鲜菜运输逐步畅通，农贸市场递次开放，河北省鲜菜价格出现回落势头，环比呈逐月下降趋势。7~9月，受天气及储存影响，河北省鲜菜价格出现上涨，10月环比涨幅回落至-3.1%。

3. 鲜瓜果价格高位回稳

从环比情况看，2020年1~3月，河北省鲜瓜果环比分别上涨8.7%、6.4%和1.6%，4~8月河北省鲜瓜果价格呈下降趋势，9月、10月鲜瓜果换季上市价格分别上涨8.1%和6.8%。

4.在外餐饮价格水涨船高

受鲜活商品价格上涨等各类经营成本上涨影响,2020年1~10月,河北省在外餐饮价格上涨5.2%,影响全省农村CPI上涨0.2个百分点,其中,地方小吃、正餐、其他在外餐饮和快餐分别上涨7.7%、5.6%、4.8%和3.7%。

(二)服务项目价格维持刚性上涨

在劳动力成本上升的背景下,河北省服务价格延续上涨态势。2020年1~10月,河北省农村服务项目价格上涨1.1%,拉动全省农村CPI上升0.4个百分点,贡献率达14.3%。调查的65个服务项目,有32个项目价格上涨,其中,其他保险同比上涨13.2%,涨幅居首。护理、小学初中教育、车辆使用费、洗浴等涨幅超过5%。除去劳动力成本上升的长期因素之外,消费升级和定价改革助推服务价格上涨。一是随着城乡居民收入水平的提高,服务消费提档升级,品质生活和休闲娱乐等方面的需求持续增长。河北省家政服务、美发、家庭维修服务、车辆维修与保养等价格分别上涨4.4%、3.3%、0.8%和0.4%。二是受部分市县调整初高中民办教育收费标准,以及课外辅导班和专业技能培训社会需求旺盛的影响,河北省教育服务价格上涨3.2%,其中,小学初中教育、学前教育、课外教育、高等育价格分别上涨9.7%、4.0%、3.3%和1.6%。三是受部分市深化医药卫生体制改革、调整公立医院医疗服务定价因素的影响,河北省医疗服务价格上涨1.0%。

(三)翘尾因素

翘尾因素是影响第一季度CPI上涨的另一重要原因。据测算,在2020年前10个月2.8%的涨幅中,2019年价格上涨的翘尾因素约为3.1个百分点,翘尾因素的影响远大于新涨价因素。

三 河北省农村居民消费价格指数走势展望

河北省委、省政府认真贯彻落实党中央、国务院决策部署，积极推出复工复产、稳就业、稳物价、惠民生等系列政策措施，为物价平稳运行、市场价格总体稳定奠定了基础。

（一）食品价格变动对CPI影响较大

食品价格主要受农产品供给变化影响，一般情况是远期看粮食近期看猪肉和鲜菜。粮食价格近年较为稳定，因此，猪肉和鲜菜价格的波动对食品价格影响最大。

1. 猪肉价格

随着相关稳定生猪生产的政策出台以及库存冻肉的逐步上市，猪肉总体供给紧张的情况会有所缓解，但生猪产能恢复的时间和程度均存在不确定性，加上翘尾因素的存在，预计猪肉价格总体将呈现高位回落的趋势。

2. 鲜菜价格

鲜菜价格主要受鲜菜供给的影响，而鲜菜供给主要与天气有关，因而鲜菜价格具有明显的季节性。随着天气转凉，雾霾、雨雪天气增加，蔬菜生产、储存和运输受到影响，鲜菜价格有上涨之势。

（二）劳动力成本上升推高CPI

劳动力成本上升的趋势将长期存在，其直接或间接地推高农产品、劳动密集型产品和服务价格，成为推高CPI的长期影响因素。

（三）疫情因素

随着国内疫情防控成效不断显现，物资的流通、企业的复工在加快，工业消费品的供给会不断增加，物资的流通会变得更加顺畅，这也有利于价格保持相对稳定。

（四）翘尾因素

据测算，从 2020 年整体来看，2020 年河北省农村 CPI 翘尾因素约为 2.6 个百分点，特别是后两个月翘尾因素会明显减弱。

综合以上因素分析，在没有突发性新涨价因素影响的前提下，预计 2021 年河北省农村 CPI 将继续保持温和上涨的态势。

参考文献

李文阔等：《国内大循环经济战略背景下农村市场拓展路径研究》，《农村经济与科技》2020 年第 17 期。

B.11
2020~2021年河北省农产品进出口贸易形势分析与预测

邵红岭 路 剑*

摘 要： 面对突如其来的新冠肺炎疫情和严峻复杂的国内外经济贸易形势，2020年1~10月河北省农产品出口额、进口额和进出口总额均出现不同程度的增长，尤其是进口额同比增长幅度较大，农产品贸易逆差创新高。农产品贸易结构持续优化，其中进出口商品和进出口市场仍较集中，但呈多元化趋势；贸易主体活力不断增强；农产品进出口均以一般贸易为主。受多种因素影响，2021年世界经济贸易形势仍存在较大的不确定性，预计河北省农产品进出口贸易会继续增加，贸易逆差会适度缩减，贸易结构会进一步优化。需要从优化农产品贸易结构、推进农产品贸易创新发展和不断提升农产品贸易便利化水平等方面推进农产品贸易高质量发展，加快形成农产品国内国际双循环相互促进的新发展格局。

关键词： 农产品 进出口贸易 河北省

2020年，突如其来的新冠肺炎疫情叠加"去全球化"逆流，给世界经济贸易带来了很大的不确定性。面对复杂严峻的国内外形势，河北省积极出

---

* 邵红岭，河北农业大学经济贸易学院副教授，主要研究方向为农业经济、农产品国际贸易；路剑，河北农业大学经济贸易学院教授，主要研究方向为农业经济与政策。

台和落实一系列稳外贸政策措施，不断优化营商环境，针对进出口企业的痛点和堵点，精准帮扶、共渡难关。2020年1~10月，河北省农产品贸易规模扩大，农产品贸易结构持续优化，农产品贸易新业态、新模式得以快速发展，对河北省农业农村经济恢复和发展起到了重要作用。

一 2020年河北省农产品进出口贸易形势与特点

（一）农产品贸易规模不断扩大

尽管新冠肺炎疫情在全球蔓延，但河北省农产品出口额、进口额和进出口总额在2020年1~10月均出现不同程度的增长态势。国研网统计数据库数据显示，2020年1~10月河北省农产品（HS编码1~24章）出口额为12.77亿美元，同比上涨4.67%；进口额为32.70亿美元，同比上涨51.60%；进出口总额为45.47亿美元，同比上涨34.65%。农产品进口额增长幅度较大，且远大于出口额，农产品贸易持续逆差，逆差额为19.93亿美元，同比上涨112.70%，达到河北省自2006年开始农产品贸易持续逆差以来的一个高峰。图1为河北省2020年1~10月农产品进出口变化情况，可以看出河北省农产品出口额较平稳，进口额波动幅度较大，进出口总额的变动趋势和进口额的变动趋势基本一致，贸易差额呈波动变化，在1~2月和9月逆差较大。分季度看，第一、第二、第三季度，河北省农产品贸易总额分别为12.29亿美元、13.85亿美元和14.41亿美元，同比分别增长62.90%、51.35%和3.10%，贸易规模逐季递增，增速逐季下降。受国内外市场联动的进一步增强以及国内消费需求拉动和国际农产品价格优势等的影响，农产品贸易持续逆差，虽然进口的大幅增加部分缓解了国内土地资源压力，但也给相关产业安全和农民增收带来了较大的影响。

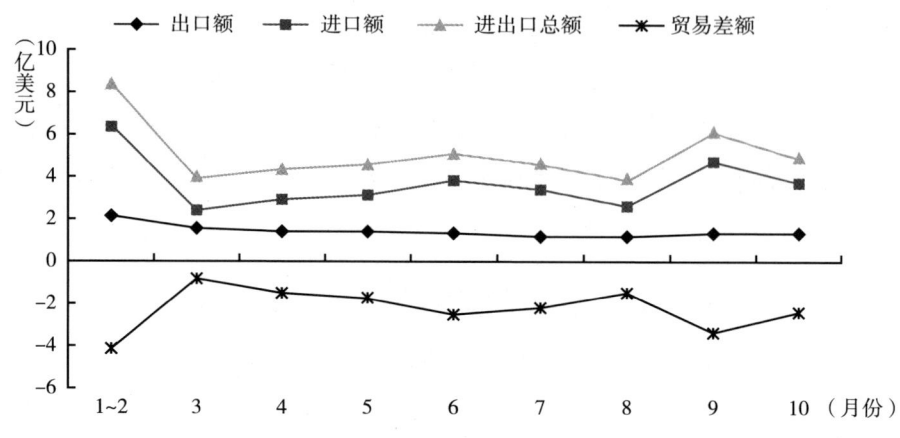

图1　2020年1~10月河北省农产品进出口变化情况

说明：此处农产品是指HS编码1~24章的产品（下同）。
资料来源：国研网统计数据库。

（二）农产品贸易商品仍较集中

2020年1~10月河北省出口和进口排前10位的农产品及同比变化情况如表1所示，可以看出2020年1~10月出口较多的农产品是水果和坚果及其制品、蔬菜及其制品、糖及糖食、水海产品等，即河北省出口农产品仍以劳动密集型产品为主，且呈现较大幅度的顺差。与2019年同期相比出口排前10位的HS编码10章农产品中3章、7章和16章这3章农产品的出口出现了不同程度的下降，而其余7章农产品的出口均出现了不同程度的上升。就排前5位的出口农产品类别来看，与2019年同期相比，20章和7章农产品出口额位次没变，8章农产品出口额由第6位上升到第2位，17章农产品出口额由第2位下降到第4位，3章农产品出口额由第4位下降到第5位。

进口农产品仍以土地密集型产品为主，粮棉油等产品呈现较大幅度逆差。2020年1~10月进口较多的农产品是含油子仁及果实等（主要是大豆）、动植物油脂、肉及食用杂碎、水海产品、谷物、蔬菜和水果坚果制品等，其中大豆进口增加了70.7%。与2019年同期相比进口排前10位的HS

编码10章农产品中3章、10章、15章和18章农产品的进口出现了不同程度的下降,其余6章农产品的进口均出现了较大幅度的上升,尤其2章、17章和20章农产品的进口增长了2倍以上。就排前5位的进口农产品类别来看,与2019年同期相比,12章和15章农产品进口额位次没变,2章农产品进口额由第7位上升到第3位,3章农产品进口额由第3位下降到第4位,10章农产品进口额由第4位下降到第5位。

表1 2020年1~10月河北省进出口额排前10位的农产品

单位:%

排名	HS编码及对应出口农产品	同比变化	HS编码及对应进口农产品	同比变化
1	20(蔬菜、水果、坚果或植物其他部分的制品)	19.29	12(含油子仁及果实;杂项子仁及果实;工业用或药用植物;稻草、秸秆及饲料)	70.56
2	8(食用水果及坚果、柑橘属水果或甜瓜的果皮)	29.84	15(动植物油脂及其分解产品;精制的食用油脂;动植物蜡)	-10.58
3	7(食用蔬菜、根及块茎)	-6.98	2(肉及食用杂碎)	232.77
4	17(糖及糖食)	27.36	3(鱼、甲壳动物、软体动物及其他水生无脊椎动物)	-32.46
5	3(鱼、甲壳动物、软体动物及其他水生无脊椎动物)	-20.78	10(谷物)	-24.34
6	5(其他动物产品)	7.52	20(蔬菜、水果、坚果或植物其他部分的制品)	507.31
7	16(肉、鱼、甲壳动物、软体动物及其他水生无脊椎动物的制品)	-30.56	17(糖及糖食)	219.88
8	21(杂项食品)	26.11	18(可可及可可制品)	-27.82
9	15(动植物油脂及其分解产品;精制的食用油脂;动植物蜡)	3.98	4(乳品;蛋品;天然蜂蜜;其他食用动物产品)	93.31
10	23(食品工业的残渣及废料;配制的动物饲料)	10.35	7(食用蔬菜、根及块茎)	52.23

资料来源:根据国研网统计数据库数据计算所得。

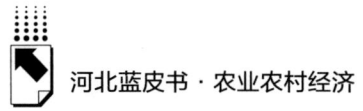

（三）农产品贸易市场结构不断优化

河北省农产品进出口市场仍较集中，但市场结构不断优化。从出口区域来看，河北省对亚洲的农产品出口额占农产品出口总额的比重在60%以上，虽然2020年1~10月出口区域仍集中在亚洲、欧洲和北美洲，对这三个洲的农产品出口额占农产品出口总额的89.80%（见表2），但与2019年同期相比，除亚洲和北美洲所占比重下降之外，河北省对其他各洲的农产品出口额所占比重均有所上升，这体现了河北省农产品出口市场不断优化。从具体的出口国家（地区）来看，2020年1~10月河北省农产品前十大出口国家（地区）是东盟、欧盟、日本、韩国、美国、中国香港、中国台湾、加拿大、澳大利亚和墨西哥（见图2），河北省对前十大出口国家（地区）的农产品出口额占河北省农产品出口总额的85.84%。河北省对居于前五位的出口市场——东盟、欧盟、日本、韩国和美国的农产品出口额占河北省农产品出口总额的72.52%，相较于2019年同期的73.33%有所下降。

从进口区域来看，2020年1~10月河北省农产品进口来源地主要集中在拉丁美洲、北美洲和亚洲，对这三个洲的农产品进口额占河北省农产品进口总额的90.80%，仅来自拉丁美洲的农产品进口额占河北省农产品进口总额的比重就在66%以上。与2019年同期相比，2020年1~10月河北省农产品进口来源区域中除欧洲和北美洲所占比重上升之外，其他各洲所占比重均有所下降。从具体的进口来源国家（地区）来看，2020年1~10月河北省农产品前十大进口来源地是巴西、美国、东盟、印度、澳大利亚、塞内加尔、欧盟、阿根廷、厄瓜多尔和日本，来自前十大进口来源地的农产品进口额占河北省农产品进口总额的比重达到95.13%（见图3）。其中巴西是河北省农产品第一大进口来源地，来自巴西的农产品进口额占河北省农产品进口总额的比重达到62.79%，相较于2019年同期的63.12%有所下降。

2019年10月《中国-东盟自贸区升级议定书》全面生效，进一步释放自贸区红利,促进了双边农产品贸易发展,东盟已成为河北省第一大农产品出口市场和第三大农产品进口来源地。

表2 2019年和2020年1~10月河北省农产品进出口市场分布

单位:%

区域	出口市场占比		进口来源地占比	
	2020年 1~10月	2019年 1~10月	2020年 1~10月	2019年 1~10月
亚洲	62.08	65.33	11.62	18.76
欧洲	20.02	18.44	2.59	1.76
北美洲	7.70	8.14	12.78	2.41
拉丁美洲	4.22	3.50	66.40	66.45
非洲	3.13	2.30	3.62	5.15
大洋洲	2.85	2.29	2.99	5.46

资料来源:根据国研网统计数据库数据计算所得。

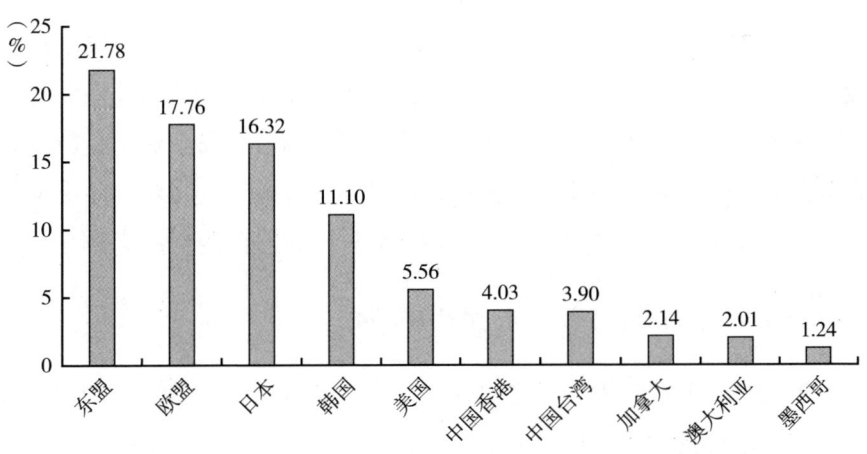

图2 2020年1~10月河北省农产品前十大出口市场占比

资料来源:根据国研网统计数据库数据计算所得。

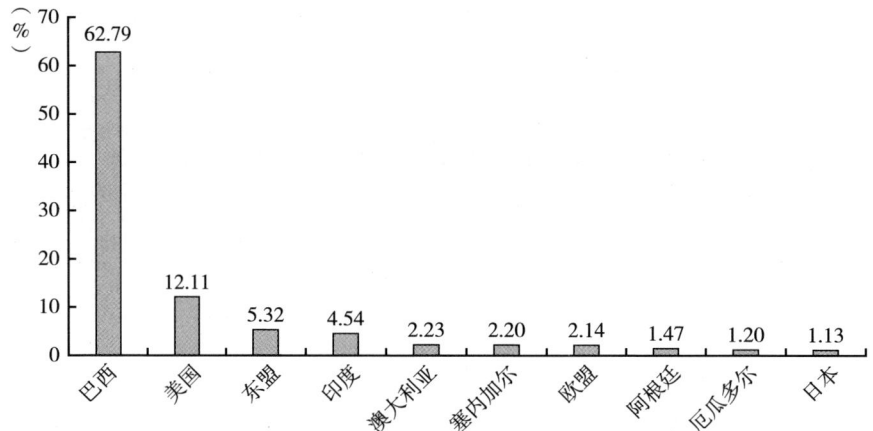

图3　2020年1~10月河北省农产品前十大进口来源地占比

资料来源：根据国研网统计数据库数据计算所得。

（四）农产品贸易主体活力不断增强

民营企业作为河北省农产品贸易第一大经营主体的地位不断巩固，其进出口额不断增长，极大地拉动了河北省农产品贸易发展，外商投资企业和国有企业居于其后。河北省农产品贸易主体以中小企业为主，农业产业化龙头企业的规模和带动能力有待进一步提高。跨境电商等贸易新业态、新模式的快速发展，会带动更多中小农产品生产和贸易企业参与全球农产品竞争，推动农产品贸易主体的多元化，进一步增强农产品贸易的内生动力。

（五）农产品进出口均以一般贸易为主

一般贸易在河北省农产品进出口贸易中占90%左右。2020年1~10月，河北省以一般贸易方式进出口农产品42.40亿美元，同比增长39.27%，其中出口11.84亿美元，同比增长8.50%，进口30.56亿美元，同比增长56.48%；加工贸易进出口2.20亿美元，同比下降30.41%，其中出口0.81亿美元，同比下降31.26%，进口1.39亿美元，同比下降29.90%。就农产品出口贸易方式来看，2020年1~10月一般贸易方式所占比重达到

92.80%，比2019年同期高出3.27个百分点，加工贸易方式所占比重为6.35%，比2019年同期低3.32个百分点。就农产品进口贸易方式来看，2020年1~10月一般贸易方式所占比重达到93.46%，比2019年同期高出2.91个百分点，加工贸易方式所占比重为4.26%，比2019年同期低4.95个百分点（见表3）。加工贸易中，以进料加工贸易为主，占加工贸易的90%以上。河北省农产品加工技术和能力有待进一步提高，需继续推进农产品加工业的转型升级，提高产品的国际竞争力。

表3　2019年和2020年1~10月河北省农产品进出口贸易方式占比

单位：%

贸易方式	出口贸易方式占比		进口贸易方式占比	
	2020年1~10月	2019年1~10月	2020年1~10月	2019年1~10月
一般贸易	92.80	89.53	93.46	90.55
加工贸易	6.35	9.67	4.26	9.21
来料加工装配贸易	0.55	0.40	0.19	0.11
进料加工贸易	5.80	9.27	4.07	9.10
其他	0.85	0.80	2.28	0.24

资料来源：根据国研网统计数据库数据计算所得。

二　影响河北省农产品进出口贸易发展的主要因素

（一）世界经济贸易遭受重创

世界经济出现深度衰退。新冠肺炎疫情在全球的扩散蔓延扰乱了正常的社会经济秩序，世界经济受到了重大冲击，面临严重衰退。国际货币基金组织（IMF）、经合组织（OECD）、世界银行等都做出了同样的判断。国际货币基金组织2020年10月发布的《世界经济展望》报告预测2020年世界经济出现深度衰退，预计2020年全球经济增长率为-4.4%，相较于6月的预测上调了0.8个百分点,其中发达经济体经济增长率为-5.8%,新兴市场和发展中经济体经济增长率为-3.3%。经合组织2020年12月1日发布的《世界经济展望》报告预测,2020年全球经济将萎缩4.2%,相较于9月的预测升高0.3个百分点。世界银行发布《全球经济展望》报告预测,2020年全球经济将下滑5.2%,这将是全球经济自二战以来陷入的最严重衰退。世界经济低迷,国际市场需求萎缩,不利于国内出口贸易的开展。

世界贸易受到严重冲击。新冠肺炎疫情在全球的扩散蔓延对世界贸易也造成了前所未有的破坏,世界贸易组织2020年4月发布的《全球贸易数据与展望》报告预测2020年全球贸易受疫情影响将萎缩13%~32%。由于6月和7月全球疫情防控措施有所放松,经济活动加速恢复,世界贸易组织2020年10月初发布的《全球贸易数据与展望》更新报告预测2020年全球货物贸易量将萎缩9.2%,全球贸易表现或好于预期,其中中国是重要的贡献者。贸易量的下降在很大程度上反映了全球最终需求的疲软。

(二)贸易壁垒仍处于较高水平

大部分世界贸易继续受新增和累积的进口和出口限制措施影响。世界贸易组织发布的贸易政策审查机构定期年中报告提到,在2019年10月中旬至2020年5月中旬期间,世界贸易组织成员实施了363项新的贸易相关措施,约71%与疫情有关,其中不乏关于农产品出口的限制措施以及为防控疫情实施的农产品进口管制措施等。与疫情有关的贸易限制措施多为临时性的,且部分由限制贸易措施转为促进贸易措施,如哈萨克斯坦自2020年6月1日起,取消因新冠肺炎疫情对农产品出口实施的所有限制措施,俄罗斯重新开放粮食出口等。在此期间世界贸易组织成员实施了56项与疫情无关的贸易限制新措施,包括提高关税、出口关税,实施进口禁令和更严格的出口海关程序等。此外,自2009年以来,世界贸易组织成员一直实施并仍然有效的进口限制措施累计贸易覆盖额及其占世界进口额的比重一直在升高。在此期间，世贸组织成员启动贸易救济行动的力度是过去八年中最大的。世贸组织成员还实施了卫生与动植物检疫措施、技术性贸易壁垒措施，实施力度和数量均明显高于前一审查期。疫情叠加贸易保护主义，使世界贸易下行压力加大。

（三）众多疫情防控措施影响农产品供求

根据中国贸促会法律事务部发布的信息，截至2020年11月30日，共有63个国家（地区）对货物贸易（除医疗物资外）采取了相关措施，共有172个国家（地区）对交通工具采取了相关措施，共有118个国家（地区）对边境口岸采取了相关措施，共有189个国家（地区）对人员入境采取了相关措施。世界各国为控制疫情而采取的隔离、封闭等众多措施使出口农产品供应链受阻，并且使农产品进口需求下降，同时，使广大中小农产品生产和贸易企业的经营和生存面临很大的挑战。

（四）国内经济运行持续稳定、恢复向好

面对新冠肺炎疫情的严重冲击和国际环境的复杂变化，我国的疫情防控和经济恢复都走在世界前列。国家统计局数据资料显示，2020年前三季度国内生产总值为722786亿元，按可比价格计算，同比增长0.7%。分季度看，第一季度同比下降6.8%，第二季度由负转正，增长3.2%，第三季度增长4.9%。河北省前三季度经济增长由负转正，地区生产总值为25804.4亿元，同比增长1.5%，增长幅度高于全国平均水平。国内经济持续稳定恢复，带动进出口持续回暖。

居民收入不断增长。前三季度，全国居民人均可支配收入为23781元，同比名义增长3.9%。其中，城镇居民人均可支配收入为32821元，同比名义增长2.8%；农村居民人均可支配收入为12297元，同比名义增长5.8%。河北省居民人均可支配收入为19797元，同比名义增长4.9%。其中，城镇居民人均可支配收入为27203元，同比名义增长3.8%；农村居民人均可支配收入为12286元，同比名义增长5.5%。河北省城镇和农村居民人均可支配收入均低于全国平均水平，但居民人均可支配收入及城镇居民人均可支配收入增长幅

度高于全国平均水平。收入增长推动居民膳食结构变化，肉类、鱼类、水果、蔬菜、加工食品等消费的增加，刺激这些产品的进口量不断增加。

（五）部分大宗农产品国内外价格仍明显倒挂

如表4所示，由于新冠肺炎疫情的发展及其对农产品生产和市场供求的影响，部分大宗农产品国际价格呈现先抑后扬的态势。从2020年1~10月的平均值来看，稻米、小麦、玉米、大豆、食糖的国内价格总体明显高于国际价格。与2019年同期平均值相比，稻米和小麦国内外价差缩小，而玉米、大豆和食糖国内外价差扩大。价格倒挂会刺激农产品进口，较低的进口价格不断挤压国内农产品价格的上涨空间，而国内农业生产成本的持续上升又不断挤压农民增收的空间。

表4 2020年1~10月部分大宗农产品国内、国际价格

	稻米(元/斤)		小麦(元/斤)		玉米(元/斤)		大豆(元/斤)		棉花(元/吨)		油料(元/斤)		食糖(元/吨)	
	国内	国际	国内	国际	国内	国际	国内	国际	国内	国际	国内	国际	国内	国际
1月	2.06	1.85	1.34	1.19	0.98	1.13	2.13	1.64	13827	14826	3.53	3.70	5737	3746
2月	2.06	1.87	1.34	1.17	1.01	1.11	2.18	1.56	13399	14466	3.09	3.33	5754	3968
3月	2.06	1.97	1.34	1.14	1.00	1.08	2.28	1.53	12195	13747	2.72	2.90	5699	3383
4月	2.08	2.27	1.36	1.16	1.03	0.82	2.72	1.52	11396	13395	2.82	2.83	5513	2870
5月	2.01	2.11	1.38	1.12	1.06	0.78	2.76	1.51	11644	13638	2.70	2.78	5401	3042
6月	2.07	2.13	1.34	1.10	1.10	0.81	2.74	1.59	11958	13740	2.84	3.06	5425	3304
7月	2.04	1.98	1.33	1.16	1.16	0.86	2.92	1.62	12149	13832	2.98	3.18	5288	3247
8月	2.05	2.03	1.34	1.12	1.21	1.06	2.87	1.65	12476	13821	3.25	3.43	5224	3430
9月	2.09	1.94	1.34	1.19	0.93		2.76	1.77	12927	13855	3.53	3.57	5418	3333
10月	2.10	1.81	1.36	1.27	1.28	1.04	2.67	1.88	13953	14208	3.69	3.65	5448	3665
平均	2.06	2.00	1.35	1.15	1.10	0.94	2.60	1.63	12592	13953	3.12	3.24	5491	3399

注：稻米的国内价格是全国晚籼米（标一）批发均价，国际价格是泰国曼谷（25%含碎率）大米到岸税后价格；小麦的国内价格是广州黄埔港优质麦到港价，国际价格是美国墨西哥湾硬红冬麦（蛋白质含量12%）到岸税后价；玉米的国内价格是东北二等黄玉米运到广州黄埔港的平仓价，国际价格是美国墨西哥湾二级黄玉米（蛋白质含量12%）运到黄埔港的到岸税后价；大豆的国内价格是山东国产大豆入厂价，国际价格是青岛港口的进口大豆到岸税后价；棉花的国内价格是中国棉花价格指数3128B级棉花销售价格，国际价格是进口棉价格指数M级棉花到岸税后价（滑准税下）；油料的国内价格是山东四级豆油出厂价，国际价格是到山东港口的南美毛豆油到岸税后价；食糖的国内价格是广西食糖批发市场食糖现货批发价格的月度均价，国际价格是配额内15%关税的巴西原糖到珠江三角洲的到岸税后价。

资料来源：中国农业农村部《2020年10月大宗农产品供需形势分析月报》。

（六）农业产业化水平不断提高

农业生产形势较好，农业产业结构不断优化。随着扶贫产业的发展以及有关产业发展扶持政策的出台，河北省部分地区农业产业化水平不断提高。河北省统计局的统计数据显示，2020年上半年河北省农业产业化经营总额为2819.8亿元，同比增长5.9%；农业龙头经营组织个数为3023个，同比增长20.1%；农业龙头经营组织销售额为2047.5亿元，同比增长15.2%；农业龙头企业（集团）个数为2786个，同比增长22.2%；农业龙头企业销售额为1836.4亿元，同比增长15.5%。农业产业化水平的提高有利于提高农产品质量，延长农业产业链，提高农产品附加值，增强农产品竞争力，可有效应对国外农产品技术性贸易壁垒。

（七）贸易新业态、新模式迅速发展

随着数字经济的发展，传统农产品贸易与跨境电商、直播电商、社交电商、线上国际展会等线上线下融合发展，催生出多样化的农产品贸易新业态、新模式。国家多个部门对贸易新业态、新模式大力支持。2020年1月，商务部、国家发展和改革委员会等六部门印发《关于扩大跨境电商零售进口试点的通知》，将包括石家庄、秦皇岛和廊坊在内的50个城市纳入跨境电商零售进口试点范围。2020年5月，国务院发布《关于同意在雄安新区等46个城市和地区设立跨境电子商务综合试验区的批复》，同意在包括雄安新区在内的46个城市和地区设立跨境电子商务综合试验区，以推进贸易高质量发展。受农产品保质期短、容易变质腐烂等特点的影响，农产品跨境电商贸易发展还存在规模小、平台少、发展速度有待进一步提高等问题，但由于当前农产品贸易的碎片化趋势明显，而跨境电商恰好能满足小批量、多批次和个性化的需求，所以农产品跨境电商贸易发展潜力较大，且有利于倒逼农产品柔性生产能力。

三 2021年河北省农产品进出口贸易形势展望

国际货币基金组织（IMF）2020年10月发布的《世界经济展望》报

告预测，2021年全球经济增长率将回升到5.2%，比6月的预测低0.2个百分点，并指出由于疫情对全球生产方式带来巨大的结构性变化，中期内全球经济增幅将放缓至3.5%左右。世界贸易组织《全球贸易数据与展望》更新报告预测，2021年全球货物贸易预计增长7.2%，大大低于此前超过20%的增长预期，贸易规模将远低于疫情前水平。在全球新冠肺炎疫情或将持续存在、贸易保护主义和单边主义、地缘政治局势等多种因素的影响下，2021年世界经济恢复以及贸易发展仍存在较大不确定性。国内支撑农产品贸易发展的有利条件依然很多：国内经济长期向好的基本面没有变，国际货币基金组织预测2021年中国经济增幅有望达8.2%；国家出台系列促进贸易发展的稳企纾困政策；正式签署了《区域全面经济伙伴关系协定》（RCEP），加快中日韩三国之间的自贸协定谈判进程等。

展望2021年，河北省农产品贸易规模有望继续扩大，贸易逆差会适度缩减，贸易结构会进一步优化。具体来看，在农产品出口方面，第一，河北省蔬菜及制品、水果及制品等传统优势农产品仍具有较强出口优势，进一步提高蔬菜、果品等标准化水平和加强品牌化建设，将会提高其国际竞争力，推动其出口扩大，这些产品仍将持续贸易顺差态势。第二，随着部分农产品深加工技术的提高和智能化加工设备的研发和应用，农产品加工业进一步发展，高附加值农产品的出口量将会增加。在农产品进口方面，第一，据农业农村部的消息，截至2020年11月底，全国生猪存栏和能繁母猪存栏均已恢复到常年水平的90%以上，预计2021年上半年产能有望完全恢复。随着国内生猪产能的恢复，国内猪肉价格的下降，肉类进口势头会有所缓和。第二，受国内大豆产量不足以及国际大豆较低价格优势的影响，河北省对国际市场的大豆仍将保持旺盛的需求，大豆进口量仍将保持较高水平。第三，随着居民收入水平的提高，居民农产品消费的多元化、优质化和便捷化特征凸显，优质、绿色、安全、方便的蔬菜、水果、水海产品等农产品进口会继续增加，净进口产品种类不断增加。此外，农产品市场将更趋多元化，农产品贸易新业态、新模式将快速发展。

四 河北省农产品进出口贸易发展的对策建议

面对严峻而复杂的国际国内经济贸易形势，需积极培育农产品贸易竞争新优势，推进农产品贸易高质量发展，加快形成农产品国内国际双循环相互促进的新发展格局。

（一）进一步优化农产品贸易结构

一是优化农产品贸易商品结构，即要不断提高出口劳动密集型农产品的档次和附加值，适度增加国外优质农产品的进口，大力发展高技术含量、高附加值、高质量的农产品贸易。二是优化农产品贸易国际市场布局，即在继续深耕传统市场的基础上，加强与共建"一带一路"国家的农产品经贸合作，同时积极开拓其他新兴市场国家和发展中国家市场，扩大与我国周边国家的农产品贸易规模。三是优化省内区域布局，结合省内各市区位、农业资源以及生产要素等，加强各市间的协作联动。四是优化贸易主体结构，即加强对农业龙头企业的支持，为其提高国际化经营水平、融入全球市场提供便利；同时要支持推动广大外向型中小农产品企业转型升级，为其发展纾困解难。五是优化贸易方式结构，即在做强农产品一般贸易的基础上，加大科技投入，延伸农产品产业链条，提高农产品加工能力，以提升农产品加工贸易；同时要积极探索和发展其他新型贸易方式。

（二）推进农产品贸易创新发展

一是积极推动农业产业创新，夯实农产品贸易发展的产业基础。合理定位省内各区域农业产业发展方向，继续调整优化农业产业结构，在现有资源环境约束下因地制宜发展特色产业；借助现代信息技术，大力推进现代农业创新发展，加快农业产业数字化进程，促进农业产业高质量发展，夯实贸易发展的产业基础。二是加大科技创新力度，提高农产品质量。强化农业科技创新，构建绿色技术支撑体系；加快农业标准化建设和加强农产品质量管理，提高农产品质量和农产品国际竞争力。三是加强农产品品牌建设，提高品牌黏性。挖掘中华农耕文化内涵，依托地方优势，打造一批区域特色鲜明的农产品品牌，并借助互联网加快农产品品牌出海，带动优质农产品国际化。四是培育和发展贸易新业态、新模式，提升农产品贸易数字化水平。跨境电商是提升农产品贸易数字化水平的重要方式，因此要聚焦地方特色农产品，培育和发展区域农产品跨境电商新业态、新模式，给予农产品跨境电商贸易更多政策上的支持，完善农产品跨境电商公共服务体系，优化整合农产品跨境电商政策、人才、资金、技术、物流、基础设施等资源，加快省内跨境电商零售进口试点和跨境电商综合试验区建设，为农产品贸易开辟新途径。

（三）不断提升农产品贸易便利化水平

一是维护多边贸易体制，积极推动世界贸易组织《贸易便利化协定》的实施。二是进一步推进和完善国际贸易"单一窗口"的建设和应用，推动数据协同、简化和标准化，提升"单一窗口"服务功能。三是积极推进"两步申报""两段准入"，不断优化完善各个流程环节，简化通关流程，缩短货物在口岸停留的时间，降低通关成本，助力农产品贸易发展。四是建立和畅通海关和企业的沟通机制，采用线上咨询和线下宣讲相结合的方式，将最新的政策信息传递给企业。五是针对部分农产品鲜活易腐的特点，优先办理鲜活易腐产品通关业务。

参考文献

商务部：《中国对外贸易形势报告（2020年秋季）》，http：//www.mofcom.gov.cn/article/gzyb/。

国际货币基金组织：《世界经济展望》，https：//www.imf.org/zh/Publications/WEO/Issues/2020/09/30/world-economic-outlook-october-2020。

农业农村部信息中心：《全国农产品跨境电子商务发展研究报告》，http：//www.moa.gov.cn/xw/bmdt/202009/P020200922607765030509.pdf。

农业部市场预警专家委员会：《中国农业展望报告（2016—2025）》，中国农业科学技术出版社，2016。

《中共中央 国务院关于推进贸易高质量发展的指导意见》，http：//www.gov.cn/zhengce/2019-11/28/content_5456796.htm。

WTO,"Trade Shows Signs of Rebound from COVID-19, Recovery still Uncertain", https：//www.wto.org/english/news_e/pres20_e/pr862_e.htm.

专题研究

Special Reports

B.12
全面建成小康社会背景下河北省实施乡村振兴战略的阶段进展与总体趋势

张 波*

摘 要： 乡村振兴进入全面推进的新阶段，提出了更高层次的要求。河北省乡村振兴发展基础和阶段进展在全国处于中游水平，存在持续下滑的潜在风险，主要面临农业发展质量和效益不高、农业的资源环境约束日益凸显、农村人居环境持续改善任务依然艰巨、农村基层社会治理水平有待提升、城乡差距依然较大等问题。为实现路径、步骤、定位和目标的有机统一，取得又好又快的进展成效，河北省乡村振兴要坚持好近期效果和长期效应、试点示范与全局推广、政府主导和市场主体、重点突破与全面协调、乡村建设与城镇发展、上层指导和下层落实六方面的有机结合，重点抓好强化水资源总量

---

* 张波，河北省社会科学院农村经济研究所副所长、研究员，主要研究方向为城乡统筹发展。

全面建成小康社会背景下河北省实施乡村振兴战略的阶段进展与总体趋势

和利用效率保障,全面提高农业发展质量和效益;坚持因地制宜,持续推进农村人居环境改善;完善乡村治理体系,加快推动乡村治理现代化;拓宽农业农村发展空间,推进城乡融合发展等四方面的战略举措。

关键词: 乡村振兴 农业农村 河北

党的十九届五中全会提出"优先发展农业农村,全面推进乡村振兴",标志着我国乡村振兴由全面启动、整体铺开进入全面推进、纵深拓展的新阶段。河北省外环京津两个超大都市区,省域乡村是京津冀地区农产品供给、生态涵养、优秀文化传承、基层稳定的重要支撑,新的发展阶段和京津冀协同发展重大国家战略对河北省乡村振兴提出了更高层次的要求。

一 河北省乡村振兴阶段进展

通过主要指标的纵向和横向比较,能够清晰地分析全省乡村振兴发展现状、态势及在全国所处的位置。为满足可比性、可获取和权威性要求,本报告以国家和各省公开发布的乡村振兴战略规划所涉及的指标为依据,以河北省指标完成情况分析全省乡村振兴的进展情况与发展态势,以相同指标的基期值和目标值对比情况分析河北省乡村振兴在全国所处的位置。

(一)河北省乡村振兴主要指标完成情况

中共中央、国务院印发的《乡村振兴战略规划(2018—2022年)》提出5个方面22项指标,《河北省乡村振兴战略规划(2018—2022年)》在国家22项指标的基础上,增设9项指标,包括耕地保有量、地下水压采率、森林覆盖率、重要江河湖泊水功能区水质达标率、农田灌溉水有效利用系数、"三品一标"产品数量、农作物耕种收综合机械化率、农业标准化生产覆盖率和农村居民人均可支配收入，进一步明确资源利用上线，突出现代农业导向，细化河北发展举措，体现河北发展特色。

总体看，以2017年为基期，2018年、2019年河北省实施乡村振兴战略的两年里，各项指标进展良好，显示全省乡村振兴战略稳步推进（见表1）。

指标定位整体高于国家平均水平，但部分指标定位偏低。河北省乡村振兴大部分可比性指标与国家规划持平或略高，农业劳动生产率、农产品加工产值与农业总产值比、农村义务教育学校专任教师本科以上学历比例、农村居民教育文化娱乐支出占比等4项指标发展目标低于国家规划，主要原因在于上述指标的基期值就明显低于国家平均水平，显示全省乡村振兴还存在一定的"先天弱势"。例如，2017年河北省农业劳动生产率为2.4万元/人，低于全国平均水平近1万元/人；农产品加工产值与农业总产值比仅为1.8，比全国平均水平低了近0.4。

约束性指标取得实质进展。一是5项约束性指标完成2020年阶段性任务。粮食综合生产能力达到747.8亿斤，比2017年增加70多亿斤，粮食主产省、京津冀农产品供给基地地位进一步巩固；耕地保有量达到9785.33万亩，比2017年增加7万多亩；畜禽粪污综合利用率达到75.8%，比2017年提高15.8个百分点；森林覆盖率达到35%，比2017年提高2个百分点；具备条件的建制村通硬化道路比例达到100%，与2017年持平。二是2项约束性指标稳步推进、进展良好。重要江河湖泊水功能区水质达标率达到71.26%，比2017年提高8.26个百分点，按现行速率2020年能够顺利完成既定目标任务；地下水压采率达到74%，按照河北省地下水超采治理五年计划要求，能够实现2020年既定目标任务。

预期性指标取得阶段成效。一是8项指标提前完成2020年目标。农作物耕种收综合机械化率、对生活垃圾进行处理的村占比、村综合性文化服务中心覆盖率、建有综合服务站的村占比、村党组织书记兼任村委会主任的村占比、集体经济收入超过5万元的村占比、城乡居民收入比、农村自来水普及率等8项指标达到2020年目标值，提前完成既定任务。二是3项指标下滑或进展缓慢。"三品一标"产品数量、农产品加工产值与农业总产值比两项指标出现下降趋势，其中，"三品一标"产品数量系统计口径转变为"两品一标"所致，属正常的标准调整；2019年河北省农产品加工产值与农业总产值比为1.1，较2017年下降明显，显示全省农产品加工业发展依然滞后，2020年既定目标实现十分困难。农村居民恩格尔系数1项指标与2017年持平，2020年既定目标任务实现具有不确定性。三是9项指标进展良好。农业科技进步贡献率、农田灌溉水有效利用系数、农业标准化生产覆盖率、村庄绿化覆盖率、农村卫生厕所普及率、县级及以上文明村和乡镇占比、农村义务教育学校专任教师本科以上学历比例、有村规民约的村占比、村庄规划管理覆盖率等9项指标进展比较顺利，预计能够实现2020年既定目标。四是4项指标预计实现难度较大。农业劳动生产率、休闲农业和乡村旅游接待人次、农村居民教育文化娱乐支出占比、农村居民人均可支配收入等4项指标均有进展，但受到新冠肺炎疫情影响，农村居民收入和消费支出、农业经济总量、乡村旅游业增长速率可能出现回调，致使相关指标可能无法达到既定目标。

表1 河北省乡村振兴指标设置情况

分类	序号	指标	单位	2017年基期值	2019年完成数	2020年目标值	属性
产业兴旺	1	粮食综合生产能力	亿斤	>670	747.8	>670	约束性
	2	农业劳动生产率	万元/人	2.4	2.8	3.1	预期性
	3	耕地保有量	万亩	9778	9785.33	9080	约束性
	4	农业科技进步贡献率	%	57	59.55	60	预期性
	5	农田灌溉水有效利用系数	—	0.672	0.674	0.675	预期性
	6	"三品一标"产品数量	个	2441	1166	3500	预期性
	7	农作物耕种收综合机械化率	%	77.2	82.5	80	预期性
	8	农业标准化生产覆盖率	%	50	64	70	预期性
	9	农产品加工产值与农业总产值比	—	1.8	1.1	2.2	预期性
	10	休闲农业和乡村旅游接待人次	亿人次	1.1	1.85	2.0	预期性

续表

分类	序号	指标	单位	2017年基期值	2019年完成数	2020年目标值	属性
生态宜居	11	村庄绿化覆盖率	%	32	34	35	预期性
	12	重要江河湖泊水功能区水质达标率	%	63	71.26	75	约束性
	13	地下水压采率	%	—	74	>85	约束性
	14	对生活垃圾进行处理的村占比	%	65	93.6	90	预期性
	15	畜禽粪污综合利用率	%	60	75.8	75	约束性
	16	森林覆盖率	%	33	35	35	约束性
	17	农村卫生厕所普及率	%	73.3	74	80	预期性
乡风文明	18	村综合性文化服务中心覆盖率	%	—	70	70	预期性
	19	县级及以上文明村和乡镇占比	%	31.9	文明镇66.1 文明村47.3	50	预期性
	20	农村义务教育学校专任教师本科以上学历比例	%	—	64.65	65	预期性
	21	农村居民教育文化娱乐支出占比	%	—	11	12.6	预期性
治理有效	22	村庄规划管理覆盖率	%	60	完成了358个省级试点村庄规划方案编制	100	预期性
	23	建有综合服务站的村占比	%	—	97.9	50	预期性
	24	村党组织书记兼任村委会主任的村占比	%	16.2	75.93	60	预期性
	25	有村规民约的村占比	%	86.6	96	100	预期性
	26	集体经济收入超过5万元的村占比	%	30	50.9	50	预期性
生活富裕	27	农村居民恩格尔系数	%	26.7	26.7	26	预期性
	28	农村居民人均可支配收入	元	12881	15373	17000	预期性
	29	城乡居民收入比	—	2.37	2.32	2.37	预期性
	30	农村自来水普及率	%	83.3	94.98	>85	预期性
	31	具备条件的建制村通硬化道路比例	%	100	100	100	约束性

资料来源：《河北省乡村振兴战略规划（2018—2022年）》。

（二）河北省乡村振兴指标与全国主要省区比较

本报告根据主要省区乡村振兴五年规划中2017年基期值和2020年目标值，以国家规划确定的22项指标为主体，通过横向比较，客观考量河北省农业农村发展基础和乡村振兴目标定位在全国所处的地位。选取浙江、山东、江苏、广东、湖北、吉林、广西、甘肃8个正式公开乡村振兴战略规划的省区进行横向比较。其中，浙江是全国美丽乡村建设典型示范，山东是我国最重要的农业大省之一，江苏是我国农业现代化水平较高的地区，广东是华南地区代表，湖北是中部地区重要龙头，吉林是我国重要的粮食主产省，广西、甘肃分别地处西南、西北。

从发展基础来看，河北省乡村振兴部分指标发展滞后，整体指标在所列省区中排名靠后，在全国处于中游。一是产业兴旺方面。河北粮食综合生产能力低于山东和吉林，整体处于较高水平，为国家粮食安全做出了重要贡献。农业劳动生产率、农业科技进步贡献率、农产品加工产值与农业总产值比3项指标仅高于广西、甘肃，低于东部、东北部和中部地区省份，农业劳动生产率仅为江苏的40%，农业科技进步贡献率与江苏相差10个百分点，农产品加工产值与农业总产值比相当于山东的48%。休闲农业和乡村旅游接待人次仅高于甘肃和吉林，仅为江苏的1/4，与人口大省、旅游大省、农业大省地位极不匹配。二是生态宜居方面。河北省村庄绿化覆盖率达到32%，高于其他省区，主要得益于地方的持续推动。对生活垃圾进行处理的村占比仅高于吉林和甘肃，浙江省在完成该项指标基本任务后已经按照垃圾分类处理村进行统计和开展相关工作，广东省则参照城市标准用村庄保洁覆盖率指标进行统计和实施。畜禽粪污综合利用率指标与广东持平，低于其他省区，作为畜牧业大省，河北省清洁生产任务十分艰巨。农村卫生厕所普及率不足75%，仅高于湖北和甘肃，东部发达省份都在90%以上，吉林、广西也在80%以上。三是乡风文明方面。河北县级及以上文明村和乡镇占比有数值统计，且刚刚突破30%，仅高于湖北和广西，相当于浙江的一半多一点。没有统计数值的4项指标中，河北的实际排位应该也是处于所列省区的下游水平。四是治理有效方面。河北省村庄规划管理覆盖率仅高于吉林，山东用村庄规划编制率取代村庄规划管理覆盖率，浙江省则不再拘泥于此类指标，提出省级民主示范村占比、全科网格建设达标率等具备自身特色的评价指标。建有综合服务站的村占比河北省没有统计数值，浙江省则提出村级组织活动场所规范提升村占比指标，建设规格又高出一个层次。河北省村党组织书记兼任村委会主任的村占比高于浙江和甘肃，有村规民约的村占比高于吉林，但在所列省区中仍处于下游。河北以集体经济超过5万元的村占比表征集体经济发展情况，所列省区中，除甘肃采用有集体经济收入的村占比进行统计外，其余省区均以集体经济强村占比予以统计，强村标准虽不尽一致，但收入都在50万元以上。五是生活富裕方面。2017年，河北省农村居民恩格尔系数为所列省区中最低的，理论上预示着全省农村居民收入水平较高，但实际上，全省农村居民人均可支配收入仅高于广西和甘肃，农村居民恩格尔系数指标对河北的实际意义不大。河北省城乡居民收入比指标在所列省区中处于中游，在农村居民人均可支配收入不高的前提下，这一指标处于中游的主要原因在于河北省的城镇居民人居可支配收入比农村居民人均可支配收入的排位更低。河北省农村自来水普及率高于吉林和广西，低于江苏、山东10多个百分点，浙江则开始采用自来水达标率进行统计。河北省具备条件的建制村通硬化道路比例达到100%，高于广西和甘肃，而浙江采用优良中等率、江苏采用双向四级路覆盖率、广东采用通客车率等指标进行统计，标准明显提高（见表2）。

从发展预期来看，2020年河北省乡村振兴指标目标值与基期值总体匹配，在所列省区中排名靠后，在全国处于中游（见表3）。一是2项指标定位较高。河北省村庄绿化覆盖率目标在所列省区中最高，村庄绿化工作力度较大；粮食综合生产能力在所列省区中居于上游，产粮大省地位比较稳固。二是1项指标统计意义可能失真。河北省农村居民恩格尔系数在所列省区中最低，但农村居民人均可支配收入预计实现目标可能仅高于广西和甘肃，该指标单独统计意义不大。三是6项指标排位较低。在所列省区中，河北省农业科技进步贡献率并列排倒数第二位，农业劳动生产率、农产品加工

全面建成小康社会背景下河北省实施乡村振兴战略的阶段进展与总体趋势

表2 河北省乡村振兴指标2017年基期值与主要省区比较

分类	指标	单位	河北	浙江	山东	江苏	广东	湖北	吉林	广西	甘肃
产业兴旺	粮食综合生产能力	亿斤	670	300	900	600	240	520	740	290	220
	农业劳动生产率	万元/人	2.4	3.6	—	6.01	2.65	2.7	4.2	1.8	—
	农业科技进步贡献率	%	57	63	63.27	67	67	57.7	58	45	56
	农产品加工产值与农业总产值比	—	1.8	3.2	3.75	2.99	2.44	2	1.91	1.39	—
	休闲农业和乡村旅游接待人次	亿人次	1.1	3.2	—	4.37	3	2.53	0.35	2.35	0.7
生态宜居	村庄绿化覆盖率	%	32	27	—	27	25	—	16.67	25	16.13
	对生活垃圾进行处理的村占比	%	65	41(*)	93	90	90(*)	81.3	42	94.6	37
	畜禽粪污综合利用率	%	60	88	76	68	60	67	67	63	68
	农村卫生厕所普及率	%	73.3	96.6	90	92	93.32	58.94	81.51	86.45	14.85
乡风文明	村综合性文化服务中心覆盖率	%	—	33.7(*)	88	47.95	90	60	70	72	98
	县级及以上文明村和乡镇占比	%	31.9	59.73	47.7	39.9	—	23.5	35	30.8	35.89
	农村义务教育学校专任教师本科以上学历比例	%	—	81.64	—	75	83	—	66.2	36.77	—
治理有效	农村居民教育文化娱乐支出占比	%	—	8.8	—	9.29	9	10.6	12.67	4.5	12.4
	村庄规划管理覆盖率	%	60	—	48(*)	90	61.39	70	30	—	80
	建有综合服务站的村占比	%	—	62(*)	76	100	40	35	50	60.23	32
	村党组织书记兼任村委会主任村占比	%	16.2	6.5	20	20	68.8	—	80.2	18.4	1.3
	有村规民约的村占比	%	86.6	—	—	—	98	98	78	98	98
	集体经济超过5万元的村占比	%	30	15(*)	—	33(*)	16.45	4.5(*)	1.98(*)	1	51.4(*)
生活富裕	农村居民恩格尔系数	—	26.7	31	28.6	29.5	40.2	28.6	28.2	32.2	30.4
	城乡居民收入比	—	2.37	2.05	2.43	2.28	2.59	2.31	2.18	2.69	3.44
	农村自来水普及率	%	83.3	74.9(*)	95	97	88.9	—	80.5	79.9	86
	具备条件的建制村通硬化道路比例	%	100	90(*)	100	71(*)	92.1(*)	—	100	99.8	96.7

注:"*"表示数值与表格中对应的指标名称不一致,正文中全部予以解释。

资料来源:各省区乡村振兴战略规划。

表3 河北省乡村振兴指标2020年目标值与主要省区比较

分类	指标	单位	河北	浙江	山东	江苏	广东	湖北	吉林	广西	甘肃
产业兴旺	粮食综合生产能力	亿斤	670	300	1000	600	240	500	700	290	200
	农业劳动生产率	万元/人	3.1	4.7	—	6.40	4	3.5	4.7	2.2	—
	农业科技进步贡献率	%	60	65	—	70	70	60	60	60	57
	农产品加工产值与农业总产值比	—	2.2	3.4	3.76	3.2	2.5	2.5	2.4	1.55	—
	休闲农业和乡村旅游接待人次	亿人次	2.0	3.5	—	6	5.2	3.37	0.5	3.69	1
生态宜居	村庄绿化覆盖率	%	35	30	—	29	30	30	30	32	16.4
	对生活垃圾进行处理的村占比	%	90	80(*)	95	100	100	90	90	95	52
	畜禽粪污综合利用率	%	75	90	—	78	75	75	75	75	75
	农村卫生厕所普及率	%	80	98(*)	90	95	100	100	85	90	30
乡风文明	村综合性文化服务中心覆盖率	%	70	75(*)	100	98	95	100	95	96	99
	县级及以上文明村和乡镇占比	%	50	75	80	60	95	40	50	60	50
	农村义务教育学校专任教师本科以上学历占比	%	65	86	—	80	87	—	67	37	—
治理有效	农村居民教育文化娱乐支出占比	%	12.6	12.6	—	9.3	11	12.6	12.7	6.5	12.6
	村庄规划管理覆盖率	%	100	—	100(*)	100	100	80	80	100	90
	建有综合服务站的村占比	%	50	80(*)	100	100	60	50	50	100	50
	村党组织书记兼任村委会主任的村占比	%	60	50	—	35	95	—	81	35	10
	有村规民约的村占比	%	100	—	—	—	100	100	100	100	100
生活富裕	集体经济超过5万元的村占比	%	50	17(*)	—	35(*)	19(*)	6.3(*)	8(*)	2(*)	100(*)
	农村居民恩格尔系数	%	26	30	28.2	29.5	39	27.1	28	30.7	30.2
	城乡居民收入比	—	2.37	2.02	2.4	2.27	2.52	2.28	2.15	2.57	3.4
	农村自来水普及率	%	85	95(*)	—	98	91	—	81	80	90
	具备条件的建制村通硬化道路比例	%	100	92(*)	—	90(*)	100(*)	—	100	100	100

注:"*"表示数值与表格中对应的指标名称不一致,正文中全部予以解释。

资料来源:各省区乡村振兴战略规划。

产值与农业总产值比2项指标排倒数第二位,休闲农业和乡村旅游接待人次排倒数第三位,全省农业发展质量不高。农村卫生厕所普及率排倒数第二位,乡村人居环境整治标准仍需进一步提升。村综合性文化服务中心覆盖率最低,河北省乡村文化事业存在短板。四是13项指标处于中游位置。上述指标外的大部分指标与东部发达省份差距较大,与中部、东北、西南和西北地区省区互有高低,整体处于中间区位。

综合上述分析,河北省乡村振兴现实基础及2020年发展定位显著落后于东部发达地区省份,略高于西北、西南、东北地区部分省区,与中部地区省份大体持平,趋近于全国平均水平,全省乡村振兴发展现状和2020年预期发展效果都在全国位居中游,实现赶超步入上游的任务十分艰巨,发展滞缓跌入下游的风险不容忽视。

二 河北省乡村振亟待解决的主要问题

2018年以来,河北省扎实推进乡村振兴战略,农业农村发展取得显著成绩,农业综合生产能力稳步提升,农村人居面貌显著改观,农民收入持续增加。与此同时,农业农村发展也存在着一些深层次矛盾和结构性问题。

农业发展质量和效益不高。一是农业产业结构与资源禀赋匹配度不高。粮经饲结构不合理,粮食播种面积达到70%,饲草料生产严重不足。受短期经济利益诱惑,省内部分生态脆弱地区和水资源严重短缺地区布局发展了大量的耗水作物,造成了严重的生态隐患。二是农业生产附加值偏低。农业产业链条短,农产品加工产值与农业总产值比明显低于全国平均水平,休闲农业和乡村旅游等农业新业态发展明显滞后。一般性农产品产量较高、供过于求,功能型、复合型、体验型农产品和服务不能很好地满足城市居民日益升级的消费需求。三是农业生产经营方式还比较粗放。农业科技创新和推广能力有待提升,农业投入产出比明显偏低,农业劳动生产率、土地规模经营水平低于全国平均水平。

农业的资源环境约束日益凸显。一是水资源极度短缺且利用率不高。河北省属于极度缺水地区，全省亩均水资源总量仅为全国的1/9，农业用水70%以上为地下水且多数为深层地下水，部分地区出现"人饮地表水、农业生产取用地下水"的用水倒置问题，地下水超采问题十分严峻。二是农业面源污染问题突出。为提高农产品产量，农药、化肥、地膜等农业投入品使用量大，且无害化处理、资源化利用水平不高，耕地土壤环境质量面临挑战。

农村人居环境持续改善任务依然艰巨。农民生活水平提升带来能源需求的大幅增长，常规能源开发远远超出生态环境承载基础，清洁能源普及面临投资成本提升、农民经济负担加重和技术规范缺失等诸多难题。农村水、电、路、气等基础设施建设标准明显低于城镇，厕所改造、污水处理、垃圾治理等重点工作主要依靠政府强力推动，农村基础设施后续运营维护缺少实践经验，务实管用的农村人居环境改善长效机制尚未真正建立。

农村基层社会治理水平有待提升。一是乡村社会动态调整增加了社会治理难度。河北省城镇化率低于全国平均水平，不足60%，农村人口仍将快速向城镇转移，乡村人口结构、村庄格局处于深度调整过程中，动态非均衡变化为农村基层社会稳定带来挑战。二是基层组织治理效能不高。尽管村庄居住有大量人口，但并非一级政权，自身所掌握的治理资源十分有限，一些农村基层组织执行力、凝聚力不强，引领农村发展和治理农村的能力不足，相当一部分村集体经济薄弱，缺经费问题十分普遍。

城乡差距依然较大。一是城乡收入差距大、水平低。河北省城乡居民收入比达到2.32，高于国际公认的合理水平线（1.5）。与此同时，河北省农村居民人均可支配收入和城镇居民人均可支配收入均低于全国平均水平，城镇居民收入排位更落后于农村居民收入，城乡居民收入总体处于低水平循环。二是城乡要素有序流动不畅。乡村发展中融资难、供地紧张、人才缺失问题比较突出，不仅普通农户、家庭农场、合作社等农村内生主体反映贷款难，有实力有规模的龙头企业也遇到了融资瓶颈；省级提出各市安排支持农村新产业新业态发展用地指标不低于本市新增建设用地指标的10%，但部分地方落实不到位，一些具有很好发展前景的农业项目因土地指标限制迟迟不能落地；全省农业生产经营人员中年龄在35岁以下的仅占23%，高中及以上文化程度的不足10%，引导乡村振兴急需人才投向农业农村的激励支持政策不到位，城市专业人才流向农业农村的渠道没有真正畅通起来。三是巩固脱贫攻坚成果任务依然较重。河北省全面完成脱贫攻坚任务，贫困人口全面脱贫，但燕山—太行山深山区、张承坝上地区的乡村地处偏远、自然条件恶劣、发展基础依然薄弱，确保当地农民群众脱贫不返贫、实现共同富裕仍有很长的路要走。

三　河北省乡村振兴的总体路径

做好河北省乡村振兴工作要着眼于经济社会发展大局，在统筹把握六对辩证关系中进一步明确发展方向和总体路径。

一是坚持近期效果和长期效应相结合。河北省实施乡村振兴战略要着力解决"三农"领域现实困难和问题，补齐农业农村发展短板，尽快在农业产业结构调整、地下水超采治理、空心村治理、脱贫攻坚、人居环境整治等方面取得实实在在的成效。与此同时，要充分认识乡村振兴战略的长远意义，既要尽力而为又要量力而行，保持定力、久久为功，把农业农村现代化与全省的现代化紧密结合起来，确保乡村振兴各项工作可持续、见长效。

二是坚持好试点示范与全局推广相结合。走河北特色的乡村振兴道路是"摸着石头过河"，没有现成的经验可以遵循，要坚持试点先行，选择部分地区、行业、部门、项目开展先行先试，探索总结适合省情实际的典型经验。要按照中央和省委部署，全方位全领域实施乡村振兴战略，把各项政策落实到位，不搞"政绩盆景""重复投资""以偏概全"，加大典型经验推广力度，让乡村振兴的"希望种子"在燕赵大地播撒。

三是坚持好政府主导和市场主体相结合。河北是典型的农业大省，"三农"问题是全省经济社会发展的根本性问题，具有很强的公共属性，党委、政府要发挥规划引导、政策支持、财政投入、干部配备、公共服务等方面的主导作用，支持保障农业农村又好又快发展。与此同时，要避免防止乡村振兴全靠政府的倾向，注重发挥市场机制作用，注重调动社会力量参与乡村振兴，深化农村各类产权制度改革，激活农村资产资源，引导工商资本、市场主体参与乡村振兴，营造法治化便利化的乡村发展环境，全面增强乡村经济活力。

四是坚持好重点突破与全面协调相结合。一方面，河北省乡村振兴中产业发展水平低和资源环境约束紧的问题最为突出、最为棘手，需下大气力解决，实施重点攻坚。另一方面，乡村产业、人才、文化、生态、组织五大振兴相互促进、不可偏废，全省乡村振兴应以产业和生态问题破解为关键点和突破口，充分发挥人才支撑、文化铸魂和组织保障作用，统筹推进乡村五大领域全面振兴。

五是坚持好乡村建设与城镇发展相结合。坚持农业农村优先发展的总方针，推进资源要素向其倾斜配置，增强乡村发展实力。深入落实京津冀协同发展明确的河北省"新兴城镇化与城乡统筹示范区"功能定位，促进乡村振兴与新型城镇化、京津冀世界级城市群建设协调联动，发挥京津都市区、大中城市对周边和腹地乡村的辐射带动作用，强化河北乡村在区域协调发展中的农产品供给、生态涵养、文化传承等多重功能，促进城乡融合发展，全面增强乡村振兴动力支撑。

六是坚持上层指导和下层落实相结合。乡村振兴要坚持规划先行、统一领导，五级书记抓乡村振兴，由上到下形成省负总责、市县抓落实的工作机制。县域是乡村振兴的主体，河北辖县数量多、类型多样，推动乡村振兴必须因地制宜、分类指导、精准施策，尊重和发挥基层首创精神，自下而上形成信息反馈机制，实现上级政策供给与基层实践创新的有机衔接，确保全省乡村振兴不断取得新进展。

四　河北省全面推进乡村振兴的重点举措

遵循基本路径全面推进河北省乡村振兴，必须针对发展的实际情况，着

全面建成小康社会背景下河北省实施乡村振兴战略的阶段进展与总体趋势

力解决突出问题，确保全省农业农村发展走在全国前列，以乡村振兴支撑河北乃至京津冀协同发展大局。

强化水资源总量和利用效率保障，全面提高农业发展质量和效益。河北省自然、地理、气候、区位等条件尚好，农业发展具有得天独厚的优势，水资源是最大、最棘手的客观制约因素。考虑到国家的粮食安全、农产品保障、生态涵养等重大作用，河北省不可能大规模剥离农业，搞"去农化"，而是应当直面水资源极度短缺问题，从提高水资源总量和利用效率两个方面谋篇布局。第一，加大水资源总量供给。增加外水补给，积极向国家申请，加大南水北调工程向河北输水量，增加引黄入冀供水量，通过区域河流流量的统筹调配增加河北省的水资源总量。全面提高蓄水能力，在田间地头科学布局建设蓄水设施，增强对雨洪资源的拦截和使用。全面加强水利设施建设，加大水库、灌渠等基础设施管护力度，形成高效集约的灌溉水网。第二，大力发展节水农业。推进设施节水，因地因种植品类推广喷灌、滴灌、管灌等节水灌溉，整合涉农资金，重点支持节水设施建设，尽快将全省范围内的高标准农田全部改造为高标准节水灌溉农田。推进农艺节水，大力发展旱作雨养农业，全面推广节水品种，开展干旱半干旱农业科技攻关，研发推广适用先进技术，争取国家支持，成立节水农业示范区，建立国家级节水农业实验室。第三，完善水资源监测体系。运用先进的探测感知设备，依托大数据、互联网推进农业用水计量改造，精准监测农业用水量、地下水使用量，建立水资源超用预警和地下水水位下降预警体系，准确掌握农业水资源使用方向、使用结构、利用总量和变化趋势。第四，优化农业区域布局和产业结构。充分考虑水资源承载能力，优化农业区域空间布局，形成与各地自然资源禀赋相匹配的农业产业体系。实施科技兴农战略，延伸农业产业链条，着眼于城乡居民特别是京津都市区高端消费需求，大力发展优质高效的现代都市型农业。

坚持因地制宜，持续推进农村人居环境改善。河北省地貌类型多样，村庄数量多、差异大、分布广，省域财力水平十分有限，实现农村人居环境改善必须久久为功。一是探索切实可行的农村环境治理模式。根据农村居住形态特征，探索简便实用、贴近生态、低成本的厕所改造、污水处理和垃圾治理方式，切忌盲目照搬城镇治理方式。厕所改造要注重粪污的无害化、资源化处理和利用，提倡生物消纳、有机还田；污水处理除统一铺设管网和建设污水处理设施外，一般村庄可采取分户收纳、集中处理方式，降低处理成本；垃圾治理要在现有处理方式的基础上实行分类收集和处理，厨余垃圾通过生物发酵处理后还田，其余垃圾纳入城乡一体化处理体系。二是探索形成长效管护机制。创新推广先进适用的人居环境整治技术，增强治理效能。在加大政府财政投入的同时，鼓励社会资本进入农村人居环境整治项目建设，政府要发挥好质量监管和政策支持作用，做好各类新建设施的后续运营和管护，尽快形成市场主体、农户和政府共同参与的人居环境改善长效机制。

完善乡村治理体系，加快推动乡村治理现代化。乡村是社会稳定的基础，乡村文化是燕赵优秀文化的根脉。一是推进自治、法治、德治有机结合。坚持党对农村工作的领导，强化农村基层党组织建设，选强、配强党支部书记，实施基层党员干部素质提升工程，全面提高基层党员干部政治素养、政策水平和执行能力。全面推进依法治村，推动各项法律法规在乡村落实落地，加强普法宣传，全面提高农民法律意识。弘扬崇高的道德风尚，以良好的乡风感染人、教化人，形成和谐亲善、诚实守信的社会氛围。推进上级治理资源下沉到乡村，在人、财、物等方面给予乡村基层治理保障，确保各类政务服务走入群众生活。二是传承弘扬燕赵优秀文化。河北省历史悠久、文化底蕴深厚，发掘传承优秀乡村文化能够激发全省人民乡村建设的精神动力。要以习近平新时代中国特色社会主义思想为统领，大力建设新时代文明实践中心，充分挖掘特色文化和传统文化精髓，加强燕赵优秀文化宣传和实践，让乡村成为全省人民记忆的家园、乡土的思念。

拓宽农业农村发展空间，建设城乡融合发展示范区。推进乡村全面振兴必须在城乡融合视角下统筹考虑，经济发展的一般规律表明，封闭单一的乡村建设不可能实现农业农村现代化建设目标。一是挖掘乡村资源价值。乡村的土地、生态等资源价值愈发凸显，对河北来讲，城镇化、工业化快速推进所需的建设用地指标在很大程度上要依靠乡村供给，生活水平提高引致的人

全面建成小康社会背景下河北省实施乡村振兴战略的阶段进展与总体趋势

们对生态田园的美好向往需要乡村自然景观来满足。河北省要积极争取国家试点政策，统筹推进耕地、集体建设用地和宅基地三块地改革，顺应农业人口进城的总体趋势，通过优化存量土地使用结构，促进耕地有序流转和规模经营，释放建设用地增长潜力，盘活闲置宅基地资源价值，形成农民、集体和社会均收益的土地管理制度。要加强乡村生态文明建设，筑牢乡村生态本底优势，以合理开发促进生态保护，推行绿色生产生活方式，借助乡村自然生态特点更多地开发使用太阳能、地热能、生物质能、风能等新型清洁能源，探索行之有效的乡村生态资源价值化长效机制，以良好的生态吸引城市居民到乡村居住、休闲和消费。二是加强城镇化辐射带动作用。河北省城镇化总体水平低，城镇化率提升潜力较大。要切实提高城市综合承载能力，吸引更多农业转移人口在城市安居乐业，在减少农村富余劳动力的同时，进一步提高全省居民收入水平，形成强大的乡村消费动力。促进城市基础设施和公共服务向周边乡村延伸拓展，有条件的乡村实行城乡基础设施和公共服务共建共享共管。破除政策壁垒和隐性障碍，建立健全激励机制，鼓励城市工商资本、先进技术和优秀技能人才有序进入乡村，切实补足乡村优质生产要素缺乏的短板。

参考文献

康振海主编《河北省农业农村发展报告（2019~2020）》，社会科学文献出版社，2020。

《河北省乡村振兴战略规划（2018—2022年）及5个工作方案》，河北省发展和改革委员会网，2019年9月12日，http：//hbdrc.hebei.gov.cn/web/web/fzgh/2c9473846cb6c218016d235adf192eb3.htm。

《广东省委、省政府印发〈广东省实施乡村振兴战略规划（2018—2022年)〉》，广东省发展和改革委员会网，2019年7月31日，http：//drc.gd.gov.cn/fzgh5637/content/post_2575321.html。

《〈广西乡村振兴战略规划（2018—2022年)〉印发》，广西新闻网，2019年8月9日，http：//www.gxnews.com.cn/staticpages/20190809/newgx5d4d5914-18576517.shtml。

《甘肃省乡村振兴战略实施规划（2018—2022年）》，中国甘肃网，2019年2月20日，http：//gansu.gscn.com.cn/system/2019/02/20/012117574.shtml，2019-02-20。

《重磅！江苏省乡村振兴战略实施规划（2018—2022年）印发（附全文）》，搜狐网，2019年2月28日，https：//www.sohu.com/a/298505626_732804。

《湖北省委 省政府印发〈湖北省乡村振兴战略规划（2018—2022年）〉》，湖北省人民政府网，2019年5月17日，http：//www.hubei.gov.cn/zwgk/hbyw/hbywqb/201905/t20190517_1394193.shtml。

《省委、省政府印发〈山东省乡村振兴战略规划（2018-2022年）〉和5个工作方案》，青岛政务网，2018年10月23日，http：//www.qingdao.gov.cn/n172/n24624151/n24625135/n24633888/n24633902/181023163157751858.html。

《吉林省乡村振兴战略规划》，中国经济网，2019年3月1日，http：//www.ce.cn/culture/gd/201903/01/t20190301_31593558.shtml。

《省委省政府印发〈浙江省乡村振兴战略规划（2018—2022年）〉》，浙江新闻网，2019年4月18日，https：//zj.zjol.com.cn/qihanghao/100059241.html。

韩俊：《实施乡村振兴战略的目标要求》，《中国乡村发现》2018年第6期。

韩俊：《实施乡村振兴战略将从根本上解决"三农"问题》，《农村工作通讯》2018年第2期。

B.13
河北省推进京津冀农业科技协同创新策略及路径研究

陈建伟*

摘　要： 推动京津冀农业科技协同创新是落实国家京津冀协同发展战略的重要内容，对推动京津冀区域现代农业建设，确保食品安全具有重要意义。本报告通过系统梳理京津冀农业科技协同创新的主体、平台、产业资源基础条件，剖析行政性分割、科技创新及产业落后、平台及中介滞后等问题，分析推动京津冀农业科技协同创新的理论基础和动力机制，从战略、政府和市场三个层面提出了一体化推进、培育市场主体、创造软硬条件等京津冀农业科技协同创新的策略和路径。

关键词： 京津冀　农业科技　协同创新

《中共中央关于制定国民经济和社会发展第十四个五年规划和二〇三五年远景目标的建议》提出优先发展农业农村，加快农业农村现代化。河北是农业大省，农业资源丰富，蔬菜、奶牛、禽蛋等主要农产品生产均居全国前列，但也面临水土资源约束、比较效益低、市场竞争力弱等问题，河北农业现代化的关键在于科技创新。河北紧邻京津，区位优势明显，抓住京津冀协同发展深入推进历史机遇，探索京津冀农业科技协同创新路径，借助京津

---

* 陈建伟，河北省社会科学院农村经济研究所研究员，主要研究方向为技术经济和区域发展。

科技资源优势，提升河北农业科技创新能力，对推进全省农业农村现代化和乡村振兴具有重要意义。

一 京津冀农业科技协同创新基础与条件

（一）河北省农业科技创新基础雄厚

近年来，河北深入贯彻落实党的十九大和十九届二中、三中、四中全会精神，把握乡村振兴和"四个农业"发展要求，统筹农业科技资源，优化创新生态，壮大创新主体，培育创新平台，加强科技攻关，激发创新活力，农业科技水平不断提高。

1. 农业科技创新主体日益壮大

河北省围绕农业优势特色产业，加强科研机构、科技型企业和创新团队建设，农业科技创新主体日益壮大。实施了"农业科技小巨人企业培育计划"，全省农业科技小巨人企业达到910家，大大提高了农业企业科技创新能力。持续扶持小麦、玉米、蔬菜等14个农业种业创新团队建设，全省种业创新能力明显提升。组建了小麦、玉米、水果、奶牛等19个主要农产品产业技术创新团队，农业产业创新能力明显提升。

2. 农业科技创新平台不断提质

河北省围绕质量农业和科技农业建设需求，进一步加强创新平台建设，创新平台质量明显提升。大力培育国家级创新平台，有国家级工程技术中心2个，国家级改良中心（分中心）9个。持续推动农业科技园区提档升级，研究制定了《河北省农业科技园区管理办法》，省级以上农业科技园区达148个，其中国家级农业科技园区14个，园区成为重要的农业技术集成示范和成果展示基地。制定了《河北省"星创天地"建设工作指引》，按照"政府引导、企业运营、市场运作、社会参与"的原则，持续推动"星创天地"创建，全省"星创天地"达到542家，其中国家级"星创天地"88家，为农业创新创业营造了低成本、专业化、社会化、便捷化的服务环境。

3. 农业科技创新成果质量显著提升

加强农业科技创新谋划实施，农业科技创新成果质量显著提升。河北省人民政府印发了《河北省科技农业创新驱动三年行动实施方案（2018—2020年）》，指导全省农业科技创新工作。谋划实施了渤海粮仓、粮食丰产等一批国家科技创新工程，组织实施了农业高质量发展、现代种业、奶业振兴、农业科技园区建设等一批科技创新专项，培育了一批标志性品种，突破了一批关键技术，获得了一批重大科技成果。

4. 农业科技支撑能力显著提高

农业科技进步贡献率是衡量农业科技创新对农业生产贡献的重要指标，也是衡量区域科技竞争实力和科技转化为现实生产力的综合性指标。全省农业科技进步贡献率达到57%以上，高于全国56.2%的平均水平，高于全省50%的科技进步贡献率，农业科技对现代农业建设的支撑能力显著提升。

（二）京津农业科技创新资源丰富

1. 大学资源丰富

京津高等学校资源丰富，据统计，京津拥有"985"高校10所、"211"高校29所，其中有中国农业大学、北京林业大学、北京农学院和天津农学院等农业类院校，汇集了大量农业科研人才和资源。以中国农业大学为例，中国农业大学是全国重点大学、国家"985工程""211工程"重点建设大学，并列入"2011计划""111计划"。中国农业大学形成了特色鲜明、优势互补的生命科学与农业、资源与环境科学、信息与计算机科学、农业工程与自动化科学、经济管理与社会科学等学科群，在农业科研领域具有突出影响力。

2. 科研院所实力雄厚

北京市拥有中央和省部级农业科研机构24所，国家和省部级农业重点实验室、工程技术研究中心、企业研发中心100多个，农业科技人员近2万人，研发实力雄厚。以中国农业科学院为例，中国农业科学院是国家综合性农业科研机构，拥有34个直属研究所和9个共建研究所，形成了作物、园艺、畜牧、兽医、资源与环境、工程与机械、质量安全与加工、信息与经济等8个学科集群、130多个学科领域、300多个研究方向的学科体系，有29位两院院士在院工作。

3. 农业创新引领全国

北京市高度重视农业科技园区建设，制定发布了《北京市农业科技园区发展规划（2019—2025年）》，规划建设了北京国家现代农业科技城，打造了全国农业科技创新高地。北京国家现代农业科技城包括5个国家农业科技支撑服务平台和7个国家农业科技园区，已成为国家"一城两区百园"农业科技协同创新体系的龙头。此外，北京市已建成"星创天地"50家，农业高新技术企业605家，农业标准化生产基地1500多家，已成为现代农业的集成创新平台、成果转化辐射源、双新双创策源地。

（三）河北农业产业支撑条件较好

1. 农产品生产大省

河北是我国重要的农产品生产大省，更是京津重要的农产品供应基地。2018年，河北粮食、棉花、油料、水果、蔬菜、肉类、禽蛋、牛奶产量分别为3700.9万吨、23.9万吨、121.4万吨、1347.9万吨、5154.5万吨、466.7万吨、378.0万吨、391.1万吨，分别居全国第5位、第2位、第8位、第7位、第4位、第5位、第3位、第3位。按照《中国食物与营养发展纲要（2014—2020年）》提出的人均目标消费量，河北人均主要农产品产量均高于人均目标消费量，是京津重要的农产品供应基地。

2. 特色农业大省

河北东临渤海、内环京津，西为太行山，北为燕山，燕山以北为张北高原。南北跨6个纬度，有高山、丘陵、盆地、湖泊、高原、平原和滩涂多种地貌地形，丰富多样的地貌和生态环境造就了河北特色农业。河北制定了《河北省特色优势农产品区域布局规划（2018—2020年）》，大力推动特色农业发展。目前，建成8个国家级特优区、95个省级特优区，特优区建设位列全国第一梯队。登记注册区域公用品牌农产品114种，入选全球重要农业文化遗产1处，入选中国重要农业文化遗产5项。

3. 农业龙头企业快速崛起

河北实施了省级重点龙头企业产值倍增计划，重点支持打造100家竞争力强、在全国有一定行业地位的领军企业，建设12个年产值超15亿元的农产品加工园区，省级龙头企业销售额达3500亿元，同比增长16.7%。今麦郎、汇福粮油等7家企业年销售收入超100亿元；五得利发展成为世界产销量第一的面粉加工企业；晨光生物辣椒红色素占全球产量的80%，发展成为全球最大的植物色素生产商；玉锋集团具有最全的玉米加工产业链条，成为全球最大的维生素B_{12}生产商。

二 京津冀农业科技协同创新进展及存在的问题

（一）主要进展

1. 政府大力推进

京津冀区域是我国重要的都市群，对农产品需求较大。而且京津农业科技创新资源丰富、河北农业产业基础条件较好，京津冀农业合作可以充分发挥各自的比较优势，趋利避害，实现区域最大效益。京津冀三地政府高度重视农业科技协同创新，并大力推动，取得了显著成绩。经京津冀协同发展领导小组办公室同意，农业部、国家发展改革委、工业和信息化部、财政部、交通运输部、商务部、中国人民银行、银监会联合印发了《京津冀现代农业协同发展规划（2016—2020年）》，着力深化改革创新、破除体制机制障碍，推动生产要素合理流动与资源高效利用，探索一二三产业融合发展新方向、协同发展新模式、"四化同步"新路径，推进京津冀产业协同、市场协同、科技协同、生态建设协同、体制机制协同和城乡协同；科技部批准了《环首都现代农业科技示范带总体规划》，推动区域科技协同创新；北京市农委、天津市农委和河北省农业农村厅签署了《关于建立京津冀一体化农作物品种审定机制的意见》，推动种业科技创新合作；天津市农业技术推广站、天津市蔬菜技术推广站、北京市农业技术推广站、河北省农业技术推广总站等单位共同签署了《京津冀农业技术推广战略合作协议》，通过联合申报科技项目、共同建立示范基地、开展科技交流观摩、互派技术人员挂职、建立定期沟通机制等方式，在联合攻关、集成示范、技术培训等方面全面开展合作。

2. 成立创新联盟

京津冀三地农科院联合签署了《京津冀协同发展农业科技合作协议》，决定在种业科技创新、生态环境保护与区域可持续发展、农业与农村信息化、都市农业等七大领域开展合作，随后建立了京津冀农业科技协同创新中心、京津冀农业科技创新联盟、农业科技协同创新实验室等平台。北京市农林科学院联合天津市农业科学院、河北省农林科学院等23家京津冀地区农业科研院所成立了京津冀农业科技创新联盟，制定印发了《京津冀农业科技创新联盟发展规划纲要（2017—2020）》，确定了开展区域农业发展战略研究、搭建区域农业公共创新平台、深化区域科技协同创新与成果联合转化、推进区域科技精准扶贫等重点任务，力争建成京津冀现代农业科技协同创新共同体，形成全国农业科技创新高地，助力京津冀农业率先基本实现现代化。目前，在重点领域攻关方面，联合实施了"京津冀设施农业面源和重金属污染防控技术示范"等一批国家重点研发计划项目，共建了崇礼生态农业、晋州精品梨、涞水蔬菜等一批协同创新基地。

3. 共建创新平台

京津冀联合在环首都区域建立了国家农业科技园区6家，推动农业科技园区与京津相关单位对接联建，北京市农林科学院与河北丰宁、河北固安国家农业科技园区，中国科学院老专家技术中心与河北三河国家农业科技园区，中国农业科学院与河北滦平国家农业科技园区，中国农学会与怀来农业科技园区均建立了合作伙伴关系。如河北三河国家农业科技园区引进了与中国农业大学、北京药用植物研究所、北京科学技术研究院、北京科学技术委员会农村发展中心共同发起成立的药用植物产业技术创新战略联盟，充实了园区研发和服务平台。推进以涿州为核心的农业硅谷创新高地建设，依托河北涿州国家农业科技园区，成立了"北京农科城涿州农业科技成果创新示范园"，中国农业大学、中国农业科学院、北京大学农学院、中国科学院植物研究所与遗传所等一大批中字头涉农科研院、校、所意向落户园区。推动公司与京津高校和科研院所联建创新平台，承德博亚农牧业发展有限责任公司与中国工程院合作建设了院士工作站，滦平华都食品有限公司与中国农业大学合作建立了博士后创业基地。

4. 联合技术攻关

河北省设立了"农业科技园区与环首都现代农业科技示范带建设"专项项目，积极推动环首都区域县（市、区）与驻京高校、科研院所对接合作，共同实施了农业互联网平台信息系统、设施蔬菜生态基质无土栽培、规模化奶牛养殖动态监测与智能服务等一批科技项目计划。如固安科伟农作物引育种中心与中国农业科学院作科所、北京市农作物引育种中心及中国农业大学等科研单位合作，成功培育出科育11、科育13和科育16以及花生品种科花一号等优良品种。赤城县华田牧业有限公司与中国农业大学合作，采用高乳蛋白和高产量基因肉牛筛选结合MOET技术，改良全县弗莱维赫乳肉兼用型肉牛。

5. 共促成果转化

河北省组织中国科学院、中国农业科学院、中国农业大学、北京市农林科学院、北京农学院、河北省农林科院、河北农业大学等京津冀农业类科研院所和高校进行了对接，并发布年度农业科技供需指南，推动京津冀农业科技成果转化。环首都各县政府主动与北京对接合作，如丰宁同北京市农林科学院签署了农业科技合作框架协议，建立了联络制度和定期会商制度，组织企业与北京市农林科学院、中国农业大学、中国农业科学院、中国食品发酵工业研究院等签订了食用菌、奶牛、有机肥、蔬菜、杏仁精深加工等方面的技术合作协议，促进了北京科技成果在丰宁的转移转化。

（二）存在的问题

1. 京津冀行政性分割，成为抑制农业科技要素自由流动的客观因素

京津冀三地分别归属于三个独立的行政区，在制定各自的创新政策时首要考虑自己的利益，然后再考虑整个区域的利益，造成了区域农业科技合作受到行政区划分割的惯性制约，影响了三地科技、人才、政策的统一与衔接，成为抑制科技要素自由流动的客观因素。京津冀常设的农业科技创新磋商协调机制并没有建立起来，在政策法规制定衔接、农业创新与推广体系建设等方面很难突破行政壁垒的限制和现有的利益格局，京津冀农业科技创新和现代农业建设依然带有明显的地方特征，知识、技术和人才等创新要素跨地区的流动仍然存在障碍。

2. 河北与京津的科技和产业落差，是河北难以融入京津科技体系的主因

区域科技合作的基础是综合科技条件一致或有小幅度的梯度落差。但河北省与北京市、天津市在科技创新和经济发展上不平衡，差距较为明显。《中国区域科技创新评价报告2020》显示，北京市和天津市属于第一梯队，北京市综合科技创新水平排第2位，天津市排第4位，河北省排第20位，较大的科技落差，导致京津技术扩散存在困难，河北省承接京津的技术转移难度较大。

3. 农业科技协同创新平台和中介滞后，河北与京津科技合作缺少有效支撑

京津冀农业协同创新存在的另一个现实问题是京津冀协同创新平台少，尤其是河北省的科技中介服务机构服务能力不强。河北省科技中介服务机构尤其是评估机构、科技风险投资服务机构等发展滞后，农业科技企业不仅数量少而且实力弱，导致信息流通不畅和互相争抢资源的情况时有发生，阻碍了区域之间的合作。目前，京津冀的科技中介服务机构多数为事业单位，资源大都来自当地的政府，其本身定位就是服务本地。因此难以建立京津冀区域内网络化协作的服务体系，给科技成果跨区域的转化合作带来了困难。

三 推进京津冀农业科技协同创新策略

（一）理论基础

1. 梯度转移理论

梯度转移理论指出，科技创新活动是决定区域发展梯度层次的决定性因

素，一般来说，新产业、新产品、新技术、新的管理与组织模式等大都先出现在高梯度地区，随着更新的创新成果出现，这些原有的创新活动由高梯度地区向低梯度地区转移。高梯度地区应不断创新，保持技术上的领先地位；低梯度地区应创造条件积极承接高梯度地区的技术和产业转移，逐步缩小地区差距。在京津冀农业科技协同创新中，河北应遵循梯度转移理论，立足农业资源优势和产业特色，重点引进京津技术和资金，提升农业科技水平，逐步缩小地区间的差距，提高河北农业科技竞争力。

2. 技术转移理论

技术转移是指技术由发源地向其他地点或领域扩散的过程。技术在空间上的不平衡是决定技术转移内容和方向的内在因素。区域间的技术不平衡造成了技术"势位"，势位差推动技术由高势位向低势位转移。技术转移包括两个层面：其一是技术在不同区域间的水平运动，其二是技术从研究室向市场的垂直运动。在京津冀农业科技协同创新中，河北应遵循技术转移理论，找准承接技术内容，创新转移方式，尽量吸纳京津先进适用技术。

3. 协同理论

协同理论是由德国物理学家赫尔曼·哈肯提出的。协同理论认为，千差万别的系统，尽管其属性不同，但在整个环境中，各个系统间存在着相互影响而又相互合作的关系。当各子系统间的互相作用达到某种临界值时，系统会发生质变产生协同效应，实现整体效应或集体效应。系统能否发挥协同效应是由系统内部各子系统或组分的协同作用决定的，协同得好，系统的整体性功能就好，相反则整体优势和功能不能很好地发挥。在京津冀农业科技协同创新中，京津冀三地政府应遵循协同理论，在政府干预下，达到协同最优。

（二）动力机制

1. 政府推动力

国际知名经济学家刘易斯认为，没有一个国家不是在明智政府的积极刺激下取得经济进步的。在区域经济发展一体化进程中，各个政府具有通过竞争获取自身利益最大化的需求，也有通过合作追求区域利益最大化的愿望。在京津冀农业科技协同创新中，政府起着至关重要的作用。政府可通过激励协同创新的制度安排，优化农业科技协同创新政策环境，打造农业科技协同创新平台，建立科技要素流动机制，推动区域农业科技协同创新，获得区域科技创新最大利益。

2. 企业自发力

企业是市场经济的主体，也是科技创新和成果转化应用的主体。在市场经济条件下，企业追求自身利益最大化。在区域经济发展中，企业为了追求自身利益最大化，需要依靠科技创新来提升产品的附加值和市场竞争力，以获取市场超额利润，在激烈的市场竞争中立于不败之地。在京津冀农业科技协同创新过程中，农业企业在政府宏观调控下，依照市场经济规律，具有引进京津优势科技资源提升农产品附加值和市场竞争力的需求，是推动京津冀农业科技协同创新的市场主体。

3. 市场诱导力

在市场经济条件下，市场机制是配置区域科技资源的基础。而区域科技合作行为主体的市场利益诉求则是推动区域科技合作的基本前提。在京津冀农业科技协同创新中，市场通过价格信号，诱导企业、研发机构、高校和政府等农业科技创新参与者通过追求自身利益最大化的经济行为，参与区域科技创新。一般来说，市场产品和行业竞争压力，诱导企业产生市场技术需求，市场技术需求传导到技术商品要素市场，通过要素市场诱导科研单位、政府、企业等科技主体适时开展技术合作，以最低成本满足企业技术需求，进而推动区域现代农业发展。

（三）策略建议

1. 战略层面：一体化推进

针对京津冀区域对农产品的需求，立足京津优势农业科技资源和河北农业产业优势，按照比较优势的原则，统筹京津冀优势资源，强强联合，一体化推进。在推进主体上，各级政府、高校、科研院所与农业企业一体化推进；在推进内容上，良种良法、研发与转化、平台建设与要素聚集一体化推进；在推进机制上，完善创新收益分配机制，调动一切可以调动的力量一体化推进；在推进政策上，制定合理的激励性政策，制定保障性政策和监督约束性政策，充分考虑政策的衔接性，保障基本物资供应，规范产学研的一体化推进。

2. 政府层面：创造条件

在京津冀农业科技协同创新中，政府具有不可推卸的责任，应创造良好的协同创新外部环境和条件。京津冀政府应建立农业科技协同创新联席会议制度，定期研究确定京津冀农业科技协同创新战略和重点任务，协同解决京津冀农业科技协同创新存在的重大问题。统筹政府科技资源，引导企业搭建农业科技园区、企业孵化器、科研基地等协同创新平台，聚集京津冀优势资源，突破区域现代农业发展的技术瓶颈，集成配套适用技术，示范带动区域农业发展。按照市场经济规律和科技创新规律，针对区域现代农业发展需求，继续深化综合配套改革，在管理制度、人事制度、分配制度等方面大胆创新，努力扫除各种体制障碍，创新农业科技资源共享、农业科技项目推进、农业科技创新平台联建等协同创新机制，为京津冀农业科技协同创新提供更加宽松的环境。

3. 市场层面：培育主体

河北省应进一步强化农业科技创新主体培育，全面实施农业科技企业培育计划，提高配套能力，强化其科技承接、吸纳、转化能力。培育农业科技评估、农业科技风险投资、农业科技成果交易等技术服务市场主体，搭建京津冀农业科技协同创新的市场桥梁，通过科技中介介入，推动京津冀企业、科研单位和高校等的协同创新。按照科技发展规律，实施多元化协同创新方式，通过共建实验室、创新中心和产业研究院等创新平台，共建农业科技园区等成果转移转化和产业化示范基地，共建产业技术创新联盟等方式推动京津冀农业科技协同创新。

参考文献

田学斌、孙文竹：《京津冀协同创新文献综述》，《中共石家庄市委党校学报》2019年第2期。

田学斌、柳天恩：《京津冀协同创新的重要进展、现实困境与突破路径》，《区域经济评论》2020年第4期。

秦静、李浩、张立群：《京津冀现代农业协同发展进展与展望》，《中国农业资源与区划》2018年第9期。

孔祥智、程泽南：《京津冀农业差异性特征及协同发展路径研究》，《河北学刊》2017年第1期。

毛世平、王晓君、林青宁：《京津冀地区农业科研机构科技资源结构与配置效率研究》，《农业经济与管理》2019年第3期。

B.14
河北省都市农业发展策略研究

魏宣利*

摘 要: 都市农业是伴随工业化和城市化进程而发展起来的具有一定地域属性的农业形态,是推动城乡融合发展和实施乡村振兴战略的先行区、试验田。顺应京津冀世界级城市群发展趋势,河北省因势利导布局全域都市农业发展方案。本报告在系统分析河北省都市农业发展现状的前提下,在总结国内外都市农业发展模式的基础上,从完善都市农业制度支撑体系、优化要素供给体系和培育都市农业新产业新业态、提升核心竞争力等方面提出了推动河北省都市农业高质量发展的若干对策建议。

关键词: 都市农业 城乡融合 河北省

一 都市农业的内涵及其演变

都市农业概念的提出最早可追溯到1826年杜能在《孤立国同农业和国民经济的关系》中提出的"农业圈"理论和1898年英国社会学家霍华德提出的"田园城市"概念。杜能认为农业生产方式的空间配置是以城市为中心,由里向外依次提供不同产品生产的同心圆结构,而霍德华认为理想的城市是兼具城市和乡村优点的城市。随着城市社会生活的变革,都市农业的内

---

* 魏宣利,河北省社会科学院农村经济研究所研究员,主要研究方向为"三农"问题。

涵不断拓展，都市农业的概念也不断发展。

现代意义上的都市农业率先出现在欧、美、日等发达国家和地区，是伴随工业化和城市化进程而发展起来的具有一定地域属性的农业形态。

都市农业是地处都市周边及其延伸地带范围内，紧密依托都市经济及社会发展，以都市多样化需求为主导，以城市资金、技术、信息、人才等先进要素为支撑的多功能农业组织形式和景观空间形态。

都市农业是高效农业，依托城市科技、人才等优势，以市场为导向，运用现代科学技术，充分合理利用有限的土地资源，实现各种生产要素的最优组合，最终实现经济、社会、生态综合效益最佳的农业生产经营模式。

都市农业是都市产业体系的有机组成部分。都市农业与城市经济社会发展紧密依存，互促共荣，在城乡融合发展进程中以特色农业为主导，发挥农业的"生产、生活、生态"功能，产业链不断拓展衍生，推动农业产业创新性发展，全面对接城市消费需求，逐步建立起符合生态保护和城市发展需求的现代都市农业产业体系，为城市提供多样化服务。

当前，随着城市化、工业化进程，都市农业已由初始期的单纯为城市提供鲜活农副产品的城郊农业阶段，步入城市资金、技术、人才等要素加速外溢，基于鲜活农副产品供给，休闲观光、生态环境建设、文化传承等功能逐步增强的阶段。随着城乡融合和乡村振兴战略的深入推进，都市农业扩展到整个都市圈，成长为现代都市农业，是城市高度发达、城乡融合下的农业新业态，并成为城市的重要组成部分。

二 河北省都市农业发展现状

（一）都市农业圈层发展格局特征明显

近几年，河北省大力推进现代都市农业发展，受都市圈发展规律影响，都市农业的布局围绕中心城市能级扩展，逐步形成了以京津高端都市农业带、石保邯唐都市农业群和冀南、冀西北两大特色都市农业拓展区为主体，从中心向外围逐步拓展的都市农业圈层结构格局。环京津圈都市农业以环首都现代农业科技示范带建设为支撑，利用京津冀现代农业协同创新研究院资源汇集的优势，强化与首都科技成果转化平台的有效对接，创建现代农业科技成果承接转化基地，共建新型创业孵化基地、农业技术产权交易中心，促进农业科技成果转化，实现农业科技资源良性互动，基本形成现代都市农业引领区，实现了农业发展方式的根本性转变。11个地级市、142个县（市、区）周边，全面对接城市消费升级，形成多层级都市农业圈层发展格局，以各级各类农业园区为支撑，大力发展高端设施农业、精品农业、休闲农业等新业态，打造城市居民的"菜篮子""奶瓶子""后花园"。

（二）都市农业现代产业体系、生产体系、经营体系基本成型

河北省以特色农业为主导，充分挖掘农业"生产、生态、生活、示范"等功能，全面对接城市消费需求，拓展关联和衍生休闲旅游、健康养生等行业，初步建立起符合生态保护和城市发展需求的新型都市农业产业体系。以"四个农业"为引领，大力推广设施栽培、节水栽培、测土配方施肥、精量播种、立体种植养殖等先进技术，把农产品生产嵌入都市圈生态环境系统，全域推进绿色高附加值农产品生产，大幅提升单位土地产出率。以农超对接、基地配送等模式，借助"互联网+"建立起以消费者为中心，线上线下相结合的品牌农产品营销体系，满足京津冀城市群消费者多样化、个性化农产品消费升级需求。

（三）农业园区引领都市农业发展龙头效应凸显

现代农业园区、农业科技园区是不同行政主管部门推动现代农业发展的模式。目前河北省国家级、省级、市级三级农业园区和农业科技园区基本覆盖河北省主要农业功能类型区和优势农产品产业带。各级各类农业园区以现代科技和物质装备为基础，实施集约化生产和企业化经营管理，形成集农业生产、科技、生态、观光等多种功能为一体的现代农业空间组织形式。这种

农业空间组织单元成为引领都市农业发展的主要模式和支撑平台，龙头效应凸显。

（四）基础设施"三生同建"为都市农业发展提供了强有力的支撑

近几年，河北省对标对表全面建成小康社会，在"三农"领域加快补齐农村公共基础设施建设短板。以"四好农村路"为抓手，加快推进乡村旅游道路、村组路、资源路、产业路新建、拓宽和改造，有效支撑都市农业新产业新业态发展需求；补齐农村供水保障短板，在大幅提升农村集中供水能力的同时，着力推进城镇供水管网向农村延伸；以农村人居环境整治行动方案为统领，着力推动农村厕所革命、农村生活垃圾治理，梯次推进生活污水治理，农村人居环境质量大幅提升。城乡医联体建设稳步推进，城乡教育一体化进程加快。生产基础设施、生活基础设施和生态基础设施"三生同建"，基本公共服务保障能力不断提升，为都市农业"聚财引智"提供了强有力的支撑。

三 支撑河北都市农业高质量发展的环境分析

（一）政策环境

打造以首都为核心的京津冀世界级城市群由《国家新型城镇化规划（2014—2020年）》首次提出，由《京津冀协同发展规划纲要》正式确定，五年来京津冀城市群建设全面推进。围绕世界级城市群建设，京津冀城乡融合发展进程加快，都市农业进入全面快速发展阶段。京津两大直辖市围绕城市战略定位，全面推进调结构、转方式，以农业供给侧结构性改革为主线，以高端高效高辐射为发展方向，以生产、生活、生态和示范为主要功能，以"菜篮子"、现代种业和休闲农业为主导业态，以市民"吃得放心、游得开心"为目标，打造一二三产业深度融合的现代农业，成为引领京津冀城市群都市农业发展的先行区。河北省因势利导，在2020年1月出台《关于大力推进现代都市农业发展实施方案》，在现有都市农业圈层结构的基础上，提出了全域推进都市农业发展的具体方案，明确了"一圈一群两片"都市农业发展格局，与京津都市农业形成互补协同发展之势。未来支持河北省都市农业发展的政策支撑体系将愈加完善，各项支持政策将有效实施，为河北省都市农业高质量发展提供指引和制度支撑。

（二）经济环境

当前，都市农业发挥毗邻都市的交通区位优势，紧抓巨大的城市市场商机，从种植养殖环节出发，横向拓展、纵向延伸，实施一二三产业融合发展，着力挖掘农业产业发展新潜力，提高农业附加值；打造"从田间到餐桌"的全产业链经营模式，完善利益联结机制，让农户最大限度地分享农业增值收益，都市农业经营区率先展现出产业兴旺、生活富裕、生态宜居新风貌。随着城市群战略和乡村振兴战略的联动发展，京津冀地区将迎来新一轮的创业浪潮、万亿元的技能培训市场和10万亿元以上的消费市场，需要建立起与世界级城市群发展目标相匹配、具有国际先进水平的都市农业，河北省都市农业发展市场前景广阔。

（三）社会文化环境

农业文化作为群体文化的杰出创造，是文化自信和文化安全的重要组成部分，建设城市文化功能，正在成为我国新型城镇化和城市群未来发展中优先考虑的战略布局。京津冀文化一脉相承，京津冀协同发展的因素除了经济、交通等方面的融合，更深层的原因是有共同的燕赵文化等文化资源。近年来，河北省立足广阔的农村和浓郁的乡土风情，对接京津冀城市居民返璞归真、亲近自然的需求，开发出太行山水人家、湖泊湿地船家、长城文化老家、华北田园农家、海滨海岛渔家、坝上草原牧家等系列乡土文化旅游产品，凝聚"乡愁冀忆"，成为推动京津冀协同发展的重要力量。未来，河北省都市农业将立足河北文化资源禀赋，不断挖掘农业文化遗产价值，在合理的保护性开发中，活态传承农业文化遗产，以产业链的形式连接京津冀地区的农业文化资源，丰富京津冀文化产业集群，向世界展示京津冀世界级城市群文化的独特魅力。

（四）科技环境

科技引领都市农业发展。京津冀协同发展以来，以《京津冀现代农业协同发展规划（2016—2020年）》为统领，以《环首都现代农业科技示范带总体规划》为具体抓手，京津冀农业科技领域的协同不断深化，农业科技协同创新效应初现。河北省利用京津冀现代农业协同创新研究院的资源汇集优势，强化与京津科技成果转化平台的有效对接，通过创建现代农业科技成果承接转化基地，共建新型创业孵化基地、农业技术产权交易中心等，有效促进农业科技成果转化，实现了农业科技资源的良性互动，也为未来都市农业的发展提供了强有力的技术支撑和引领。

四 国内外都市农业特色化发展的有效模式

都市农业基于基本农业生产功能，在城市化、工业化进程中城乡之间、工农之间相互作用的影响下，立足各地优势，形成了各具特色的发展模式。

（一）精品农产品基地模式

以为大众提供高质量农产品和农业服务为根本，立足优质农产品供应基地，以统一提供农业投入品、统一种植技术规范、统一采收上市和统一组织技术培训等主要方式，通过建立可持续的农业生产和管理模式，实现蔬菜质量安全和农业生产环境的可持续发展，为都市民众提供绿色有机果蔬和畜禽产品。日本东京区都市农业是此类型的典型，东京土地资源紧缺，为充分利用有限空间，采用高科技、高产量的地栽培养和水培种植模式，开发屋顶菜园、都市农场、植物工厂等高效集约的都市农业新业态，以有限利用土地面积实现农产品品种、产量和质量三效益同优的目标。河北省饶阳县是京津冀蔬菜主产区之一，设施蔬菜种植面积达34万亩，年产各类新鲜果蔬240万吨，近几年依托京津冀农业科技协同优势，通过集成示范水肥一体化、绿色防控、减水减肥等20余项蔬菜生产技术，形成了减水、减肥、减药的标准化科学栽培模式，打响了饶阳品牌，饶阳已成为京津冀知名的"菜篮子"和"后厨房"，为都市农业高质量发展提供了"饶阳方案"。

（二）产业融合模式

以农业为基本依托，通过资本、技术和资源要素的集约化配置，一二三产业的跨界融合，实现多产业、多业态融合发展。这种模式初期大范围以采摘游的形式出现在城市近郊周边，在农作物花期、成果期，吸引城市大众以自驾游形式去赏花摘果、吃农家菜、宿农家院等，逐步对接城市多元消费需求，开发农业农村资源，并向远郊扩展。2017年，党的十九大报告明确提出，要实施乡村振兴战略，促进农村一二三产业融合发展；2018年中央一号文件进一步强调，产业兴旺是乡村振兴的重点，要构建农村一二三产业融合发展体系。随着农村一二三产业融合发展政策的深入推进，都市农业借毗邻城市的区位优势，城乡业态融合加速，都市农业多产业多业态愈加丰富。法国巴黎是都市农业多功能拓展模式的典型，依靠便捷发达的交通网络，外埠充裕的食品供给使巴黎的都市农业突破了自给自足的生产，转向多产业多业态发展，充分利用农业的生态效应，营造宁静、清洁的生活环境，打造市民运动休闲的场所，大力发展会展农业，巴黎国际农业博览会成为巴黎乃至法国城市经济发展的助推器，每届展会有近5000万欧元的门票收入，而且博览会给法国农户、政府以及巴黎城市餐饮、旅游等带来了难以估量的间接收益。河北省林果大县以特色农业产业为基础，从每年春季花期逐步向四季四时拓展，联动乡村手工业、农产品加工业等其他资源，发展农事体验、科普教育、儿童拓展训练、亲子互动等"农业＋旅游""农业＋文化"项目，带动都市农业产业融合、产业链拓展延伸。石家庄市栾城区以草莓采摘为起点，挖掘乡愁记忆，以突出特色为风格，以经营美丽为理念，以专项产业为支撑，促进美丽乡村建设与旅游产业深度融合，打造都市休闲观光农业。

（三）工厂化设施模式

工厂化设施农业是一个从产前准备、产中服务、产后增值到市场运作的全方位高效农业生产体系，这种模式将现代工业技术，包括机械技术、工程技术、电子技术、计算机管理技术、现代信息技术、生物技术等植入农业生产中，按照工业生产方式对从生产节奏、生产周期到生产之后的包装、营销等方面进行全方位的管理，从而实现效益最大化。科技是强有力的支撑，以生物技术、信息技术为代表的高新技术在工厂化农业中的广泛应用，直接带动了农业生产方式和农民生活方式的革命性进步。以集约化、规模化、专业化生产来降低生产成本，提高产品质量并形成规模效益是工厂化设施农业可持续发展的根本。荷兰是最具代表性的发展工厂化设施农业发展地区。荷兰依托自身雄厚的工业基础、欧洲发达的市场经济体系和网络化的农业科研、教育和推广体系，立足有限的土地资源大力发展工厂化设施农业，通过降低农作物生产自然风险、缩短生产周期、提高产品质量和产量等，实现了提高农作物产出率、改善农业劳动环境、提高农业产品质量和农民增收四重效益，工厂化设施农业成为城市工业化大体系中不可分割的一部分。我国工厂化设施农业发展以20世纪90年代中期国家科学技术委员会实施的国家重大专项"工厂化高效农业示范工程"为起点，经过近30年的发展，已发展成适应不同气候特点的华北型、东北型、东南型、华南型工厂化设施农业模式，且发展迅猛，当前总面积和总产量均居世界第一，在切实保障城乡居民生鲜农产品有效供给方面发挥了重要作用，有效带动了农民脱贫致富和持续增收。工厂化设施农业最先在北京、上海、沈阳、杭州、广州五大城市推开，已建立了一批科技示范区、工程示范区和延伸辐射区。河北省保定市五花头生态农业公司以北京市农业技术推广站成立的京津冀首个蔬菜工厂化生产研发和示范中心为技术支撑，在2200平方米的番茄"工厂"生产车间内，利用环境自动控制系统、水肥自动化灌溉及循环利用系统、省力化栽培系统等现代化技术和设备，实现了产值、产量和效益的多赢。

（四）园区化模式

各级各类农业园区是以政府投入为主体，根据农业生产特点，以推动传统农业向现代农业转变为目标，利用已有的农业科技优势、农业区域优势和自然社会资源优势，以高新技术的集体投入和有效转化为特征，以企业化管理为手段，进行研究、试验、示范、推广、生产、经营等活动的农业经营典型区。各级各类农业园区，以产品、技术和服务为纽带，利用自身优势，有选择性地介入农业生产、加工、流通和销售环节，有效促进农产品增值，积极推进农业产业化经营，促进农民增收，成为都市农业发展的先行区。在发展过程中以科技开发、示范、辐射和推广为主要内容，不断拓宽园区建设的范围，打破起步期单一的工厂化、大棚栽培等模式，围绕农业多功能，泛农科技在不同生产主体间发挥积极作用，逐步推动园区多业态融合，逐步形成基础设施完善、产业特色鲜明、生产方式绿色、产业链条完整、品牌影响力大的都市农业高质量发展示范区。新加坡是最具代表性的发展园区化模式的国家，现有6个农业科技园区，由国家投资建设，以追求高科技和高产值为目标，以集约经营方式为手段通过招标方式租给商人或公司经营，在提高本国食品自给自足能力的同时，还同步发挥国内外先进农业科技成果展示功能，成为集农产品生产、销售、观赏、科普于一体的综合性农业公园。石家庄市藁城区立足现有的30多个现代农业园区，围绕国家现代农业示范区建设，以科技为引领，以农业供给侧结构性改革为动力，以推动旅游业与新农村建设融合发展为抓手，以经营管理体制改革和基础设施建设提档升级为着力点，着力推进集精品型、设施型、加工型、生态型、休闲型和服务型于一体的"六型"都市农业建设，加快实现农业现代化。

五 推动河北省都市农业高质量发展的策略

（一）完善制度支撑体系，保障都市农业高质量发展

1. 明晰各级职责，推动实施方案的扎实落地

以《关于大力推进现代都市农业发展实施方案》为指导，明确各级政

府的职责。省级层面在保障各项支持政策扎实落地的基础上要着力解决"一圈一群两片"发展格局中各层级间外部性显著的都市农业服务体系和都市农业基础设施建设。市级层面要围绕主城区块状区位、近郊区带状区位、远郊区连片区位等布局特色产业功能区,在政策许可范围内鼓励、推进本市都市农业在产业体系、生产体系、经营体系等方面的多元化创新,为省级现代都市农业发展和完善都市农业政策提供经验支持。县区级层面则要在都市农业微观经济主体经营和公共政策制定之间发挥"上下沟通"的桥梁作用,"政用产学研"依托基层农业技术推广站、动植物疫病防控防治所、农产品质量检测站等基层农业公共服务机构为微观经济主体提供精准的社会化服务。

2. 制度集成,推动涉农不同政府部门间的政策协调与整合

都市农业涉及农业、林业、国土资源、财政、民政、科技、金融监管等诸多部门。当前要强化政策的集成供给,立足各类一二三产业融合基地、农业园区等现代都市农业生产经营区,以促进都市农业多元化创新为根本指向,以都市农业示范性项目为抓手,强化不同政府部门间的政策协调力度,为项目建设提供一揽子政策供给,保障现代都市农业高质量发展。

(二)优化都市农业要素供给体系,提高要素使用效率

1. 深化农村集体产权制度改革,创新都市农业土地要素供给

加快农村一二三产业融合发展,推动都市农业高质量发展对农村集体产权制度改革提出了新要求。要在国家政策范围内对标需求侧,以提高农地使用效率为核心深化农村集体产权制度改革,全面加强农村集体"三资"管理,完善集体资产股权权能,赋予农民更加充分的财产权利。按照《河北省农村产权流转交易管理办法》全面盘活农村综合产权交易市场,探索推进土地经营权、宅基地使用权等权能入股、抵押、融资在生产实践中的应用,推动土地经营权、宅基地使用权的有效、有序流转,完善农地要素供给,为农业的产业融合提供政策支持,为社会资本进入都市农业领域从事经营活动提供稳定预期。

2. 创新乡村人才配置机制，保障劳动力要素有效供给

充分发挥都市农业经营区城乡差别小，城乡文明交融的优势，放大土地、人才、资本等要素协同效应，创新优秀人才引进培养和激励政策。借鉴上海将"农民专业合作社助理"招聘岗位纳入"三支一扶"计划的经验，使市场主导和政府引导有机结合，在农业园区、三产融合示范区、田园综合体等现代都市农业先行区率先建立城乡一体的人才配置机制，不断改善都市农业人力资源结构。加快培育新型职业农民，通过建立面向全社会、满足不同层次培训需求的新型职业农民培育体系，以需定培、以培引需，就地培养更多爱农业、懂技术、善经营的新型职业农民。

3. 实施泛农业技术集成供给，提高科技要素支撑

在加快推进都市农业信息化、智能化、精深加工与储运、休闲观光与娱乐康养等单项技术在研发领域取得突破的同时，当前科技创新重点和方向要以技术供需有效对接为目标，充分发挥国家、省、市三级农业科技园区技术集成创新平台优势，实施"生产、生活、生态"技术集成供给，通过技术进步带动都市农业经营区加快形成全产业链融会贯通，产业发展与资源环境承载力相匹配，与生产、生活、生态相协调的农业农村发展新格局。

（三）培育都市农业新产业、新业态，提升核心竞争力

1. 培育都市农业新产业、新业态

顺应城乡融合发展新趋向，应对都市农业消费新需求，加快培育基于农业多功能性的农业新产业、新业态。一是加快发展现代都市农业高科技产业，立足河北蔬菜、果品和畜牧三大优势产业，以作物制种、种畜经营为核心，加快高科技种业发展；以《河北省智慧农业示范建设专项行动计划（2020—2025年）》为指引，大力发展农业信息产业，推动物联网、大数据、云计算等信息技术在现代都市农业各环节的广泛应用。二是大力发展农产品精深加工产业，立足河北省农业资源优势和产业基础，在初级产品基础上延伸发展精深加工产业，重点加快果蔬类、禽蛋类、休闲零食类等产品生产，抢占京津高端市场。三是加快培育科普教育、农业体验、康养娱乐业，紧

跟家庭园艺、景观可食化、农事体验时尚化、健康养生田园化等大众健康需求和时尚消费潮流，深度挖掘河北省传统饮食、养生和中医药文化，打造集农业生产、生态、休闲、科普教育、示范、养生等多功能于一体的新业态示范区。

2. 持续提升新产业、新业态的核心竞争力

实践证明，都市农业已成为助推城乡融合发展的加速器，在创新驱动发展战略的推动下，都市农业新产业、新业态、新模式构成的农村新经济成为河北省乡村振兴的强劲动力。新产业、新业态应对消费新需求需要持续提升可持续发展能力，进而在发展中引领消费，创造需求。一是巩固农产品质量安全建设成果，大力发展绿色食品、有机农产品和地理标志农产品，推进高技术含量和高附加值产品的开发，打造具有影响力的特色绿色健康食品供应基地，提高大城市都市农业的食品保障能力，夯实新业态的发展基础。二是加快提升三产融合创新能力，为都市农业发展提供永续动力。立足现有的"星创天地"、双创基地等平台，打造都市农业众创空间资源联合体，将现代高新信息技术、区块链技术、转基因技术、生态环境技术、大数据等现代科技渗透、辐射到农业产业发展中，通过新理念、新技术的导入，盘活乡村闲置资源，创新乡村旅游产品，重塑乡村生态、文化与产业价值，带动资源、要素、技术、市场需求的整合集成和优化重组，推动产业、生态、质量、服务四条链条协同创新，构建以质量服务为核心，全方位满足生产者、消费者不同需求的大服务体系，最终实现产业链条和价值链条延伸、产业范围扩大、产业功能拓展和农民就业增收。

参考文献

张占耕：《中国都市圈农业发展论》，《上海经济》2005 年第 1 期。
张英洪、王丽红：《加快都市型现代农业供给侧结构性改革》，《前线》2017 年第 4 期。
于战平：《都市型农业理论探讨》，《农业经济》2001 年第 6 期。

张社梅、曾文俊、陈锐：《推进都市现代农业供给侧结构性改革策略研究》，《经济纵横》2018年第2期。

魏宣利：《都市农业加速城乡融合发展》，《中国社会科学报》2020年9月9日。

魏宣利：《坚持以科技创新推动现代都市农业发展》，《河北日报》2020年11月11日。

河北省农业农村厅：《关于大力推进现代都市农业发展实施方案》，2020年1月。

B.15 河北省提升农业产业化经营水平促进乡村产业兴旺的举措研究

时方艳*

摘　要： 农业产业化经营是推动农业农村现代化和乡村振兴战略实施的重要途径，河北省作为农业大省，要想实现农业高质量发展，须全面提升农业产业化经营水平。本报告首先分析提升农业产业化经营水平的重要意义，如落实相关政策、解决"三农"问题，推动城乡融合发展等；然后具体分析了河北省农业产业化经营的现状与存在的问题，如市场信息不对称、龙头企业带动能力不强、资源利用效率低、体制机制不健全等；最后在借鉴国内外农业产业化经营先进经验的基础上，基于乡村振兴背景，提出全面提升河北省农业产业化经营水平的对策，如健全利益调节机制、更好地发挥龙头企业的带动作用、发挥行业协会的功能等。

关键词： 乡村振兴　农业产业化　河北省

党中央、国务院长期以来都对"三农"问题特别关注，"三农"问题是社会聚焦的关键内容，解决好"三农"问题不仅对农民的幸福指数、整个国家的粮食保障至关重要，而且对国家的长远发展、社会的长治久安也非常

---

* 时方艳，河北省社会科学院农村经济研究所实习研究员，主要研究方向为农业经济。

重要。党的十九届五中全会指出,坚持把解决好"三农"问题作为全党工作重中之重,走中国特色社会主义乡村振兴道路。我国作为农业大国,虽然农业涉及的范围比较广,但是广大农村地区的生产经营方式相对来说还比较传统,亟须进行现代化变革,而进行产业化经营是实现农业整体现代化的抓手和关键引擎。

一 提升农业产业化经营水平的现实意义

(一)贯彻落实国家相关政策文件,确保惠农助农政策的落地

我国第一次提出农业产业化建设是在1984年,1984年中央一号文件指出要发展乡镇企业,乡镇企业对于国民经济而言必不可少。2006年,农业部具体实施了农业产业化推进行动和农产品加工推进行动,对农业产业化发展起到重要作用。2014年,农业部发布相关通知,大力扶持休闲农业发展,扶持的具体内容包括用水用电、垃圾处理等。2018年,《关于实施乡村振兴战略的意见》发布,强调要提升农业产业化经营水平,持续推进构建一二三产业融合发展体系,推动农业发展质量的提升,不断培育壮大乡村发展新动能。2004年以来的中央一号文件连续提出要支持农业产业化经营,推动龙头企业发展。河北省也连续转发中央一号文件,不断贯彻落实文件精神,同时制定了一系列方针政策,不断提升农业产业化经营水平,确保从中央到地方一系列惠农助农政策的落地实施。

(二)解决"三农"问题,推动城乡融合发展

在某种程度上分析,进行农业产业化经营可以把市场与农民进行有效衔接,本质上是把分散的小型生产与社会化大生产大市场进行对接,推动新型工农城乡关系的构建。借助产业链,把不同的微观主体联系起来,优化组合各生产要素,同时推动组织的高效运转。近几年来,全国的农业产业化发展取得了不错的成绩,企业实力日趋雄厚,链条不断延伸,带动辐射作用持续

增强,在全面深化改革的阶段,农业产业化经营水平的提升是解决"三农"问题,推动城乡发展的根本出路。

(三)提高农业科技贡献率,加快农业农村现代化发展进程

农业产业化发展可以冲破土地、基层组织和所有制的束缚,在很大程度上颠覆了对传统农业只能进行粮食生产的原有认知。另外,提升农业产业化经营水平可以方便农民进入各类农产品市场,在农户与村集体之间土地承包关系不变的前提下,通过丰富多样的形式实现农户、农业生产和市场的有效对接,使农户成为整个链条中的关键环节。同时,提升农业产业化经营水平,可以为相关机构进行农技研究提供无限可能,可以加强成果的转化应用。因此,提升农业产业化经营水平,可以推动科技兴农战略的具体落实,推动农业科技贡献率的提升,反过来进一步推进农业科技的应用,提升农业整体的现代化发展水平。

(四)国际竞争力不断提升,赢得发展主动权

与西方发达国家相比,我国农业经营在生产规模、农产品质量、生产链条、销售方式等方面存在很大差距,限制了我国农业国际竞争力的提高。随着全球化进程不断加快以及对外开放的深度和广度不断提升,我国农产品价格受国际影响将不断深化,同时全国范围内劳动力成本也在不断增长,传统农业发展模式下的劳动力要素的成本优势逐步消失。在多种现实情况叠加的背景下,提升产业化经营水平对提高国际竞争优势,赢得发展主动权意义颇大。

二 河北省推进农业产业化经营发展现状分析

改革开放以来,全省在农业产业化经营管理方面取得了很多显著成就,无论是农业龙头企业的发展壮大还是种植业、养殖业等生产基地的建设都取得了较为显著的成绩,全省农业产业化经营发展情况如下。

（一）河北省农业产业化经营总体水平不断提升

图1为2011～2018年全省产业化经营水平，2011～2018年全省农业产业化经营总量总体处于上升阶段。2011～2018年农业产业化经营率也在波动提升，2011年最低，为60%，2017年最高，为66.6%，2018年为65.9%，距离农业产业化经营率达到70%的目标越来越近。从经营总量和经营率两个角度来看，全省农业产业化经营总体水平不断提升，对农业农村现代化的实现意义重大。

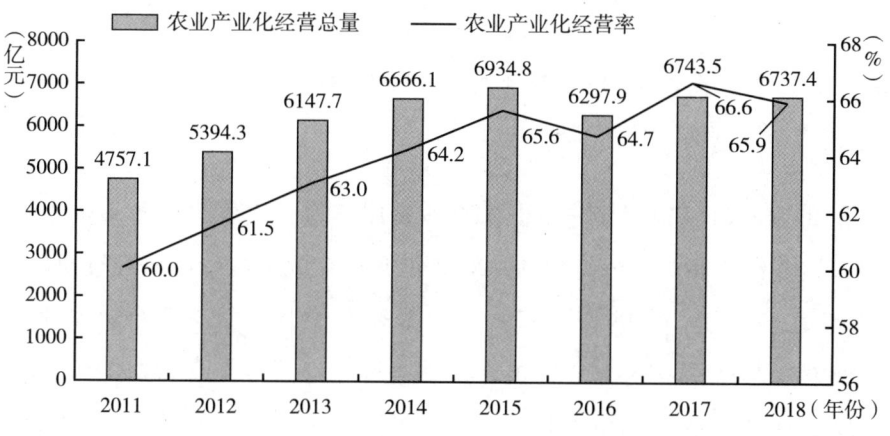

图1　2011～2018年河北省农业产业化经营水平

资料来源：《河北农村统计年鉴》。

（二）河北省龙头经营组织和龙头企业实力日益强大

2018年，全省农业产业化企业数量达到7120家，其中省级重点龙头企业834家，国家重点龙头企业46家，带动作用不断增强，全省农业竞争力不断提升。图2是全省龙头经营组织发展情况，包括龙头经营组织个数和龙头经营组织销售额两个部分。2011～2016年，全省龙头经营组织个数出现较快增长，2016～2018年增长较为稳定，2018年全省龙头经营组织个数为2552个；2011～2017年全省龙头经营组织销售额出现较快增长，2018年略有下降，为2297亿元。

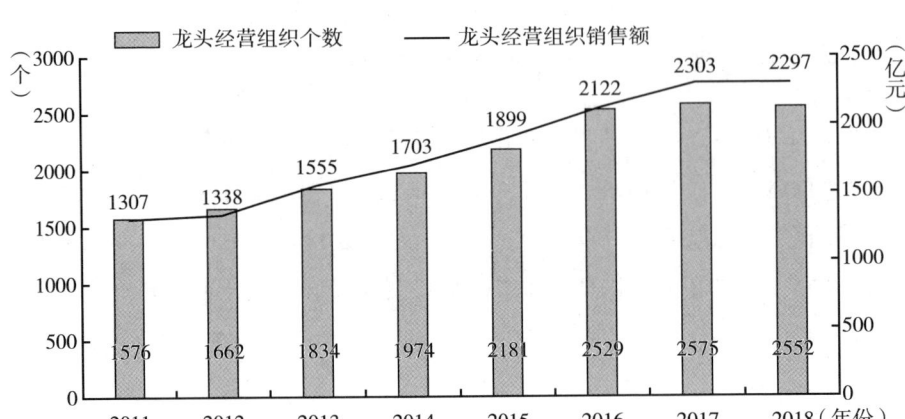

图 2　2011~2018 年河北省龙头经营组织发展情况

资料来源：《河北农村统计年鉴》。

图 3 为 2011~2018 年全省龙头企业发展概况，主要包括龙头企业个数和龙头企业销售额两部分。2011~2018 年龙头企业个数总体出现较快增长，2011 年为 1307 个，2018 年为 2297 个，最高为 2303 个，龙头企业体量出现较大变化。2011~2018 年全省龙头企业销售额也总体呈现较快增长，2011 年龙头企业销售额为 2235.5 亿元，2018 年龙头企业销售额为 3373.0 亿元，最高为 3622.0 亿元，龙头企业销售额与龙头企业个数大致保持相同变化趋势。在全省农业产业化发展过程中，龙头经营组织和龙头企业都取得较快发展，带动作用、引领作用日益重要。

（三）河北省农产品生产（加工）基地建设快速成长，辐射带动能力显著提升

依据《河北农村统计年鉴》，农产品生产（加工）基地包括种植业和养殖业生产基地、生产加工基地等，农产品生产（加工）基地总体情况和每种类型基地的情况如表1、表2、表3、表4所示。

表 1 是 2011~2018 年河北省农产品生产（加工）基地情况，主要包括三部分内容。一是农产品生产（加工）基地个数，2011 年为 590 个，2018

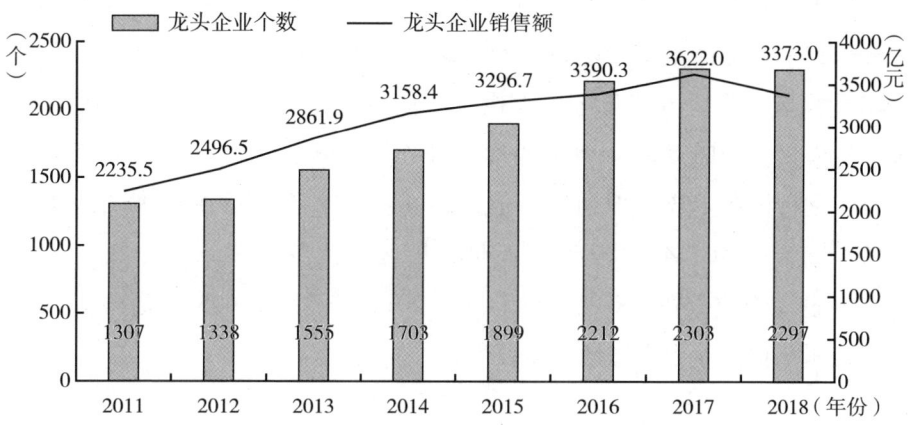

图3 2011~2018年河北省龙头企业发展情况

资料来源：《河北农村统计年鉴》。

年为715个，最高为742个，可以看出基地个数总体不断增加，近几年出现较为稳定的发展。二是农产品生产（加工）基地销售产值，2011年为2313.1亿元，2018年达到2852.1亿元，2011~2015年呈现较快发展态势，2016年与2015年相比出现回落，2017开始重新增长，这表明农产品生产（加工）进行结构性调整，突出高质量发展。三是农产品生产（加工）基地联系农户数，基本维持在800万户左右，农产品生产（加工）基地与农户联系较为紧密。

表1 2011~2018年河北省农产品生产（加工）基地情况

年份	农产品生产（加工）基地个数（个）	农产品生产（加工）基地销售产值（亿元）	农产品生产（加工）基地联系农户数（万户）
2011	590	2313.1	818.3
2012	633	2675.2	885.4
2013	671	3038.9	852.5
2014	688	3218.1	860.7
2015	699	3297	885.5
2016	724	2521.7	807.3
2017	742	2680.2	812.8
2018	715	2852.1	787.8

资料来源：《河北农村统计年鉴》。

表2为2011~2018年河北省种植业生产基地情况,主要从四个方面进行分析:一是种植业生产基地个数,2011~2017年保持不断增长态势,但2018年出现下降,可能与土地承包、规整土地有关系;二是种植业生产基地种植面积,2016年出现较大幅度下降,但整体上种植面积高于180万公顷;三是种植业生产基地销售产值,2011~2018年维持在1000亿元以上,2015年最高,为1646.4亿元;四是种植业生产基地联系农户数,2011~2018年联系农户数在500万农户以上,2015年最高为605.3万户。四个方面都说明了种植业生产基地的重要性。

表2 2011~2018年河北省种植业生产基地情况

年份	种植业生产基地个数(个)	种植业生产基地种植面积(千公顷)	种植业生产基地销售产值(亿元)	种植业生产基地联系农户数(万户)
2011	322	2191.6	1118.3	544.4
2012	340	2097	1338.5	591
2013	366	2457.4	1552.7	583.3
2014	374	2433.7	1598.9	582.4
2015	382	2373.7	1646.4	605.3
2016	398	1855	1109.2	558.2
2017	415	1885.5	1161.6	565.4
2018	402	1851	1337.1	559.6

资料来源:《河北农村统计年鉴》。

表3为2011~2018年河北省养殖业生产基地情况,主要从三个方面进行分析:一是养殖业生产基地个数,2011年为238个,2018年为282个,最高为295个,基地数量较多;二是养殖业生产基地销售产值围绕800亿元变动,2015年最高,为1090.1亿元,2016年最低,为759.1亿元,2018年为878.5亿元,近几年养殖业生产基地销售产值趋于稳定;三是养殖业生产基地联系农户数围绕200万户变动,2011年为246.2万户,2018年为192.5万户。这从侧面反映出养殖业趋于规模化发展,发挥规模效应。

表3　2011～2018年河北省养殖业生产基地情况

年份	养殖业生产基地 个数(个)	养殖业生产基地 销售产值(亿元)	养殖业生产基地 联系农户数(万户)
2011	238	840.5	246.2
2012	259	903.2	260.8
2013	271	980.5	239.2
2014	281	1059.1	251.8
2015	286	1090.1	252.8
2016	293	759.1	215
2017	295	832.2	213.1
2018	282	878.5	192.5

资料来源：《河北农村统计年鉴》。

表4为2011～2018年河北省生产加工基地情况，主要包括三个部分：一是生产加工基地个数保持较为稳定的状态，2011年为30个，2018年为31个；二是生产加工基地销售产值总体持较快增长，2011年为354.3亿元，2018年为636.5亿元，生产加工基地平均销售产值也出现较快增长，反映出生产加工基地规模不断扩大；三是生产加工基地联系农户数总体增加，2011年为27.7万户，2018年为35.7万户，增速较为稳定。

表4　2011～2018年河北省生产加工基地情况

年份	生产加工基地 个数(个)	生产加工基地 销售产值(亿元)	生产加工基地联系 农户数(万户)
2011	30	354.3	27.7
2012	34	433.4	33.6
2013	34	505.8	30
2014	33	560.2	26.5
2015	31	560.5	27.3
2016	33	653.4	34.1
2017	32	686.4	34.4
2018	31	636.5	35.7

资料来源：《河北农村统计年鉴》。

从表1、表2、表3、表4的分析可以看出，河北省农产品生产（加工）基地建设取得较快发展，无论是基地个数、销售产值还是联系农户数都实现了长久发展，对基地周边的影响不断增强，产生了正面激励作用。

三 河北省农业产业化经营存在的问题分析

全省在农业产业化发展的过程中取得了较为明显的成就，但是我们也应该看到，依旧存在一些不足，比如龙头企业整体实力不够强大、带动能力不强，体制机制不完善等，具体分析如下。

（一）龙头企业辐射带动作用有待增强，农产品生产（加工）基地处于不均衡发展态势

全省虽然有今麦郎、双鸽、金沙河、君乐宝、养元智汇饮品、千喜鹤肉类等国家重点龙头企业，但是从总体上来看，龙头企业实力不够强大，部分龙头企业发展结构相对来说不够合理。从产业链条来看，处于加工阶段的企业数量较多，处于下游销售流通阶段的企业相对较少；从已有企业的加工过程来看，进行初级加工的企业数量较多，进行深层次加工的企业数量较少；从已有龙头企业的规模来看，大型龙头企业对农业发展的辐射带动作用较为强大，但是部分中小型企业的影响和带动范围较小，开拓市场能力受到限制，带动产业基地与周边农户的能力较弱，带头牵动作用较难得到发挥。大量的农产品进行生产和销售，不容易产生能够进行良性循环的产业链，进一步导致带动产业发展的动力不足。另外，农产品生产（加工）基地处于不均衡发展态势，全省各个设区市发展水平存在较大差距，造成基地建设的规模与登记差距较为明显；农产品生产（加工）基地的生产经营规模受到土地流转等问题的影响，在具体流转土地的过程中，农户因担心自身合法权益或者想要占有土地增值不愿意进行流转，龙头企业受利益驱使，不愿也不想对集中流转的土地进行较长时期、具有战略性质的规划建设，制约了土地的集中有效利用，造成农产品生产（加工）基地发展相对不平衡。

（二）体制机制不健全，利益调节机制需要进一步完善

科学合理的运行机制是推进农业进行产业化经营的重要支撑，但是当前

这一体制机制并不健全，农户、农产品生产（加工）基地与龙头企业等相关主体还未形成利益共同体。现阶段，农村很多经营主体如经济合作组织与集体经济组织规模相对较小，自身实力与服务利益共同体的意识较差。由于缺少长期有效的宏观调控、引导及法律机制保障等，农户自身的生产经营会对各种生产环境产生显著影响。产业化经营的相关主体所处的地位和发挥的作用机制各不相同，在经营决策阶段，企业起到至关重要的作用；而农户由于作为原材料生产者的基础作用，处于相对被动地位，造成企业与农户主体地位不均等。这体现了产业化经营过程中体制机制特别是进行利益调节的价值体系还未完全建立，导致不同的经营主体没有处于对等地位，制约了产业化的规范运营。

（三）农业资源未得到充分利用，影响农产品附加值的提升

全省在发展农业的过程中，在某种程度上会受到水资源制约的影响，用水较为紧张；同时，在部分小农户经营模式下，对包括农药、化肥等在内的各种资源的使用也存在效率低下的问题。小农户经营生产规模较小，部分农业机械没有办法使用，各种专业化的水肥投放系统还没有形成，既会污染环境，又会浪费水土资源。农户接受的培训较少，对科技的重视程度不够，积极性较低，造成农业生产技术创新受到制约。同时，各种物质技术装备水平不够也会制约农业产业化的进一步提升，农产品生产加工所占比例较低、项目雷同现象较多，大多是重复较低水平的建设，产业链不够长，导致农户获益有限，也限制了其对高新农产品技术的需求。当前农业生产技术水平的提高主要靠科研机构推动，而这部分技术具体应用到实践中的比例较低，制约了产业化经营水平的进一步提高。

（四）市场信息不对等，相关主体处于弱势地位

农户在选择种植农作物品种时，缺少对农产品市场的全面了解，较难选出受市场青睐的品种，也较难选出适合当地耕种条件的农作物品种。主要有两方面的原因。一方面，农户在做出各种选择时很多情况下是靠经验主义，

基于上年的经验做出下年农产品种植的选择,但是农产品交易市场变化较快,农作物种植生产周期较长,很多情况下容易造成农产品积压、农户利益受损的情况;另一方面,获得全面市场信息所需要的成本较高,一般农户难以承受,导致农户处于弱势地位。

消费者对购买农产品的信息的了解也很少,农产品的质量信息很难从直观层面判断,如果农产品缺少品牌溯源体系保证的话,消费者就无从判断高价农产品价格高的具体原因,从而造成仅有小部分人会选择购买较高价格的农产品。当前,有些有问题的农资充斥市场,而农户又缺少能力与技术,生产的农产品质量较差,市场发展受到限制,制约产业化的进阶发展。因此,市场本身的特征,导致农产品市场信息严重不对称,农户、消费者利益无法得到保证,处于弱势地位,从而制约了农业产业化经营水平的提高。

四 国内外农业产业化经营的先进做法分析

农业大而不强是我国也是全省农业面临的现实情况,这是由多种因素造成的,国际国内因素都有。与国外相比,全省农业产业化发展还存在较大差距;国内先进地区如山东和河南,也有很多可以借鉴的地方。

(一)山东省寿光市提升农业产业化经营水平的先进经验分析

我国最早开始尝试农业产业化经营的地区是一些生产力水平较高的国有农场和经济作物集中种植区,这些地区打破了过去相对单一的种植结构,通过延伸产业链建立了贸工农一体的发展体系。从20世纪90年代开始,潍坊率先在全国进行产业化的农业生产,这一阶段,潍坊市农业农村经济发展水平显著提升,以寿光市最为显著,无论是粮食的产量、蔬菜的种植还是农业产业的增加值都实现大幅增长,农村的人均收入也出现持续增长。

一是政府职能得到充分发挥,根据市场发展和农户需求,研究出台相关优惠政策,支持农户和企业大力发展农业,提供政策支持和保障;推进农业相关服务体系的构建,为农户提供相关服务,包括市场行情、技术支持、种植结构调整等；充分调研，弥补市场缺陷，以蔬菜产业为核心进行产业结构调整，围绕产业链上下游部署开展工作，提升产品附加值。二是探索适合当地的农业发展模式，一方面结合寿光整体情况，比如农民的素质水平、生产力发展状况、市场发育程度以及龙头企业的规模和带动能力等，探索寿光模式；另一方面鼓励多种形式结合发展，推动龙头企业、农户、村集体、农产品生产（加工）基地等多方面共同发展。三是不断完善市场销售体系，举办相关博览会，创新线上线下各种销售模式等，销售蔬菜产品，打造蔬菜集散基地和物流配送中心。四是加大涉农资金投入力度，各类金融机构结合寿光实际情况，完善借贷融资政策，开发各类金融产品，满足各经营主体对资金的需求。五是健全农业相关的技术服务体系，引育农技人才，推进农技创新发展；加速推进农技普及，通过示范基地的建设、构建农技推广网络等，增加农产品科技含量，提高产品附加值，提升产业化水平。

（二）国外提升农业产业化经营水平的先进经验分析

国外发达国家农业产业化经营水平总体比我国高出几个阶段，不同国家推行农业产业化经营的方式也大相径庭，可以为全省农业产业化经营以及推进乡村振兴战略提供经验，主要包括以下几种做法。

一是美国农业产业化经营，政府制定全方位、多角度的扶持保护政策，促进农业产业向高端化、集约化、品牌化方向发展，主要从政策引导、商业核心以及金融机构的扶持三个方面出发。二是日本农业产业化经营，日本更加注重发展品牌农业及精致农业，注重农副产品品质的提升，发展多功能农业，发挥农协组织的作用，支持农业生产。三是德国农业产业化经营，发挥规模、人力、科技、生产加工等多方面的综合作用，整治土地，改善农业发展基础条件，实现规模化经营；加大高层次、高水平农技人员培养力度，鼓励发展包括农业合作社在内的新型经营主体，推进管理水平的提升。

国外推进农业产业化经营的经验与规律包括完善立法，加强制度建设；推进顶层设计，提前制定产业发展规划；增强发展动力，培育乡村主体；加大基础设施建设，完善保障等。河北省在提升农业产业化经营水平，推动乡村振兴战略实施的过程中也可以借鉴发达国家的相关经验，结合河北实际，提出相关对策。

五 全面提升河北省农业产业化经营水平的对策研究

在充分学习国内外先进经验的基础之上，本报告立足河北实际，提出提升农业产业化经营水平的对策，扎实推进乡村振兴战略，助力农业农村现代化的实现。

（一）健全利益联结机制，推动农业产业化经营良性发展

建立风险补偿机制，为了提升抵抗市场风险能力，建立农业产业化组织风险基金，弥补市场波动给农户和企业带来的损失。建立健全法律保障机制，基于自由、平等、互利，明确合同内容，确定权利和责任，发挥第三方监管作用，保证订单及时履行。除此之外，可以通过多种方式，比如进行保底价收购、定向提供服务等，鼓励引导龙头企业、基地与农户紧密合作，形成权责划分明确、稳定有效的关系，建立健全利益共同分享、风险共同承担的合作机制。

（二）提升龙头企业带动能力，有序推进规模化经营进程

坚持高起点、高层次、高收益、高开放的"四高"原则，努力做好龙头企业的运营。加强顶层设计，实行统一规划管理，重点把握项目布局，全面审慎做好项目可行性研究，规避重复性建设与产业结构同构化现象。在确定项目时，要重点选择那些经济效益较好、资源优势明显、生产条件先进且发展前景广阔的项目。争取政府补助，在生产设施方面加大投入，支持引导符合要求的龙头企业在省外设立农产品原料生产基地，有序加快规模化经营进程。

（三）健全行业协会功能，最大化发挥沟通桥梁和纽带的作用

不断完善行业协会在信息服务方面的功能，为农户选择具有更大市场需

求、更适合种植的优质农作物提供参考。已经存在的行业协会要适应新的发展要求，合理整改，充分发挥在生产、加工、销售等方面的作用；未形成行业协会的要选取本行业发展最好的农业龙头企业作为代表，组建行业协会，建立健全信息服务机制，鼓励更多农户成为会员。主动承担起责任，定期更新相关政策和市场信息，对协会内主体进行包括选种、种植、技术、销售等在内的全方位培训，提高农户种植效益。加强与省内外各高校的合作，引进最新农业技术，同时与各大型收购企业、基地建立长期合作关系，拓展销路。注重品牌效应，通过各种形式进行宣传，提升本省农产品知名度和市场竞争能力，通过省内电视节目或者"三微一端"对优质农产品进行广泛宣传，带动农产品销售。

参考文献

邱婷：《双重经营：农业产业化中的家庭经营及其内在逻辑——基于鲁西南Q村蛋鸡养殖产业的调查》，《农林经济管理学报》2020年第3期。

张红丽、温宁：《西北地区生态农业产业化发展问题与模式选择》，《甘肃社会科学》2020年第3期。

李雪、杨子刚：《"一村一品"农业产业化经营与对策优化》，《重庆社会科学》2018年第11期。

李英奎、王小容：《农业产业化经营模式与产业链利益分配机制研究——基于重庆市柑橘产业链的分析》，《江苏农业科学》2018年第11期。

管仁华：《中国农业产业化经营的发展特点和方向》，《山西农经》2017年第10期。

B.16 河北省脱贫攻坚与相对贫困治理有效衔接的路径与对策

赵然芬*

摘　要： 推进脱贫攻坚与相对贫困治理有效衔接，既是巩固脱贫成果、高标准高质量打赢脱贫攻坚战的客观要求，也是新发展阶段河北贫困治理工作的必然需要。推进脱贫攻坚与相对贫困治理有效衔接，既要防控返贫致贫风险，防止新增贫困产生，又要着力增强脱贫地区和脱贫人口持续发展的能力和内生动力，从根源上阻断贫困的再生。具体做法如下：一是完善返贫风险防范和救助机制，巩固脱贫攻坚成果，高质量打赢脱贫攻坚战；二是推进贫困地区工作重心由扶贫向发展转变，着力完善贫困地区营商环境，强化贫困地区产业发展支撑；三是提振贫困地区产业发展动力，增强其脱贫纾困内生能力，推进产业扶贫向产业治贫转变；四是延续脱贫攻坚就业脱贫体制机制，增拓就业渠道，构建低收入群体稳定就业增收渠道；五是多措并举增强集体经济实力，为贫困地区脱贫提供坚实保障；六是完善扶贫资产资本稳增收实现机制，更好发挥其带贫益贫效应。

关键词： 脱贫攻坚　相对贫困　返贫风险

---

* 赵然芬，河北省社会科学院农村经济研究所副研究员，主要研究方向为农村经济。

消除贫困、改善民生、逐步实现共同富裕，是中国特色社会主义的本质要求，也是我们党的重要历史使命。2020年是全面打赢脱贫攻坚战的"决战决胜之年"，亦是全面建成小康社会的"收官之年"，让贫困人口和贫困地区同全国人民一道进入全面小康社会，是我们党的庄严承诺，亦是"收官之年"我国贫困治理工作的重要内容。截止到2020年6月，河北脱贫攻坚工作取得了决定性成就，贫困县全部摘帽，贫困村全部出列，贫困户全部达到脱贫条件，现行标准下绝对贫困现象全部终结，河北即将进入以相对贫困治理为主的贫困治理新阶段。如何巩固脱贫攻坚成果，推进脱贫攻坚与相对贫困治理有效衔接，既关系到河北2020年全面打赢脱贫攻坚战战略目标的高质量实现，又影响着河北贫困治理工作由脱贫攻坚阶段向相对贫困治理阶段转变的顺利实现，是"双收官之年"河北贫困治理工作的重要内容。

一　完善返贫风险防范和救助机制，巩固脱贫攻坚成果，高质量打赢脱贫攻坚战

尽管河北绝对贫困治理取得了决定性成就，但因为部分产业扶贫项目可持续性不强、就业脱贫机制还不稳定、重大事故应急救助机制还不完善等，河北还有相当一部分脱贫户和边缘户存在不同程度的返贫致贫风险，制约着河北全面打赢脱贫攻坚战的高质量实现，也影响着河北贫困治理由脱贫攻坚向相对贫困治理的顺利转变。推进脱贫攻坚与相对贫困治理工作的有效衔接，首要工作是要健全完善返贫风险防范和救助机制，确保绝对贫困现象不再发生。

（一）健全完善返贫致贫风险动态监测预警机制

一是建立常规与应急相结合的动态风险监测机制。充分利用大数据、互联网技术等现代手段进一步健全河北以不稳定脱贫户、边缘户为主体的常规性防返贫致贫预警机制和监测体系，完善返贫风险监测指标体系，建立省指

导下的各市县监测标准动态调整机制。高度关注自然灾害、意外事故、突发重大疾病、国际国内市场风险等突发性事件对农户的冲击，在村级设立"防返贫致贫风险信息员"公益性岗位，及时针对突发性事件对农户造成的生活变化进行收集、整理，通过设立返贫致贫风险信息直报渠道等方式，建立由突发性事件引起的返贫致贫风险的应急监测预警机制，确保农村防返贫致贫风险监测不漏一人一户，不留盲区死角。

二是建立风险监测的分类别、分等级预警管理机制。参照"两不愁三保障"标准，综合考虑收入水平、收入结构、因病因学支出变化、产业经营的稳定性，以及与收支密切关联的自然和市场风险、高危行业就业、灾害事故等突发事件因素影响，在核实确定真实性的基础上，对风险户的返贫致贫风险按不同类别、不同等级进行风险标示和预警管理。

（二）构建防、御相结合的防返贫致贫风险救助机制

一是建立健全防返贫致贫应急救助机制。适度加大省级扶贫、医疗、教育、民政、社保等部门的扶贫项目建设力度和社会救助资源投入力度，确保有救助返贫致贫边缘户的能力和资源。以县（区）为单位，整合部分财政扶贫资金、社会捐赠资金等建立应急帮扶互助金，用于因收入骤减返贫致贫风险户的临时救助，同时撬动社会资本、金融资金加入，逐渐形成持续增值机制。发挥政策性保险的保障作用，创新与商业保险的合作模式，鼓励商业保险开发适宜险种，把风险户的各类主导产业全部纳入政策性保险覆盖范围，建立保险理赔绿色通道，由县农业农村局相关处室负责督促落实保险理赔，为防范风险户因产业经营失败返贫致贫提供保障。

二是优化完善风险户返贫致贫防御机制。对风险等级最高的风险户进行重点监测，根据其收入支出、生产生活、产业就业等情况，每月进行分析研判，一旦发现其返贫致贫，立即启动"冀保障"应急救助机制，将其纳入脱贫帮扶体系，适度精简救助审批程序和办事流程，按照"两不愁三保障"标准，针对主要致贫因素采取相应帮扶举措；对返贫致贫边缘户实施的应急帮扶措施要采取限时办结制度，确保帮扶措施及时到位。同时高度关注风险

等级逐渐升高的风险户，分析研判其致贫风险因素并采取相应帮扶措施。其他风险等级相对稳定、等级相对较低的风险户，针对主要致贫因素开展适宜的产业帮扶行动，扶持其增强自我发展致富能力。加大"防贫保"实施推广力度和覆盖范围，探索将产业经营风险、就业风险纳入"防贫保"保障范围，进一步理顺发展机制，优化保障机制，加大保障力度，降低返贫致贫风险。

二 推进贫困地区工作重心由扶贫向发展转变，着力完善贫困地区营商环境，强化贫困地区产业发展支撑

相对贫困，顾名思义，是相对性的贫困，是经济社会条件相对贫穷的部分群体对条件相对富裕的群体表现出来的一种贫困现象，其贫困标准随着地区经济发展和人民生活水平的提升而不断提高。但不管怎样，贫困地区因为资源、要素、环境、生态、地理位置、交通等多种条件的限制，在经济社会发展方面处于劣势地位，导致其既是绝对贫困现象的高发地区，大概率也是相对贫困现象的高发地区。推进脱贫攻坚和相对贫困治理的有效衔接，工作重心必须以贫困地区为主，要着力强化贫困地区的经济社会发展能力，在绝对贫困历史性消除的基础上，提升经济社会发展水平，减少相对贫困现象的发生。

（一）全面提升贫困地区产业发展设施水平

一方面，加大财政扶贫资金用于贫困地区产业发展的投入比例，强化产业发展的基础支撑。依托现有城镇布局和产业发展规划，完善"水、电、路、气、通"等产业发展的硬环境建设；全面提升贫困地区农业生产条件，高标准农田建设、农田水利设施更新、标准化圈舍建设等项目更大力度地向贫困地区倾斜。另一方面，遴选生态环境优美、人口基数大、相对密集的贫困村，按照美丽乡村建设标准，提升人居环境整治建设水平，协同推

进乡村旅游、休闲度假等基础设施建设，为贫困村发展乡村旅游休闲产业奠定基础。

（二）大力优化贫困地区营商环境

一是着力构建贫困县"4套班子"齐唱"经济大合唱"的体制机制，增设以培育壮大内生发展动力为主导目标的政绩考核内容，科学设置考核指标和考核方式，激发贫困县领导班子的发展斗志及潜力，营造积极、昂扬的发展氛围。二是大力优化完善营商"软环境"建设，搭建统一政务咨询投诉举报平台，构建"统一接收、按责转办、限时办结、统一督办、评价反馈"的闭环机制，根据市场主体对营商环境的合理诉求，细化优化落实行政管理服务，强力推进职能部门信息资源共享开放和办事流程公开透明，确保政策受众的信息全覆盖。三是试行超常规举措，如探索将贫困县作为河北农村综合改革试点县等，制定实施地方性法规、条例，以更优惠便捷的税费、用地、用工、融资等政策吸引社会资本到贫困县投资发展。

（三）调整延续部分脱贫攻坚政策助力相对贫困治理

充分利用"四不摘"政策，鼓励帮扶单位将帮扶重点从聚焦贫困户个体发展向培强贫困村发展能力转变，在保障建档立卡脱贫户脱贫收益的基础上，调整拓延帮扶政策内容、对象、范围和方式，更好地发挥其"造血功能"。一方面，扩延政策覆盖范围，把用于增强贫困户发展能力的扶贫举措，如扶贫小额信贷政策、"无息创业助业金"、就业补贴政策等，扩延为相对贫困群体都可享受的常态化扶持政策；支持贫困村发展的政策和资源，在满足贫困村需要的基础上，以县（市）为单位统筹扶持非贫困村发展。另一方面，适度调整部分政策扶持内容和方向，根据贫困村发展需要，整合部分到村到户扶贫资源和政策，在尽量不改变资金用途的基础上，转化为提升贫困村发展能力的政策和资源，重点解决乡村产业发展中最突出、最紧迫的制约性问题，如田间道路建设、适宜性技术支持等。

三 提振贫困地区产业发展动力，增强其脱贫纾困内生能力，推进产业扶贫向产业治贫转变

发展产业不仅是全面打赢脱贫攻坚战的根本举措，也是确保持续增收、走向富裕的必由之路，更是提升内生发展动力，治理相对贫困的关键所在。要通过提升贫困地区产业内在素质，挖潜贫困地区资源、政策优势，推动贫困地区特色产业提质增效、优化升级，更好地适应发展变化的市场需求，以稳定可持续的发展模式带动贫困地区低收入群体居民收益的稳定增长。

（一）推进贫困地区产业组织化、规模化发展

按照自愿原则，以乡为范围，统筹辖内同类经营主体，包括村集体经济组织等经济体，组建合作社，在县级成立联合社，规范做好股权登记、经营管理、利益分配等机制，着力改变贫困地区农业产业"小而散""碎片化"发展方式，以及单个经营主体单打独斗、同质竞争、市场话语权缺乏的生产经营状况，推进贫困地区产业"组团"发展，以规模化、组织化提升发展效能。

（二）围绕"特""土""乡"，大力发展"链"经济

河北大部分贫困地区不缺乏优质农产品生产，农民增收难主要难在其生产缺乏良性循环的产业链和稳定的价值链分配机制。农户在产业链中的组织化水平低、在价值链中的收益占比低，导致其无法跳脱增产不增收的"市场诅咒"。提升贫困地区产业发展动力，必须着力在"链"上做文章。

一是精准施策，合理布局，着力构建形成稳固的产业链条。围绕各贫困县特色产业发展，通过培育壮大产业化联合体、建设特色产业基地、实施农业产业强镇项目、创建三产融合发展的扶贫产业园、引导农产品加工产能向贫困县城和重点乡镇转移等抓手，延伸、培育、稳固产业链条，以转化、挖

潜生态红利为发展优势，推进贫困县主导产业做大做深做强。一方面，以县为单位，根据当地发展规划和产业资源禀赋特色，选取农户参与度高、市场相对稳定、链条相对完整、市场竞争力相对较强的1~2个规模较大的特色农业产业作为主导产业，统筹协调区域内该产业各类资源和要素，科学合理布局产业时空分布与发展。做好龙头企业的招商引资或本地龙头企业的培强工作，规划培育好相应的配套产业，以"县级有龙头、乡镇有规模、村里有卫星、户有小作坊"的产业带动就业、就业促进产业的发展模式，推动贫困地区特色农业产业"链式"发展。另一方面，创新优化政策扶持机制和方式，着力构建稳固的利益联结机制，提升"链"产业提能增收益贫能力。鼓励龙头企业及各新型农业经营主体创新与农户的利益联结模式和机制，强化各方诚信意识，把针对企业及新型农业经营主体实施的评优创先、政策扶持、项目倾斜等优惠措施与其带动低收入农户的数量及其带贫效果等相结合，强化其创新完善稳固利益联结机制、带动低收入农户提能增收的内生动力和外在压力。

二是积极利用"互联网+"，发展"新农商"，优化线上线下利益分配机制，推动低收入农户成为农产品产业链利益主体。一方面，充分利用商业可持续与公益理念叠加的赋能式创新实践，积极推进贫困地区成规模的特色产业与拼多多、京东、天猫等电商平台的公益项目，如多多农园、京喜等合作，通过"电商平台+合作社+新农人""政府+媒体+电商平台""媒体+直播+电商"等模式，推进贫困地区成规模的特色产业发展和低收入农户增收。另一方面，积极推进贫困地区新农人发展"新农商"，通过典型示范宣传推广、新媒体销售技能培训、完善分拣品控包装冷链物流仓储等硬件设施和软件基础建设、强化交通不便地区的物流补贴等举措，推动贫困地区新农人利用淘宝直播、微信群、抖音、快手等新媒体开展与农产品销售终端的无缝对接。

（三）构建完善河北贫困地区特色优质农产品省内消费机制，畅通贫困地区农产品线下销售

有研究表明，在当前冷链物流发展还不十分完善的农产品物流运输系统

中，有超过70%的农产品销售是依靠线下实现的。河北贫困地区有很多地方性优质农产品，在生产地名气很大，像康保的香瓜等，但由于规模、理念、交通、物流等多方面的原因，不能在国内知名电商平台开展线上销售，而线下销售渠道也较少，致使非生产地居民想买买不到，销售半径过小、范围过窄，增大了滞销的风险。针对这种情况，省级层面要进一步整合利用河北本土线上线下销售渠道，如各地市的大型超市、批发市场、线下零售终端门店、电商企业和平台等，通过补贴入场费和场位费、组建河北农特产品专属市场或柜台、创建河北特色农产品电商平台、推进供销合作社等省内物流体系对贫困地区的全覆盖等，扩大销售半径，构建覆盖全省消费终端的河北土、特、原产品信息发布与销售网络体系，推动贫困地区优质产品在全省的销售。

四 延续脱贫攻坚就业脱贫体制机制，增拓就业渠道，构建低收入群体稳定就业增收渠道

工资性收入是近几十年来河北省农村居民增收的重要渠道，劳务增收也是被实践证明了的重要脱贫手段，亦是2020年后相对贫困群体增收的重要来源。推进脱贫攻坚与相对贫困治理有效衔接，核心内容之一是把脱贫攻坚中积累的、行之有效的就业脱贫的体制机制，以及成功成熟的经验、做法等，适当调整后为治理相对贫困所用。在此基础上，加大创新力度，增拓就业渠道，构建低收入群体稳定增收的就业体系。

（一）强化用工大省、大市就业渠道开拓，打造省外"点对点式"组织化转移就业体系

河北人多地少，工业化程度和第三产业发展水平远低于东部沿海省份，省内产业体系对农村劳动力，尤其是低劳动技能水平劳动力的容载量远远小于相应劳动力数量，省外就业既是形势所迫，亦是大势所趋。与河北省情况类似的河南等省份，农村劳动力省外就业比例显著高于河

北省，更远远高于河北省贫困地区。构建低收入群体稳定就业体系，必须加大省外就业转移力度。建议采取向国内劳务输入大省、大市，如广东、浙江、上海、北京、天津等地派驻政府派出机构，或者采取向社会购买相对贫困劳动力转移就业服务成果的方式，构建贫困县与用工大省、用工大市和用工大企之间"点对点"的劳务协作关系，依托本地县级职业培训机构、人力资源服务机构和社会中介服务组织，采用"岗位+技能+相对贫困户"模式，有组织地推进本地有劳动能力和就业意愿的相对贫困劳动力在劳务输入大省（市）异地就业。把相对贫困户劳动力按相对贫困等级分步纳入就业扶贫政策扶持范围，财政就业扶贫补贴资金的使用，要注重引导、培育、增强劳动力长期稳岗就业的能力，注重鼓励培训机构或政府派驻机构为异地就业劳动力工作生活提供"救助型"的服务和管理，解决相对贫困劳动力省外就业生活中遇到的难题和不公待遇。

（二）深化省内"结对式"就业帮扶机制，推进贫困地区劳动力县域外稳定就业

一方面，以地级市为统筹范围，开发全市公益性岗位设置，层层分解指标，综合考虑相对贫困等级、劳动力资本素质和技能水平、就业意愿等，优先安排本市相对贫困程度较深、依靠自身能力就业难度较大、就业意愿较强的相对贫困劳动力就业。另一方面，推进全省经济富裕县与贫困县在自愿基础上组成就业帮扶对子，开发经济富裕县的公益性岗位和市场供给岗位，在满足本县相对贫困劳动力就业外，帮助贫困县相对贫困劳动力就业。省级层面实施鼓励扶持相对贫困劳动力就业创业的优惠政策，帮扶县及用工单位符合条件的，要对其进行覆盖和落实。

（三）以推进农村创新创业为抓手，打造县域相对贫困劳动力本地就业"主阵地"

贫困地区尽管在聚集现代生产要素、构建现代产业体系方面具有明显劣

势，但其显著的生态环境优势为其打造现代农业产业体系奠定了坚实基础。大力推进贫困地区农村创新创业，依托其独特的生态、环境等优势，发挥后发优势，扶持培育一批农村创新创业主体，既是激发贫困地区农业农村经济活力的主要手段，亦是吸纳贫困地区农村劳动力、实现其就地就近就业的重要方式。总结省内外农村创新创业的成熟经验，推进相对贫困群体本地就业创业，要实现四个聚焦：一是聚焦创业主体的成功概率，有重点地甄选创业对象进行精准培育和扶持；二是聚焦创业产业的就业带动作用，鼓励双创主体依托本地特色资源，着力发展劳动密集型产业；三是聚焦双创的"三留"功能，把产业留在农村，把岗位留给相对贫困群体，把产业链增值收益留给农民；四是聚焦培育地方产业和本地相对贫困农户的自主发展能力，实现稳定就业和长期就业。

一是选育重点培育对象。由各地级市委组织部牵头，在贫困县本地农村居民中，筛选有发展潜力、有创业基础、经过实践锻炼的农村党员，积极向党组织靠拢的青年农民，以及有较强创业意愿的相对贫困群体，作为主要培育对象。二是开展综合技能培训，培育农村发展"能人"。结合各贫困县的资源特色，围绕现代种养、农村电商、农村"土特"产品加工、餐饮民宿、休闲旅游等产业以及其他劳动密集型产业，整合市级涉农部门、财政、党校、扶贫、组织等职能部门资源，开展多种形式的"适用技术+扶持政策体系"综合培训。做好后续管理和跟踪服务，搭建专门的交流渠道和平台，对其创新创业过程中遇到的困难和问题提供帮助、指导和支持。强化成效考核，督促学员和培训单位"真学本领、学真本领、有真本事"。三是强化政策带贫益贫导向，打造农村相对贫困本地就业"主阵地"。根据其示范带动和雇用相对贫困群体的人数、时长及提能增收效果等带贫益贫效应，适时、适地、适才、适宜推荐优秀者入党、提名为村"两委"班子候选人、提名为村党组书记候选人等，优先安排技能再培训、土地利用支持、融资担保扶持、产品宣传推广介绍以及涉农资金和项目，优先解决发展难题、落实扶持政策等鼓励优惠措施，培育打造其成为带动相对贫困群体本地就业的"主阵地"。

五　多措并举增强集体经济实力，为贫困地区脱贫提供坚实保障

农村集体经济是农村经济的重要组成部分，也是农村基础设施建设与管护以及农村公共服务供给的主体，强壮有力的集体经济是农村产业项目落地、产业发展和农民增收的保障，更关系到农村因病因残、无劳动能力和自身发展能力较弱的低收入人口摆脱绝对贫困和缓解相对贫困状态的质量和水平。因此，不管是全面打赢脱贫攻坚战，还是治理相对贫困，发展壮大贫困地区集体经济都是必经之路。要在继续做好成员界定、清产核资、股权量化、盘活集体资产资源等工作的前提下，探索贫困地区集体经济发展壮大的多元化路径。

一是创新用好财政资产壮大集体经济。探索将进村的各级财政扶贫资金和各单位扶贫资产、财政投资建设的农村基础设施、财政扶持资金等由财政投入形成的资产，折股量化为村集体经济资产，支持集体经济组织以此入股各类经营主体，实现集体经济组织的分红收入。

二是打好政策"组合拳"扶持集体经济发展。一方面，打好扶持政策"组合拳"。整合各部门涉农资金，设置支持集体经济发展的专项资金；整合多元政策资源，将发展集体经济与产业发展、脱贫攻坚、农村基础设施和公共服务建设、生态环境改造、少数民族优惠、革命老区建设等各类支持政策有机衔接；针对集体经济发展的特点，研究制定靶向性的土地、税费、金融等方面的支持政策，构建集体经济发展的系统性政策支持体系。另一方面，支持农村集体经济组织发展产业增加收入。鼓励农村集体经济组织"靠山吃山唱山歌，靠海吃海念海经"，深度挖掘、有效盘活农村各类特色资源，通过自营、入股、共建等多种方式，发展多元化、多业态的乡村产业；支持集体经济组织承接政府公共服务、小微型基础设施等项目建设；支持集体经济组织发展服务业，为各类新型农业经营主体和其他外来投资主体提供农资供应、技术指导、加工仓储、营销物流、劳务用工、物业管理等生

产、生活服务；推动农村集体经济组织发挥土地、人力等成本低廉的优势，主动承接城市地区在产业结构转型升级过程中"挤出"的第二、第三产业项目，将其发展为城市大工业服务的劳动密集型产业项目。

三是探索多种协同发展模式培强农村集体经济。"单丝不成线，独木不成林"，要采取多种方式，如推动地域相邻的农村集体经济组织以共同出资的方式组建多村合作集体经济组织体，非邻集体经济组织以相互入股、异地置业等"飞地经济"方式，以及强强联合、以强带弱、弱弱抱团等方式，推动农村集体经济组织通过资源、资产的相互整合，突破单个农村集体经济组织单独发展的资源、空间、要素、能力等局限，以联合发展、融合发展、链合发展、互助发展等方式实现协同提升。

六 完善扶贫资产资本稳增收实现机制，更好地发挥其带贫益贫效应

扶贫资产资本是河北各贫困县打赢脱贫攻坚战的坚实后盾，亦是贫困村、贫困户实现稳定增收脱贫的重要支撑，更是高度依赖转移性收入脱贫的脱贫户抵御返贫致贫风险的根基。如前所述，在全面打赢脱贫攻坚后，已脱贫摘帽的贫困地区和贫困户成为相对贫困群体、相对贫困重点治理对象的概率很大。继续发挥扶贫资本资产的带贫益贫效应，使之更好地为治理相对贫困助力，不仅是推进脱贫攻坚与相对贫困治理有效衔接的重要内容，而且是2020年后治理相对贫困的重要抓手。针对脱贫攻坚战中基层干部群众经营管理扶贫资产能力相对不足以及扶贫产业小、散、弱等难题，建议在各贫困县，由县级扶贫开发领导小组办公室牵头，成立县级扶贫资产资本统一管理机构（如扶贫开发投资有限公司），统筹管理、运营、维护县、乡（镇）、村所有扶贫资产资本，以企业化、市场化的形式统筹规划、管理和发展全县扶贫产业项目，县、乡、村各级扶贫资产资本评估量化入股。经营收益首先保障全县范围内高度依赖保障性扶贫方式脱贫和主要依靠资产收益方式脱贫的建档立卡贫困户、贫困村村集体经济组织等的扶贫收益，以及非经营性扶

贫资产的管护等；其次，用于提升其他低收入群体产业发展增收能力，通过扶持其生产经营、完善保险保障、补齐基础性生产设施和服务短板等举措，增强其产业发展增收能力；最后，剩余收益在留足发展资金后，或按股分红，或用于扩大再生产。试行贫困村集体经济组织非扶贫类生产性资产资源托管制度，在征得村集体经济组织成员（代表）或村民代表同意后，将村集体中非扶贫类的生产性资源资产，折股量化后纳入全县扶贫资产资本，委托县级扶贫资产资本统一管理机构统一管理运营，规范签订入股分红协议，借助县扶贫资产资本管理平台，实现贫困村集体资产的稳定增收。

参考文献

《中共中央 国务院关于打赢脱贫攻坚战的决定》，中华人民共和国中央人民政府网，2015年12月7日，http://www.gov.cn/zhengce/2015-12/07/content_5020963.htm。

《中共中央办公厅 国务院办公厅印发〈脱贫攻坚责任制实施办法〉》，中华人民共和国中央人民政府网，2016年10月17日，http://www.gov.cn/xinwen/2016-10/17/content_5120354.htm。

中共中央党史和文献研究院编《习近平扶贫论述摘编》，中央文献出版社，2018。

B.17
加快推动河北省县域经济转型升级的思路与对策

李军 李云霞*

摘 要： 郡县治则天下安，县域强则全省强。河北县数量多、人口多，县域经济在全省经济社会发展中占有举足轻重的地位。近年来，河北省委、省政府高度重视县域经济发展，出台实施了一系列支持县域经济发展的政策措施，取得了良好成效，但总体来看，河北省县域经济发展质量仍然不高，与先进省份相比差距较大，县域经济转型升级势在必行。本报告通过比较分析河北省与苏浙鲁三个先进省份县域经济在规模和层次、综合实力和竞争力、发展质量和效益、居民收入水平和消费潜力等方面的差距，找出河北省发展县域经济中存在的问题和不足，主要有思想不解放、创新能力不强，营商环境不优、市场活力不足，产业基础薄弱、经济发展内生动力不足，基础设施短板突出、缺乏要素吸引力等，提出了推动河北省县域经济转型升级的对策建议，主要有结合县域实际，探索分类发展新模式；遵循阶段特征，明确工业发展主路径；激发转型动力，改革开放促进大发展；坚持城乡统筹，迈向高质量发展新阶段等四个方面。

关键词： 县域经济 高质量发展 河北省

---

* 李军，河北省社会科学院农村经济研究所研究员，主要研究方向为农村经济理论与实践；李云霞，河北省经济信息中心高级经济师，主要研究方向为宏观经济研究。

当前，我国经济已由高速增长阶段转向高质量发展阶段，正处在转变发展方式、优化经济结构、转换增长动力的关键时期。实现高质量发展，建设现代化经济体系，实施乡村振兴战略，基础在县域，难点在县域，活力也在县域。近年来，河北省高度重视县域经济发展，出台了一系列政策措施，激励县级抓项目、促发展、聚财源，县域经济整体实力全面提升。但与发达省份相比，河北省县域经济发展缓慢，开放程度不高，整体实力和竞争力较低，转型升级任务依然艰巨。苏浙鲁三省是县域经济最发达的地区，县域经济发展缤彩纷呈，亮点颇多，许多成功经验值得河北省学习借鉴。

一 河北省与苏浙鲁县域经济发展比较分析

2019年全国县域经济百强名单中，河北省只有迁安和三河两市上榜，分别位列第29名和第54名。2019年全国综合经济竞争力百强县（市）名单中，河北省迁安、三河、武安和任丘4个县级市上榜，分别位列第24名、第57名、第63名和第94名。而两个榜单中，苏浙鲁三省百强县（市）数目稳居前三，总数分别达到63席和62席，河北省与苏浙鲁县域经济发展差距之大可见一斑。

（一）规模和层次

从行政区划来看，河北省县多县小，2018年全省有168个县级行政单位，其中47个市辖区、121个县和县级市；江苏省有96个县级行政单位，其中55个市辖区、41个县和县级市；浙江省有89个县级行政单位，其中37个市辖区、52个县和县级市；山东省有137个县级行政单位，其中56个市辖区、81个县和县级市（见表1）。根据县域经济发展规律，只有当县发展到一定程度，城镇面积、人口达到一定规模和较大比例时，才能升级为县级市或区。与苏浙鲁三省相比，河北省县（市）数量和占全省比例明显偏高，市辖区占比较低，县域整体层次不高，大部分停留在县的发展水平，升区的任务艰巨。

表1 2018年河北省与苏浙鲁县域行政区划比较

单位：个，%

省份	县级行政单位	市辖区	市辖区占比	县（市）	县（市）占比
河北	168	47	28.0	121	72.0
江苏	96	55	57.3	41	42.7
浙江	89	37	41.6	52	58.4
山东	137	56	40.9	81	59.1

资料来源：各省2018年统计年鉴。

从县域人口来看，河北省县域城市规模小，城镇化水平低，县城多为Ⅱ型小城市。2018年，河北省县域人口5252.8万，占全省比重达69.5%，城镇化率为48.3%。总人口在50万以下的县（市）有82个，占全省比重达67.8%，其中大厂、尚义、沽源、新河、康保、高邑、柏乡等6个县人口在20万以下；总人口在50万～100万的县（市）有38个，占全省比重达31.4%；总人口在100万以上的县（市）只有定州一个。江苏大部分县（市）人口在50万以上，其中总人口在100万以上的有21个，占全省比重达51.2%。浙江和山东也分别有17.3%和21.0%的县（市）总人口在100万以上（见表2）。

表2 2018年河北省与苏浙鲁县域人口比较

省份	县域人口（万人）	占全省比重（%）	总人口在50万以下的县(市)（个）	占全省比重（%）	总人口在50万～100万的县(市)（个）	占全省比重（%）	总人口在100万以上的县(市)（个）	占全省比重（%）
河北	5252.8	69.5	82	67.8	38	31.4	1	0.8
江苏	4072.0	50.6	4	9.8	16	39.0	21	51.2
浙江	3070.1	53.5	28	53.8	15	28.8	9	17.3
山东	6336.63	63.1	13	16.0	51	63.0	17	21.0

资料来源：各省2018年统计年鉴。

（二）综合实力和竞争力

从经济规模来看，河北省在四省中县域GDP最低，占全省比重最高，在全省经济发展中贡献最大，对全省经济发展的意义更加突出。2018年，河北省县域GDP为20174.8亿元，占全省比重为56%，比苏浙鲁分别高12.5个百分点、12.3个百分点和7.5个百分点；县均GDP为166.7亿元，仅约为江苏的1/6、浙江和山东的1/3；人均GDP为38407.7元，分别只有苏浙鲁的39%、48%和66%（见表3）。由此可见，河北省县域经济与苏浙鲁的差距不仅仅是县多县小的问题，人均生产能力的差距还在一定程度上反映出河北省县域经济发展效益不高。

表3 2018年河北省与苏浙鲁县域GDP比较

省份	县域人口（万人）	占全省比重（%）	县域GDP（亿元）	占全省比重（%）	县均GDP（亿元）	人均GDP（元）
河北	5252.8	69.5	20174.8	56.0	166.7	38407.7
江苏	4072.0	50.6	40288.7	43.5	982.7	98940.8
浙江	3070.1	53.5	24568.4	43.7	472.5	80025.6
山东	6336.63	63.1	37092.4	48.5	457.9	58536.4

资料来源：各省2018年统计年鉴。

从各县（市）经济实力来看，河北省经济强县（市）数量少、县域竞争能力弱，大部分县（市）处于相对落后水平。2018年，河北省仍有93个县（市）GDP在200亿元以下，占全省比重高达76.9%，200亿~500亿元的县（市）有23个，占全省比重为19.0%，500亿~1000亿元的县（市）只有5个，占全省比重为4.1%，没有县（市）突破1000亿元。江苏所有县（市）GDP均在200亿元以上，其中大部分在500亿~1000亿元，占全省比重达41.5%，有12个县（市）达到1000亿元以上，其中，昆山和江阴两市GDP均突破3800亿元。浙江和山东大部分县（市）GDP也在200亿元以上，其中1000亿元以上的县（市）分别有6个和5个（见表4）。

加快推动河北省县域经济转型升级的思路与对策

表4 2018年河北省与苏浙鲁各县（市）GDP分布情况比较

单位：个，%

省份	200亿元以下的县（市）	占全省比重	200亿~500亿元的县（市）	占全省比重	500亿~1000亿元的县（市）	占全省比重	1000亿元以上的县（市）	占全省比重
河北	93	76.9	23	19.0	5	4.1	0	0
江苏	0	0	12	29.3	17	41.5	12	29.3
浙江	12	23.1	18	34.6	16	30.8	6	11.5
山东	4	4.9	57	70.4	15	18.5	5	6.2

资料来源：各省2018年统计年鉴。

（三）发展质量和效益

从产业结构来看，河北省传统农业县较多，整体农业增加值比重偏高，工业仍然处于较落后发展阶段，服务业发展动力不足，产业结构有待进一步优化。2018年，河北省县域产业结构为13.4∶41.5∶45.1，第一产业占比比江苏和浙江分别高出7.0个百分点和8.4个百分点，工业增加值超过200亿元的县（市）只有5个；而江苏约2/3的县（市）工业增加值均在200亿元以上，其中，江阴和昆山2市接近2000亿元，张家港、常熟2市也在1000亿元以上；浙江的县域工业整体不如江苏，但工业增加值在200亿元以上的县（市）也达到20个，占比达到38.5%（见表5），远高于河北省县域工业水平，同时浙江的服务业发展势头强劲，以数字经济、平台经济为引领的生产性服务业和生活性服务业快速发展，在全国形成了最具影响力的服务业经济体系。

表5 2018年河北省与苏浙鲁各县（市）三次产业结构情况

单位：%，个

省份	第一产业占比	第二产业占比	第三产业占比	工业增加值超200亿元的县（市）	占比
河北	13.4	41.5	45.1	5	4.1
江苏	6.4	48.0	45.5	27	65.9
浙江	5.0	47.7	47.3	20	38.5
山东	—	—	—	—	—

资料来源：各省2018年统计年鉴。

从财政收入来看,河北省县域财政收入基数小,县域经济对财政的贡献率低,发展质量和效益亟待提高。2018年,河北省县域一般公共预算收入为1221.1亿元,只有江苏的42.7%、浙江的55.7%、山东的53.7%。县域一般公共预算收入占GDP的比重只有6.1%,与山东持平,分别比江苏、浙江低1.0个百分点和2.8个百分点。河北省大部分县(市)一般公共预算收入在10亿元以下,占全省比重达到71.1%,50亿元以上的只有迁安和三河2市,没有超过100亿元的县(市)。江苏大部分县(市)一般公共预算收入在20亿元以上,其中,50亿元以上的达到21个,占全省比重达51.2%,其中,昆山、江阴、张家港、常熟、太仓、宜兴等6市超过100亿元,分别达到387.9亿元、254.0亿元、233.4亿元、211.1亿元、155.1亿元和120.0亿元。此外,浙江和山东大部分县(市)一般公共预算收入集中在10亿~100亿元(见表6),浙江的慈溪市和余姚市、山东的龙口市和胶州市均突破100亿元。

表6 2018年河北省与苏浙鲁各县(市)财政收入分布情况比较

省份	县域一般公共预算收入(亿元)	占GDP的比重(%)	10亿元以下的县(市)(个)	占全省比重(%)	10亿~20亿元的县(市)(个)	占全省比重(%)	20亿~50亿元的县(市)(个)	占全省比重(%)	50亿元以上的县(市)(个)	占全省比重(%)
河北	1221.1	6.1	86	71.1	23	19.0	10	8.3	2	1.7
江苏	2857.9	7.1	0	0	1	2.4	19	46.3	21	51.2
浙江	2191.5	8.9	9	17.3	10	19.2	14	26.9	19	36.5
山东	2275.7	6.1	8	9.9	33	40.7	28	34.6	12	14.8

资料来源:各省2018年统计年鉴。

(四)居民收入水平和消费潜力

当前,消费越来越成为经济发展的基础性力量,消费水平、潜力在相当程度上决定着一个地区经济增长的潜能。整体而言,河北省县域居民收入水平较低、潜力不足,对县域经济发展的拉动力有待提升。

从城镇居民人均可支配收入来看，2018年，河北省各县（市）主要集中在2.5万~3.5万元，占比达到71.9%，仍有16个县（市）在2.5万元以下，没有县（市）达到4.5万元以上；江苏各县（市）已经全部超过2.5万元，其中29.3%的县（市）超过4.5万元；浙江各县（市）已经全部超过3万元，其中61.5%的县（市）超过4.5万元，其中义乌市最高，达到7.1万元；山东各县（市）主要集中在2.5万~4.5万元，4.5万元以上的县（市）有4个（见表7）。

表7　2018年河北省与苏浙鲁县域城镇居民人均可支配收入分布情况

单位：个，%

	河北		江苏		浙江		山东	
	数量	占比	数量	占比	数量	占比	数量	占比
2.5万元以下	16	13.2	0	0	0	0	5	6.2
2.5万~3万元	55	45.5	9	22.0	0	0	26	32.1
3万~3.5万元	32	26.4	9	22.0	1	1.9	18	22.2
3.5万~4万元	12	9.9	5	12.2	8	15.4	20	24.7
4万~4.5万元	6	5.0	6	14.6	11	21.2	8	9.9
4.5万元以上	0	0	12	29.3	32	61.5	4	4.9
合计	121	100	41	100	52	100	81	100

资料来源：各省2018年统计年鉴。

从农村居民人均可支配收入来看，河北省除遵化市外，其他县（市）均在2万元以下，其中1万元以下的有26个，占比达21.5%，没有县（市）达到2.5万元。而苏浙鲁三省均没有1万元以下的县（市），苏浙县（市）基本在1.5万元以上，其中浙江有1/2以上的县（市）在2.5万元以上；山东各县（市）全部集中于1万~2.5万元（见表8）。

表8　2018年河北省与苏浙鲁县域农村居民人均可支配收入分布情况

单位：个，%

	河北		江苏		浙江		山东	
	数量	占比	数量	占比	数量	占比	数量	占比
1万元以下	26	21.5	0	0	0	0	0	0
1万~1.5万元	48	39.7	1	2.4	0	0	37	45.7
1.5万~2万元	46	38.0	17	41.5	13	25	32	39.5

续表

	河北		江苏		浙江		山东	
	数量	占比	数量	占比	数量	占比	数量	占比
2万~2.5万元	1	0.8	14	34.1	12	23.1	12	14.8
2.5万元以上	0	0	9	22.0	27	51.9	0	0
合计	121	100	41	100	52	100	81	100

资料来源：各省2018年统计年鉴。

二 河北省县域经济发展主要问题及原因分析

河北省与苏浙鲁同属沿海地区，区域、交通、历史文化、自然资源等优劣势均可圈可点，不相上下，而经济发展差距却逐年扩大，需要我们深入分析问题根本，从内部深挖原因，找准症结。

（一）思想不解放，创新能力不强

改革开放40多年来中国县域经济发展的总体态势和实践探索充分证明，推动思想解放和重视制度创新是县域经济发展壮大的动力源泉。发达地区的县域经济能够持续壮大，源于它们能够从经济社会发展的实际需求出发，不断解放思想，不断创新求变，突破制度束缚，着力激发城乡社会和市场主体的创造力和活力。河北省县域经济发展迟迟没有突破，主要瓶颈就是思想观念保守落后，因循守旧，跟不上时代步伐，发展思路不清，习惯用旧理念抓新事物，一些领导干部怕担责任，缺乏创新突破的勇气和胆量，不能以更加开放包容的态度推进经济社会发展。

（二）营商环境不优，市场活力不足

中国百强县的实践表明，以良好的氛围吸引资金、技术、人才等生产要素聚集，以开放、外向型思维为民营经济、个体经济、外资经济提供充分发展空间，为县域经济发展做出了重要贡献。而河北省的营商环境整体来看还

是县域经济发展的主要短板，市场主体的满意度和获得感不高。有些政策可操作性不强，无法解决实际问题，有些政策由于公开渠道不畅，宣传不到位，知晓度不高，影响了政策红利的效应；有些部门执行力度不够，主动服务意识不强，个别政府部门领导和工作人员形式主义、官僚主义仍然突出，行政效能和服务质量亟须提高。

（三）产业基础薄弱，经济发展内生动力不足

发达地区的实践证明，特色产业是县域经济内生增长的动力源。江苏县域经济突飞猛进，发展较快的县（市）无一例外都有围绕自身特色、各展其长的"绝活"。只有找到一条符合县（市）情的发展道路，发挥优势，扬长补短，才能在差异化竞争中胜出。河北省县域特色产业大多为传统产业，以中小企业为主，经营分散，实力较弱，大项目、创新型项目相对较少，投资带动不足；大部分企业产品科技含量低，同质化现象严重，存在同业恶性竞争，抵御市场风险的能力较低；特色产业集群存在群体大、单体小等问题，龙头企业带动作用不明显，集群效应尚未充分释放。

（四）基础设施短板突出，缺乏要素吸引力

基础设施是撬动经济发展的有力杠杆，是县域经济的重要物质基础，支撑着现实的发展，体现着未来发展的后劲。经济发达县（市）一定有良好的交通、市政、环保、水利、能源、通信及公共服务等基础设施，能够承载强大的人口、环境、产业发展需求。河北省大部分县（市）财力较弱，基础设施和公共服务投入不足，逐步形成了"投入不足—基础设施和公共服务不完善—缺乏要素吸引力—经济增长缓慢—财政收入不高—投入持续不足"的恶性循环，制约了县域经济的健康快速发展。

三 加快推动河北省县域经济转型升级的对策建议

苏浙鲁县域经济发展模式和成功经验是在实践中不断探索形成的，有其

本身的特定时空条件，我们学习借鉴一定不是形式上的盲目照搬，而是要挖掘其深层次的精神内涵，梳理其发展壮大的特性和共性，在充分考虑本地发展实际的基础上，借鉴其共性因素，结合自身特性，探索一条适合自己的转型升级之路。

（一）结合县域实际，探索分类发展新模式

河北省121个县（市）地理区位、资源禀赋、功能定位、经济基础、发展潜力各不相同，强县、弱县实力悬殊，在发展模式和发展路径上要因地制宜，分类施策。

1. 按照主体功能区分类

要在符合功能定位的基础上，发挥各自优势，差异化发展。借鉴苏浙鲁地区解放思想、勇于创新的精神，充分利用好国家和省市各种优惠政策，最大限度地利用好政府和市场、县内和县外各种资源，用超前的眼光谋划项目、以开放包容的制度激活市场要素。纳入优化开发区的20个县（市）资本、人口、技术等要素集中度相对较高，开发强度较高，资源环境矛盾较为突出，产业结构优化升级更为迫切。可借鉴浙江慈溪模式，以创新驱动为引领，抓住京津冀协同发展的历史机遇，借力京津，加快形成京津研发、河北转化、河北制造的合作新模式。纳入重点开发区的12个县（市）大都具有一定的经济基础，人口聚集能力和资源环境承载能力较强，发展潜力较大，可借鉴江阴、昆山等模式，实施工业化和新型城镇化同步推进，促进产业和人口集中集约布局，大力引进重点项目，加大投资力度，着力于打造全省县域经济发展新高地。纳入农产品主产区的56个县（市）可借鉴浙江温岭模式，在提供优质安全农产品、保障国家粮食安全的基础上，积极探索新的突破口，以实施乡村振兴战略为契机，加快发展现代农业、都市农业，在县城、建制镇、开发区等适宜发展非农产业的地区积极发展工业和服务业等非农产业，提高经济效益。纳入重点生态功能区的33个县（市）可借鉴浙江安吉模式，充分发挥生态资源优势，更加突出生态功能，在保护和修复生态环境的同时，着力提供生态产品，逐步释放生态环境资源红利，提升经济发

展和民生红利,使生态效益、经济效益和社会效益相得益彰。

2. 按照县域特点分类

各县(市)要找准自身优势,结合本地条件探索出一条适合自己的特色化县域全面崛起推进路径。大城市周边县(市)要发挥较好的区位交通优势,主动与大城市沟通对接,加强合作,完善合作平台,接受大城市功能辐射和产业外溢,大力发展大城市主导产业的上下游产业,与其共同形成一套相互合作、相互协调、配套完整的产业体系。边远山区县(市)要通过培育发展特色农业与乡村观光旅游、养生保健、创意农业、定制农业等新业态,打造县域经济核心竞争力,提升县域自我发展能力。平原县(市)可以把重点放在促进中心城镇集中集约水平提升方面,通过优化开发不断提高单位土地的产出效率,强化对外开放,吸引高端高新产业和项目落地。资源型县(市)要更加注重资源的合理开发利用,加快传统小工业的转型升级,逐步摆脱传统发展模式依赖,积极培育发展新动能,增强可持续发展能力。

(二)遵循阶段特征,明确工业发展主路径

工业化是县域经济发展的必然路径,江阴、昆山等大部分发达县(市)是以强大的工业产业为支撑而发展壮大的。河北省县域经济整体上处于工业化中期阶段,当前和今后一段时间,"工业立县(市)"仍然是河北省大多数县(市)发展壮大的主路径,工业的转型升级是县域经济转型升级的关键。

1. 推动特色产业集群智能化转型

目前,河北省每个县(市)大都明确了自己的特色产业,全省县域特色产业集群接近300个,拥有良好的发展基础。当务之急是推动特色产业集群改造提升,向智能制造、数字经济转型,将互联网、大数据、人工智能等现代信息技术充分融入特色产业生产设计、技术研发、产品销售等各个环节,变革原有生产模式,重塑产业链、供应链和价值链,推动产品从设计制造到回收再利用全生命周期的高效化和优质化,重点培育一批智能制造、工业互联网、服务型制造等数字经济典型企业,推进企业上云,提升企业数字

化水平，提高整个产业集群的质量和效益。

2. 以科技创新增强转型升级内生动力

积极落实创新驱动发展战略，引进高端科技人才和科技成果，大力发展高新技术企业和科技型中小企业。充分发挥企业创新主体作用，引导企业加大科研投入，组建技术中心、研发中心，提升企业技术水平和创新能力。鼓励县域开发区加强与科研机构、高等院校的合作，柔性引进专业技术人才，促进开发区由"产业园区"向"创新平台"蜕变。支持以企业为主体、以特色产业为依托、以市场为导向，建立"政、产、学、研、金"相结合的技术创新和科技成果转化体制，在开发区建设省级以上研发中心、重点实验室、工程技术研究中心等科技研发平台和公共技术服务平台。

（三）坚持城乡统筹，迈向高质量发展新阶段

城乡面貌是县域综合实力的展示窗口，城乡建设是拉动县域经济高质量发展的重要引擎。苏浙鲁发达县（市）在发展经济的同时，也在大力开展城乡建设，实施了一系列加快城市化进程的改革措施，江苏的张家港、浙江的嘉善、山东的龙口等都是典型的城乡协调发展带动县域经济的例子。

1. 增强县城城市功能

县城是县域经济的中心，其承载能力、建设品质和城市魅力等都会直接影响到各类资源要素的集聚，进而影响整个县域的经济发展。针对河北省县多县小的实际情况，必须坚定不移地实施"小县大县城"战略，培育一批高标准中等城市和特色彰显、宜居宜业、充满活力的特色小城市。一是推动县城扩容提质，科学规划，完善路网建设，加快旧城改造，拉大城市框架，形成片区式、网络式城镇格局。二是完善县城功能，加快市政基础设施建设，提高城市综合承载力；改善县城环境，以生态园林城市为目标，加快城市生态建设，打造生态宜居宜业的品质城市。三是推进产城教融合，不断优化产业园区、城市新区、科教功能区的空间布局，妥善处理居民就业、居住、生活、教育之间的关系，引导产业、资本、人口等要素向县城聚集。

2. 加快推进乡村振兴

乡村是县域经济发展的短板，乡村振兴战略的实施有利于改善乡村发展面貌、推动乡村产业兴旺，促进城乡要素、资源、产业等方面的深度融合，不断提高城乡基本公共服务均等化水平，为县域经济发展提供坚实基础。各县（市）要把乡村振兴战略与县域经济发展紧密结合，抓住乡村振兴的历史机遇，结合各地资源禀赋和特点，因地制宜科学规划，突出地域特色，统筹推进"五个振兴"，加快实现"产业兴旺、生态宜居、乡风文明、治理有效、生活富裕"总目标。

3. 推进城乡融合发展

把农村和城镇作为一个有机整体，统筹空间布局，统筹资源配置，统筹城乡建设，统筹公共服务，推进城乡经济社会一体化发展。一是逐步推进行政区划调整，有序推进"撤县设市、撤县设区、撤乡设镇"，优化行政区划设置，加快城镇化进程。推动燕郊、白沟等经济发达镇行政管理体制改革扩面提质增效，解决法律授权、财政体制、人员编制统筹使用等问题。探索"村改居"治理模式。二是促进城乡要素合理配置。一方面，完善人口市民化政策，推动在城市工作的农村籍人口自愿在城镇落户，引导农民有序融入城市；另一方面，打开乡门，促进各类要素更多向乡村流动，在乡村形成人才、土地、资金、产业、信息汇聚的良性循环，为乡村振兴注入新动能。三是推动城乡基础设施一体化发展，把公共基础设施建设重点放在乡村，统筹布局道路、供水、供电、信息、广播电视、防洪和垃圾污水处理等设施，加快推动乡村基础设施提档升级，实现城乡基础设施统一规划、统一建设、统一管护。四是推动城乡基本公共服务普惠共享。推动教育、医疗、文化、社会保障、社会救助等公共服务向农村延伸，推动社会事业向农村覆盖，健全全民覆盖、普惠共享、城乡一体的基本公共服务体系，推进城乡基本公共服务标准统一、制度并轨。

（四）激发转型动力，改革开放促进大发展

苏浙鲁发达县（市）快速发展的最主要原因就是具有高度的开放性和

深度的改革创新性，它们凭借敏锐的眼光率先实行市场化改革，以开放包容的态度为市场主体提供最好的发展环境，这是河北省县域经济转型升级最应该学习借鉴的地方。

1. 持续优化营商环境

苏浙鲁县域经济发展经验证明，县域经济的发展源泉在于市场的力量，只有政府充分尊重市场、了解市场、服务市场，才能真正激发县域经济发展活力。河北省应该在优化营商环境方面持续发力，不断创新完善体制机制和政策体系，为县域经济高质量发展提供重要环境保障和制度支撑。一是完善政务环境，深化"放管服"改革，变权力型政府为服务型政府，推进投资项目审批全流程改革。把"三创四建"活动细化落实到具体行动中，切实提高行政服务质量，打造"亲""清"新型政商关系。二是加快社会信用体系建设，一方面要倡导企业增强诚信意识，维护市场公平竞争，另一方面要加强政府诚信建设，提升政府公信力，形成全社会守法守规守信守诺的良好氛围。三是强化要素保障，各县（市）要根据自身需求，制定符合当地发展的人才、资金、土地等支持政策，吸引大企业、大项目在本地落户。四是政府要持续增加有效供给，加大对基础设施、公共服务、生态环境等公共产品的投入，为企业家和劳动者提供良好的生活环境。

2. 推进更高水平对外开放

外向型经济发展极大地促进了苏浙鲁县域经济的快速发展，江阴、昆山、义乌、荣成等均是典型的开放型经济，在"引进来"和"走出去"的过程中让企业变得强大、让百姓得到实惠。河北省各县（市）应该借鉴其经验，用更加开放的视野来谋划县域经济发展。一是紧紧抓住京津冀协同发展、规划建设雄安新区、筹办2022年冬奥会等重大历史性机遇，主动与京津对接，承接产业转移；与雄安对接，发展上下游产业；与冬奥会对接，借冬奥会扩宣传、聚人气、树形象。二是以中国（河北）自由贸易试验区建设为契机，充分发挥雄安综合交通枢纽、大兴国际机场国际航空枢纽、曹妃甸天然深水大港、正定机场空铁联运的优势，在发展航空服务业和航运服务业、开展国际大宗商品贸易等方面探索扩大开放的新路径。三是强化招商引资，根据县域发展实际，实施精准招商，学习苏浙鲁招商引资方式，引进一批科技含量和投资强度高的大项目好项目。四是强化区域合作，鼓励各县（市）加强合作，建立长效共建共享共赢机制，组团式发展。

参考文献

孙国富：《县域经济转型升级的关键要素配置路径》，《新经济导刊》2020年第4期。

林园春：《创新驱动县域经济高质量发展》，中国社会科学网，2020年11月25日，http：//www.cssn.cn/gd/gd_rwhz/gd_ktsb_1666/xyzlztjjgzlfz/202011/t20201125_5221310.shtml。

米亮：《量质并重推动县域经济向城市经济转型》，《当代县域经济》2020年第9期。

B.18 加快河北省城乡产业融合发展的对策建议

闫永路*

摘　要： 河北城乡产业融合发展面临城市经济规模小、带动力弱和农村经济（农业经济）占比相对较大、乡村人口较多等制约，针对城乡产业融合发展存在的缺少顶层设计、融合层级较弱、城镇化水平较低等突出问题，应加快完善现代农业三大体系、培育引领性战略新兴产业、完善现代服务业产业体系、补齐生态环境支撑短板，以产业体系和生态体系建设，促进城乡产业延链拓链和融合渗透，加快城乡产业融合发展。

关键词： 城乡产业融合　新型城镇化　河北

河北内环京津、外沿渤海，区位优势、资源优势和市场优势明显，以首都为核心的世界级城市群、京津冀机场群和环渤海港口群建设，为河北推进新型城镇化和城乡融合发展提供了有力支撑。这一独特发展优势同时也对河北加快促进城乡产业融合发展提出了新的更高要求。

一　河北城乡产业融合发展新形势

（一）国家城乡产业融合发展呈现新趋势

城乡融合发展的基础与核心在于加快推进城乡产业融合发展。党的十九

---

* 闫永路，河北省社会科学院农村经济研究所副研究员，主要研究方向为农业农村经济。

届五中全会通过的《中共中央关于制定国民经济和社会发展第十四个五年规划和二〇三五年远景目标的建议》明确指出我国未来产业发展方向。一是在工业发展方面加快壮大新一代信息技术、生物技术、新能源等战略性新兴产业。其中，信息技术、生物技术、新能源、高端装备等产业受人力资本、资金、技术等要素制约，必然要布局于大城市区域，成为城市经济的重要部分。新材料、绿色环保等产业受高等级技术要素约束相对较小，也是县域经济擅长的领域，则可以布局于县级开发区，与农村经济密切结合起来。二是现代农业要确保国家粮食安全。以农业供给侧结构性改革提高粮食和主要农产品供给能力。优化农业产业结构和空间布局，突出粮食生产功能区、重要农产品生产保护区和特色农产品优势区等重要生产功能区的建设与保护，提高农业质量效益和竞争力。加快推动农村三产融合进程，丰富乡村新业态新模式，拓宽农民增收渠道。所以，现代农业是促进城乡产业融合发展的基础性领域和重点领域。三是现代服务业要加快向专业化方向和价值链高端延伸，创新服务形式、内容和业态，提高服务质量水平，促进现代服务业与先进制造业、现代农业深度融合发展。生活性服务业要向高品质和多样化升级，大力发展健康、养老、育幼、文化、旅游、体育、家政、物业等民生需求量大的服务业。所以，现代服务业将以现代物流业等生产性服务业和健康、养老、育幼、家政等生活性服务业为纽带，进一步消弭城乡发展界限，促进城乡融合发展。四是在文化产业发展方面，随着全国城镇化水平不断提高，城市人口对都市农业、农村休闲旅游、生态旅游的需求大幅增长，乡村旅游业成为促进城乡产业融合发展的新纽带。

（二）河北城乡产业融合发展面临新挑战

黄祖辉认为，城乡产业融合发展依赖城镇化的充分发展和乡村价值的提升与再现。[①] 城市化的本质是人口和产业在空间的集聚，乡村价值的提升与

---

① 黄祖辉：《城镇化带动乡村振兴的内涵与路径》，乡村振兴战略背景下城乡融合高质量发展学术研讨会，河北石家庄，2020年8月23日。

再现、"两山"理念的转化,有赖于城市居民对乡村价值的需求,这既是城市化带动乡村振兴的内在逻辑,也是促进城乡产业融合发展的必然选择。城乡产业融合发展不仅体现为城市技术、资本、人才进入乡村,而且包括通过乡村人口的城市化,促进乡村人口就业,从而使人力、土地等要素在城乡之间合理流动,进而促进城乡产业的互动发展。

就河北而言,随着京津冀协同发展战略向纵深推进,河北新型城镇化和城乡统筹发展取得了显著成绩。但是,总的来看,在加快推进全省新型城镇化方面,河北还存在着城镇化水平较低、城市经济规模小质量不高、生产要素聚集能力不强、吸引辐射功能较弱、公共服务供给不足、基础设施欠账较多等短板。在夯实农业农村发展基础上,河北还面临着农业供给侧结构性改革、农业产业结构调整、农村人居环境整治、农村生态环境建设等方面的挑战。河北既是以首都为核心的世界级城市群腹地,也是京津冀机场群和环渤海港口群腹地,多重优势条件要求河北既要加快新型城镇化建设,也要加快现代农业发展,构建新时代城乡产业融合发展新格局。

二 河北城乡产业融合发展主要问题

(一)城乡产业融合缺少顶层设计

党的十八大以来,河北省加快全面深化改革,出台了一系列指导意见,促进各领域产业融合发展。2012年5月河北省政府办公厅出台了《关于推进信息化与工业化深度融合促进现代产业体系建设的意见》,以信息技术加快产品研发、生产经营、节能减排融合发展、创新发展,提高自主创新能力,改造提升传统产业,培育新兴战略产业。2014年6月,河北省人民政府出台《河北省关于推进文化创意和设计服务与相关产业融合发展的实施意见》,意图建立相关产业全方位、深层次、宽领域融合发展格局,形成一批高素质专业人才、一批核心竞争力企业、一批自主知识产权产品、一批有影响力的品牌及一批特色鲜明的融合发展城市、集聚区和新型城镇。2016年6月河北省政府办公厅出台《关于推进农村一二三产业融合发展的实施意见》，提出："到2020年，全省基本建成农村一二三产业融合的现代农业产业体系，形成产业链条完整、功能多样、业态丰富、利益联结紧密、产城融合协调、城乡一体发展的新格局，建成一批类型多样的农村产业融合发展示范县、示范乡、示范村。"这是河北首次从产业融合的角度出台相关意见，但意见主要瞄准的是农村一二三产业融合发展，对于如何促进城乡产业融合发展并未提出具体思路及建议。此后，河北省又先后出台《关于加快制造业与互联网融合发展的实施意见》《关于营造良好市场环境推动交通物流融合发展工作方案》《关于支持返乡下乡人员创业创新促进农村一二三产业融合发展的实施意见》《关于推动互联网与先进制造业深度融合加快发展工业互联网的实施意见》《关于深化产教融合的实施意见》等实施意见或工作方案，但这些意见都未回答在乡村振兴战略背景下，河北城乡融合发展中产业融合如何推进这一重点问题。在全省一系列全面深化改革重大举措的推动下，河北城乡产业融合已起步，但仍需在城市经济、县域经济、农村经济、生态经济等不同领域，加强区域布局和顶层设计，以更好地统领和推进全省城乡产业融合发展，构建适应新时代发展趋势的现代经济体系。

（二）城乡产业融合的层级较弱

产业融合是指先后产生、结构不同的产业在产业链或产业生态中相互渗透发展的过程，是通过产业渗透、提升、带动等作用，实现产业升级的模式和过程。产业融合一般分为渗透、交叉和重组三种类型。产业渗透是高科技产业和传统产业之间的融合，产业交叉是产业之间功能互补和链条延伸的融合，产业重组是紧密联系的产业之间通过链条重组形成新型产业形态的融合。所以，产业融合不是简单的产业链上下游的联合、延长，更主要的是以信息技术、生物技术等为支撑，产业之间或产业内部的子系统之间发展界限的模糊化，甚至由此催生新的产业、业态或模式。遵循这一思路，河北城乡产业融合总体还处于单个产业或单个行业独立发展的阶段，或处于积极延伸产业链、

价值链的初级阶段。比如现代农业的发展总体还处于以农产品生产为主要功能的阶段,"农业+"或"+农业"等农业新业态发展缓慢,"农业+制造业""农业+现代服务业""互联网+农业"等高等级融合形态亟须加快发展。

(三)城乡产业融合制约因素较多

产业融合是信息技术、生物技术、知识经济快速发展的必然结果,技术经济和知识经济是产业融合的必要支撑。产业融合发展同时是市场分工细化、市场需求多样化的结果。随着市场分工越来越细,在技术经济支持下,末端分工与新产业相结合,从而满足市场需求,形成新业态新模式。所以,从这一角度看,产业融合发展是产业成熟、技术(知识)供给、市场需求共同作用的结果。具体到城乡产业融合发展,则是城市经济与农村经济相互交叉、延伸、渗透产生新产业形态的过程。对河北而言,促进城乡产业融合发展面临着城市经济总量规模小、常住人口城镇化水平不高、现代农业发育缓慢、偏重型的工业结构与偏农化的农业结构交叉渗透范畴依然较小等制约。如果将GDP概算为县域经济与城市经济的总和,2019年河北GDP为35104.5亿元,县域经济约占56%,那么城市经济最大占比也仅有44%,城市经济单体和总量规模小,难以发挥带动和聚集作用,创造适应市场的产业融合需求。2019年河北省常住人口城镇化率为57.62%,比全国平均水平(60.6%)约低3个百分点,农林牧渔生产总值占比仍在10%以上。所以,从总体来看,城市经济规模小、城镇化率低、农业产业仍占较大比重,是阻碍城乡产业加速融合的主要因素。

三 加快河北城乡融合发展的对策建议

(一)加快构建现代农业三大体系

当前,全省农业仍以粮食、蔬菜、果品等初级农产品为主,农副产品加工与农业生产总值比较小,以食品制造带动现代农业向高层级产业爬升的牵引作用较弱，以现代物流加快生鲜农产品流通的链条还不完整，农业休闲观光功能开发不足，现代都市农业服务功能还不够强，制约着现代农业与食品制造、休闲农业、生态农业、都市农业的融合发展，应着眼于加快构建和完善现代农业产业体系、生产体系、经营体系，促进现代农业与现代制造业、现代服务业融合发展。加快构建和完善现代农业产业体系，立足农业生产功能，在确保粮食安全的基础上，加快优化调整农业产业结构，满足新型城镇化背景下居民热点需求，加强肉蛋奶等畜牧产品供给，调优粮食作物结构，如适当调减籽粒玉米种植规模，增加鲜食玉米、特种玉米供给。加快发展节水型蔬菜，适当控制露地蔬菜种植规模，提高设施蔬菜种植比重。调整优化果品供给，加快苹果、梨等耐运耐储果品的品种更新换代，提升优质果品附加值。加强农副产品加工，适应城市生活快节奏，推动农副产品加工与"互联网+"电商和现代物流融合发展，打造京津冀农副产品直供基地。加强现代农业服务功能拓展，发挥现代农业生态功能、旅游功能，将乡村休闲旅游、农产品采摘旅游与现代农业相结合，促进现代农业与全域旅游协同发展。加快构建和完善现代农业生产体系，推动现代农业向自动化、智能化与机械化融合发展方向转化升级，充分利用基因工程、生物技术等新兴农业科技，加快推进科技服务与现代农业相互促进。扩大生态农业、设施农业等农业科技推广利用，提高农业摆脱自然不利因素的综合能力，提高现代农业生产效率和综合竞争力。加快构建现代农业经营体系，主动适应农业规模化经营、工商资本进入农业，加快培育各类新型农业经营主体、服务主体，促进小农户生产和现代农业发展有机衔接，发展壮大新型农村集体经济，为现代农业与新型工业、现代服务业有机融合创造条件。

（二）加快培育引领性战略新兴产业

引领性战略新兴产业多布局于城市，要促进城乡产业融合发展，必须找准其与农村产业的契合点，形成联动形态或融合发展模式。从全省角度看，河北工业仍然呈现较强的重化工产业特点，信息技术、生物技术、冷链技术、生态技术、农机制造、食品制造等对农村产业引领性较强的技术和产业还相对缺乏。因此，必须瞄准关键产业、重点培育，增强集聚带动能力，拓展产品和技术应用领域，促进城乡产业融合发展。加快发展信息技术产业，深入实施《河北省数字经济发展规划（2020—2025年）》，发挥数据资源支撑作用，加强各领域数据资源采集、汇聚和分析利用，加快发展方式由传统要素投入向数据要素驱动转变，推动大数据、互联网、人工智能与实体经济的深度融合，统筹部署数字产业化、产业数字化及社会治理数字化各方面的任务，构建数据资源体系、产业创新体系，实施大数据产业创新发展、县域特色产业集群数字化转型。加快发展生物技术，抢占生物医药产业发展的制高点，抢抓全球生物医药产业爆发式增长窗口期，不折不扣落实《关于支持生物医药产业高质量发展的若干政策》，加快河北生物医药突破产业技术拐点、产业增速拐点、产业迁移拐点。加快发展冷链物流技术（产业），冷链物流是连通一二三产业的纽带，是促进三次产业融合发展的桥梁，加大"菜篮子"产品生产和农产品冷藏保鲜支持力度，以提升经营规模、提高带动能力、完善质量监管体系、延长冷链物流为重点，加强蔬菜和肉蛋奶等河北优势农产品冷链物流建设，加快主产区农产品冷藏保鲜冷链物流设施建设，保障土地、资金、技术、管理等生产要素供给，使现代农业更快转向"互联网销售＋冷链物流"融合发展方向。加强食品制造产业培育，现代食品制造业是"粮头食尾""农头工尾"的关键环节，是传统"产加销"产业一体化的升级版，应瞄准城乡现代生活需求，大力提高食品品质，确保食品安全，将食品研发、创意设计、营销模式嵌入食品制造各环节，促进城乡产业融合高质量发展。

（三）加快完善现代服务业产业体系

深刻把握现代服务业信息化、融合化、多样化、平台化发展趋势，以创新为主线，突出新技术支撑、新业态引领、新模式应用，着力打造产业发展新引擎，加快培育产业增长新动能，着力增强竞争发展新优势。围绕雄安新区现代服务业新引擎地位，推动高端服务业向雄安、省会城市、冬奥会赛区聚集。抢占现代服务业竞争制高点，依托国家级新区、中心城市主城区和重点服务业发展园区，加大引进国内外现代服务业领军企业、前沿创新机构和高端专业人才力度，大力推广先进的管理理念和发展模式，实现全省现代服务业发展水平的跨越式提升。主动适应产业发展融合化和生活需求多样化趋势，按照产业链上下游的内在联系，加快现代服务业与现代农业、现代服务业与装备制造业融合发展，加快相关服务业态和环节整合重组，实现现代服务业聚变式发展，通过产业之间的相互渗透、衔接，延长产业链条、培育新增长点。着力补齐现代服务产业短板，加快现代物流、科技服务、金融服务、电子商务、商务服务、人力资源服务、节能环保服务、全域旅游和文化产业等传统优势服务领域高质量发展，快速提升现代服务产业竞争优势。加快实施数字经济培育工程、体验经济壮大工程、重大平台建设工程、经济资源共享工程，加快培育新业态新模式，加强商业模式和产业形态创新应用，壮大现代服务业新业态规模。瞄准社会民生重点领域，以着力提升城乡居民生活质量为出发点和落脚点，积极扩大健康、养老、体育、休闲等现代服务供给，着力优化现代服务业发展环境，着力降低市场准入门槛，减少前置审批项目、审批环节，严格落实减税降费优惠措施，降低企业税费成本、用工成本，促进现代服务业降本提效。

（四）加快补齐生态环境支撑短板

优质生态环境是城乡产业融合发展的重要支撑，在全国努力推进产业高质量发展新时期，良好的生态环境甚至成为招商引资、人才引进、创新创业的重要决定因素。紧紧围绕"三区一基地"功能定位，始终瞄准水土大气污染防治、华北地下水漏斗区综合治理、首都"两区"建设等生态环境重大问题，加强生态环境治理修复。加强水土大气协同治理，打赢蓝天、碧水、净土战役，严格控制工业污染排放，最大限度地减少重污染天数。加强白洋淀、衡水湖、渤海近岸海域等关键敏感水体环境综合治理，强化河长制、湖长制执行机制建设，积极推进县以上城市雨污分流排水管网建设，全面治理城市黑臭水体。加强土壤环境监测、评估、污染预防和执法体系建设，实施化肥、农药零增长行动，持续加大农业面源污染综合防治力度。采取节水、引水、调水、补水、蓄水、管水多种措施，加强地下水漏斗区综合治理。采取农业节水、江水置换、雨水综合利用、南水北调等水利工程，加大地下水超采治理力度，尽快遏制地下水超采势头，促进地下水位稳步回升。实施国土绿化行动，以太行山—燕山和"三沿三旁"绿化工程为重点，全力推进生态文明建设。坚持以水定城、以水定地、以水定人、以水定产，加快首都"两区"建设。加强生态功能区优化调整，重点规划坝上地区退耕还草轮牧生态区域。深入实施京津风沙源治理工程，加大坝上水土保持和防风固沙治理力度。倡导资源节约型和环境友好型社会发展理念，促进生态文明理念深入社会、深入社区、深入人心。加强城镇生态建设，扩大城镇人均绿地面积，扩大城镇生态宜居空间。加强农村生态环境治理，加快改善农村人居环境，围绕生活污水、生活垃圾等重点领域，加强环境基础设施建设，提高生活污水集中处理率和生活垃圾无害化处理水平，打造更多、更好美丽乡村。探索农业生态化和生态农业化发展新路径，发挥现代农业多功能服务作用，将生态建设与城乡产业融合相互衔接，为城乡产业融合发展提供坚实的生态环境支撑。

参考文献

《中共中央关于制定国民经济和社会发展第十四个五年规划和二〇三五年远景目标的建议》，人民网，2020年11月4日，http://cpc.people.com.cn/n1/2020/1104/c64094-31917780.html。

《王东峰：深入贯彻习近平总书记重要指示和党中央决策部署 奋力开创河北新型城镇化和城乡融合发展新局面》，人民网，2020年7月12日，http://cpc.people.com.cn/n1/2020/0712/c64102-31780019.html。

《中共河北省委关于制定十四五规划和二〇三五年远景目标的建议》，河北新闻网，2020年11月17日，http://hebei.hebnews.cn/2020-11/17/content_8213022_3.htm。

河北省统计局、国家统计局河北调查总队：《河北省2019年国民经济和社会发展统计公报》。

B.19
河北省加快农业农村改革培育现代农业发展动力研究

段小平*

摘 要： 改革是农业农村发展的根本动力，也是激活农村资源要素，汇聚全社会支农助农兴农力量，推动河北省农业现代化的根本途径。本报告在介绍河北省农村承包地、农村金融支农、集体经济发展、农业经营主体培育等改革状况的基础上，针对河北省农村土地制度改革、农村金融服务、农业经营体系、农业保险发展领域存在的问题，提出加快土地制度改革、巩固集体产权改革成果、加快农村金融创新、发展新型农业经营主体等方面的对策建议。

关键词： 河北省 农业农村现代化 现代农业

我国的改革发端于农村，改革给农业生产带来翻天覆地的新变化。新时代，改革已经成为推动农业农村现代化和实施乡村振兴战略的重要抓手。坚持农业农村优先发展，深化农村改革，成为吹响新时代建设社会主义现代化强国的重要任务。

---

* 段小平，河北省社会科学院农村经济研究所副研究员，主要研究方向为农业农村经济、产业经济。

一 新时代河北省农业农村改革现状

党的十八大以来,河北省全面贯彻落实党中央、国务院决策部署,聚焦农业农村重点领域和薄弱环节,持续深化农村承包土地、农业经营体系等重点领域改革,推进城乡要素平等交换和公共资源均衡配置,全面激活农业农村发展活力。

(一)全面完成农村承包地确权登记颁证整省试点

农村承包地确权工作基本完成,全省农村承包地确权颁证率达到96.3%。第二轮土地承包到期后再延长30年政策全面落实,农村土地所有权、承包权、经营权"三权分置"制度改革稳步推进。河北省制定了《河北省农业农村厅关于解决农村承包地确权遗留问题实现全覆盖工作方案》,组织开展农村承包地确权登记颁证"回头看",对工作遗留问题进行全面排查。全省土地流转规模逐步扩大,股份合作、代耕代种土地托管等流转形式日益多样,土地流转管理制度逐步健全。河北省完善土地承包合同1193万份,建立土地承包经营权登记簿1188万份,分别占应确权农户总数的98.5%、98.2%,发放权证1140万本,颁证率达96.3%,全省涉农县(市、区)的数据库成果已全部通过农业农村部初检,农村承包地确权登记颁证工作进入收官阶段。定州市成为全国最早实施农村基本经营制度改革的33个试点县(市、区)之一,定州市土地制度改革稳步推进,集体土地入市、征地制度改革、宅基地制度改革等改革经验获得国务院肯定,为《土地管理法》修订提供了实践经验。积极探索农村土地"三权分置"运行机制。2019年10月,河北省人民政府办公厅印发《河北省农村产权流转交易管理办法》,从制度上对农村产权改革进行了规制。大力发展土地、农宅、资金等多种形式的股份合作。"房地一体"的农村宅基地确权登记颁证加快推进,宅基地所有权、资格权、使用权"三权分置"试点稳步推进。积极探索农宅合作社、农村宅基地有偿退出和集体用地储备新机制，激活市场要素，促进农业农村发展。

（二）农村集体产权制度改革整省试点任务基本完成

2019年河北省成为全面推进农村集体产权制度改革整省试点。2019年，河北省有6295个村已完成集体产权制度改革任务，确认成员身份数1627.6万人。2020年，河北省49034个村完成农村集体产权制度改革任务，占比为99.93%。全省共清查农村集体资产账面数1860.8亿元，核实农村集体资产2522.7亿元，增长35.57%，清查核实农村集体土地总面积23886.8万亩，确认集体经济组织成员5683.1万人。河北省基本完成集体林权制度主体改革，积极探索集体林地"三权分置"。截至2018年底，全省累计流转林地605万亩。为方便林地流转，河北省建成了80个林权管理服务中心，并积极对接农村产权流转交易平台。农村集体产权交易体系日益完善，150多个县（市、区）建立了集体资产管理平台，农村产权交易中心达到156家，实现了全省涉农县（市、区）全覆盖。农村集体经济发展成效显著，集体经济收入"空白村"大幅减少。到2020年10月，河北省有集体经济收入的村达到99.6%，集体经济收入5万元以上的村占72.4%。

（三）深化新型农村经营体系建设蓬勃展开

深化新型农村经营体系建设首先要培育新型农业经营主体。为适应新时代农业高质量发展要求，河北省先后出台《关于加快构建政策体系培育新型农业经营主体的实施意见》《关于促进家庭农场发展的意见》《河北省推进农民合作社高质量发展行动方案（2018—2020年）》《2019年河北省农民合作社规范化建设实施方案》等系列文件，支持家庭农场、合作社、农业社会化服务组织等新型农业经营主体发展。2019年，河北省在工商部门登记注册的农民合作社总数达到11.72万家；家庭农场3.5万家，同比增长22.5%；农业生产性服务组织达到7.1万家，同比增长4.4%。全省合作社登记入社的注册成员为121.6万户，辐射带动68%的农户，覆盖全省94%

的行政村。积极培育家庭农场、生产性服务组织和农业产业化联合体，深入开展家庭农场示范创建，大力推广"龙头企业+农民合作社+农户"农业产业化联合体经营模式。

（四）农村金融改革加快推进

近年来，河北持续加大"三农"金融创新力度，加强对农业产业化龙头企业等新型经营主体、现代农业等的信贷支持，推动农业生产方式、经营方式转变，提升农村一二三产业融合发展能力。农业银行河北分行聚焦涉农特色产业，先后推出"脱贫贷""小康贷""奶牛抵押贷""甜菜贷"等支农金融产品，支持发展特色产业。截至2020年3月，农业银行河北分行县域贷款余额为2457亿元，总量居系统内全国前列，其中52个贫困县贷款余额达到724亿元，农业产业化龙头企业贷款余额达到71.03亿元，对省级及以上农业产业化龙头企业金融服务覆盖率达到80.6%，特色农业新兴经营主体贷款余额突破80亿元。河北省农村信用社推广"政银企户保"信贷模式，研发出"农贷宝"等系列产品，提高三农申贷获得率。截至2020年5月，河北省农村信用社涉农贷款余额达到6045亿元，占全省农村信用社各项贷款余额的54.47%。截至2020年9月末，全省涉农贷款余额为15937.16亿元，比年初增加1023.18亿元。农业信贷担保发展迅速。"冀农担"业务在全省11个设区市150多个县（市、区）落地，新型经营主体承担的综合融资成本比之前农户直接贷款降低2~4个百分点，有效缓解了农户融资难、融资贵的问题。

二 河北省农村重点领域改革的典型做法

（一）玉田县金融改革典型经验

唐山市玉田县，针对现代农业金融主体信用不足、融资能力不强，农业经营主体抵押物不足、融资困难，金融服务网点不足、适宜农户的金融服务产品少等问题,通过改革农业投融资机制、创新抵押担保机制、健全金融运营机制等,探索出一条普惠制、可持续的农村金融发展道路。

一是降低投融资门槛。针对农村缺少抵押物的难题,玉田县出资5000万元组建了农业担保公司,制定了《关于农村资产评估管理暂行办法》《农村资产使用权所有权反担保抵押贷款管理暂行规定》等文件,将农户承包经营权、集体建设用地使用权、农村房屋财产权、大型农机、农村生物资产等纳入反担保抵押物的范围。同时,玉田县成立了农村产权交易中心,集农村集体产权抵押、评估、登记、交易等功能于一体,保障了融资担保抵押的顺利进行。

二是增加农村金融供给。针对金融机构数量少、金融服务基础设施建设滞后问题,玉田县先后引进唐山银行、张家口银行、承德商业银行等域外金融机构,组建了银卫、融丰等4家小额贷款公司,成立了玉田县大商村镇银行,组建了福泰、农福缘等4家农民专业合作社开展信用合作,设立了乡镇金融网点54家,安装ATM机307台,"村村通"助农取款业务率先实现全覆盖,有效提升了县域金融服务主体供给能力。

三是创新投融资机制。玉田县将银保互动作为破解融资难的重要途径,在小麦、玉米等已有农业保险产品的基础上,推动人保财险等保险机构开展农业大棚保险、抵押物财产保险、借款人意外险等多项险种,推动形成金融机构、保险公司、担保基金等主体共同运作的银保互动机制。成立了村级融资担保基金,制定了《关于开展村级融资担保基金试点工作的指导意见》,选择4个乡镇8个具有产业支撑和融资需求的村作为试点,有效降低了农业担保贷款风险。

四是创新金融信贷产品。农村信用社推广"农贷宝""商贷宝"等特色信贷产品,中国邮政储蓄银行推出农机具补贴质押贷款。同时,积极争取列入全国农村承包土地经营权抵押贷款试点县,实现了土地经营权可抵押,有效解决了农业经营主体融资难的问题。2018年初,玉田县涉农贷款余额超过115亿元,创建信用乡镇2个、信用村177个,采集建立涉农贷款电子档案超过14万户,中小企业信息档案600多家,兴玉担保公司累计提供涉农担保贷款2.03亿元，农民专业合作社信用社合作试点累计投放互助资金2.16亿元，农村承包土地经营权抵押贷款超过1.78亿元。

（二）承德双滦区推动农村集体产权制度改革的做法

双滦区地处承德市西部，辖63个行政村。2015年，承德市双滦区被确定为全国首批29个农村集体经济股份制改革试点之一，通过多年摸索，探索形成以"12369"为核心的改革模式，通过将资产、资源、资金进行折股量化，资产变股权、农民变股东，有效盘活了农村集体资产资源，探索出一条城郊型农村集体产权改革引领乡村振兴的道路。具体做法如下。

一是强化顶层设计。双滦区成立了由区委书记任组长的改革领导小组，专题研究农村改革工作，出台了《关于农村集体经济组织产权制度改革试点工作的实施意见》等文件，制定了清产核资、成员资格界定、合作社示范章程、股份有偿退出和继承等规章制度，确保农村集体产权制度改革规范有序推进。二是强化宣传引导。双滦区搭建了"一栏、一榜、一会、一册、一纸"宣传平台，广泛宣传农村集体产权制度改革政策，组织召开村民大会千余次，使改革精神家喻户晓，实现了村民由"要我改"到"我要改"的思想转变。三是强化典型带动。双滦区选择肖店村率先实施农村集体资产股份制改革试点，在肖店村成功试点的基础上，培树二兴营、西地等19个试点村，逐步推广改革经验。由乡镇、村成立清产核资小组，对村集体所有资金、经营性资产、非经营性资产、资源进行全面清查，做到账、物、款、表"四相符"。对集体组织成员身份界定，明确提出"3种人取得资格、8种人保留资格和9种人丧失资格"，保护各类群体的利益。采取资产、资源、资金或混合方式进行折股量化，组建不同类型的股份经济合作社。根据村情，设置了基本股、劳龄股、资产股、土地股，对各类资产、资源、资金等进行折股量化，核发股权证书。通过股份制改造，发展现代都市休闲农业和乡村旅游，种植水果、错季蔬菜、有机杂粮等经济作物，承揽建筑施工、物业服务、物流储运等业务，有效壮大了集体经济，又带动了当地农民就业创业。四是强化多元支持。双滦区聘请农村集体经济领域的专家教授作为顾问，全程给予技术指导、教学培训和政策咨询。建立"基础＋奖励"资金保障激励机制，对参与改革的村，每村给予10万元经费补助，对改革成功的村，每村再奖励10万～30万元发展资金，做到"扶上马，送一程"。聘请会计师事务所、评估公司等第三方专业机构，全程参与清产核资、资产量化。

通过改革，双滦区集体资产产权归属不清晰、保护不严格、流转不顺畅的问题得到了彻底解决。2018年，双滦区63个村基本完成了清产核资工作，7.2万名村民入社成为股东，涌现出方法各异、特色鲜明的改革形式，有20个村被选定为全国改革试点村，农民人均纯收入达1.2万多元。

三 河北省农业农村改革面临的主要问题

当前，河北省在农村承包土地、农村集体产权等改革方面还面临着一些问题，主要表现如下。

（一）农村土地制度改革有待深入

新的《中华人民共和国土地管理法》和《中华人民共和国农村土地承包法》实施生效，对落实农村承包土地"三权分置"改革，加快农村土地流转，推动农业规模化经营、农村集体建设用地直接入市具有重要意义。但当前农村宅基地、农村集体建设用地、征地制度改革还处在试点探索阶段，河北省仅局限在定州市，农村土地制度改革带来的制度红利没有充分发挥。个别地方农村承包地确权登记遗留问题需要进一步研究解决。

（二）农村集体经济的运作机制不完善

河北省农村集体产权制度改革基本完成，但多数村的股份合作社治理机制还处在探索阶段，集体股份合作社的运营、管理、激励等制度还不健全，村集体经济缺乏营利性项目，未来发展壮大集体经济的任务较重。

（三）农村金融服务不足仍然存在

受多种因素影响，河北省"三农"融资难、融资贵问题始终没有得到很好解决。农村金融供给与农户金融消费需求之间的矛盾仍然较为突出，农村金融产品在期限、结构、规模方面还不能满足乡村振兴的需求。农村土地承包经营权、宅基地使用权、四荒使用权融资抵押范围还很有限，金融在乡村振兴中的作用发挥仍然不够。

（四）新型农业经营组织发展质量有待提升

近年来，随着工业化、城镇化加速，农业兼业化、农村空心化、农民老龄化问题日益凸显，农地撂荒、农业粗放经营、农业生产效率下降、农民收入下降等问题日益凸显。"谁来种地""怎么种地"成为社会关注的焦点。虽然近年来河北省加大了对种养专业户、家庭农场、合作社等的培育力度，但相对现代农业发展的需求而言，河北省在发展农业适度规模经营，培育新型农业经营主体，推动小农户与现代农业有效衔接方面还存在较大差距，新型农业经营主体规模不大、辐射带动作用不强问题明显。

四 持续深化河北省农业农村改革的建议

推进农业农村现代化的关键是深化农村土地、农村金融等各项制度改革，激活生产要素，构建新型的农业生产和经营体系，重点应从以下几方面着手。

（一）全面加快农村土地制度改革

土地制度是农村制度体系的核心和基础，国家先后对《中华人民共和国农村土地承包法》《中华人民共和国土地管理法》进行修订，极大地拓宽了未来农村土地制度改革的空间。应重点从以下三个方面推动农村土地制度改革。一是深化农村承包土地改革。落实第二轮土地承包到期后再延长30

年的政策，稳步推动农业适度规模经营。加强土地经营权保护，落实农地经营权抵押、担保等权能，提升规模化经营能力。加快农村承包土地纠纷处理体系建设，妥善处理农村承包土地纠纷。探索建立农村土地流转风险防范机制。鼓励支持农村集体经济组织发展农业适度规模经营。二是完善农村宅基地制度。加快农村宅基地确权登记颁证，积极探索宅基地所有权、资格权、使用权"三权分置"。加大空心村治理力度，妥善分类处理"一户多宅""超标占用"等历史遗留问题。探索宅基地自愿有偿退出机制，明确有偿退出的标准、收回程序。三是加快征地制度改革。严格规范、缩小征地范围，建立完善被征地农民合理、规范、多元化保障机制，探索通过宅基地重新安排建房、产权置换、货币补偿、发放补助、留地留物业、完善社会保障等方式，保障被征地农民长期发展权益。积极推动符合规划的农村集体建设用地直接入市。建立村级经济发展留用地制度，解决农村集体经济发展的土地约束问题。

（二）巩固村集体产权制度改革成果

农村集体资产形式多样、情况复杂，应将实现好、维护好、发展好广大农民利益作为改革的出发点和落脚点，全面推进农村集体产权制度改革。一是全面加强农村集体资产管理。加快农村集体资产监督管理平台建设，全面提高集体资产管理的制度化、规范化、信息化水平。建立农村集体资产年度清查和定期报告制度，掌握资产变动情况，规范资产处理流程。加强清产核资成果应用，全面综合分析各地清产核资的经验和资产管理面临的问题，提出改进措施，为未来管理好、利用好农村集体资产资源打下基础。二是推动农村集体资产资源股份制改造。稳步推进经营性资产股份合作制改革，科学量化资产、合理设置股权，规范股权管理，解决好群众关心的焦点问题。重点加强对农村集体经济组织成员身份确认的科学指导，明确确认成员身份的时点、程序等相关事项的基本原则、工作流程，保障各村在群众民主协商的基础上，研究确定具体的标准、程序和办法。推动建立集体经济组织成员的负面清单，已经取得其他集体经济组织成员资格的、以书面形式自愿申请放弃集体经济组织成员资格的、不符合保留集体经济组织成员资格规定的，不得确定为农村集体经济组织成员。三是完善农村股份合作组织治理机制。完成集体资产确权登记的村要建立健全农村集体经济组织，按照经济合作社或股份经济合作社的相关要求，及时办理登记手续，取得法人资格，完善董事会、监事会、股东代表大会，形成合理有效的现代企业治理机制，为依法开展经营管理活动打下基础。

（三）深入推进农村金融制度改革

应以改进农村金融资源配置为核心，加快建立包容、高效、开放、可持续和较为完备的农村金融服务体制机制。一是丰富健全农村金融组织。放宽农村金融市场准入政策，推动国有银行到县域布局，加快农村合作金融机构、城市商业银行跨区域布局，支持发展村镇银行、小额贷款公司等新兴金融组织，支持农业保险、信贷担保、证券等相关机构到县域设点，提升农村金融服务供给能力。二是建立健全差别式金融支持政策。通过定向降准、再贷款、抵押补充贷款等政策，对县域信贷增速快于存款增速、涉农贷款余额超过一定比例的金融机构给予支持。加大财政奖励力度，支持通过发行专项金融债、低成本信贷资金配给等支持县域金融机构发展。推动制定针对农村资金互助社的监管方式、监管手段。三是创新金融信贷产品。围绕新型农业经营主体生产经营活动，开发农地经营权抵押贷款、林权抵押贷款、农房抵押贷款等农村产权抵押贷款，充分用好互联网、大数据等信息技术，发展"互联网金融+普惠金融"产品，满足城乡居民多样化金融需求。四是完善金融支持政策。引导金融资源向农村流动。完善农村产权交易市场，丰富交易品种，强化交易功能，发挥好农村产权交易市场在推动农村产权流转交易、抵押登记、资产处理方面的作用，提升农村资产资源流动性和可变现能力。

（四）加快构建新型农业经营体系

农业经营方式转型在本质上是农业经营制度的创新与变迁，应构建以家庭经营为基础、以合作与联合为纽带、以社会化服务为支撑的立体式复合型现代农业经营体系。一是大力发展家庭规模经营。实施家庭农场主培育计划,加快培育以家庭农场主为核心的职业农民队伍。健全家庭农场发展支持政策,推动形成一批具有引领示范作用的现代化家庭农场。推动土地优先向家庭农场、专业大户等规模经营农户流转。二是推动发展农业合作经营。加强合作社人才引进和培育,提升合作社经营管理能力。鼓励发展农产品加工、农产品流通、农业社会化服务等产业,提升合作社盈利水平,增强合作社凝聚力、号召力。三是大力发展农业社会化服务组织。支持发展新型职业农民培训、农业技术推广、病虫害统防统治、农业机械作业、农田水利灌溉、肥料使用等农业社会化服务组织,推动形成小农户与现代农业有机链接的纽带。

(五)加快推动农业保险制度改革

农业保险是分散农业生产经营风险的重要手段,应加快发展普惠性、包容性、保障农民完全成本的农业保险,满足"三农"领域日益增长的风险保障需求。一是扩大农业保险覆盖面。扩大小麦、玉米等粮食作物农业大灾保险试点范围,逐步提高保障水平。依托养殖企业和规模养殖场(户)创新养殖保险模式和财政支持方式,鼓励发展优势特色农产品保险,将农机大棚、农房仓库等农业生产设施设备纳入保障范围,开发满足新型农业经营主体需求的保险产品,满足多元化的风险保障需求。推进稻谷、小麦、玉米完全成本保险和收入保险试点,推动农业保险"保价格、保收入",防范自然灾害和市场变动双重风险。二是完善大灾风险分散机制。落实农业保险大灾风险准备金制度,增强保险机构应对农业大灾风险能力。增加农业再保险供给,提升农业再保险承保能力,完善再保险体系和分保机制。通过给予必要的保费补贴、大灾赔付、提供信息数据等支持,调动保险市场主体积极性。三是完善保险支持政策。优化农业保险财政支持政策,探索完善农业保险补贴方式,探索构建涵盖财政补贴基本险、商业险和附加险等的农业保险产品体系。加强农业保险与相关财政补贴政策的统筹衔接，建立科学的保险费率拟订和动态调整机制，降低农业保险运行成本。

参考文献

陈锡文：《从农村改革四十年看乡村振兴战略的提出》，《农村经营管理》2018年第4期。

韩俊：《农业供给侧结构性改革是乡村振兴战略的重要内容》，《中国经济报告》2017年第12期。

B.20
河北省农村能源转型与优化发展策略研究

耿卫新 韩彦慧[*]

摘 要： 新一轮能源变革正在全球范围内兴起，能源转型已成为当前社会各界关注的热点问题，做好能源转型工作不仅有利于推动国家的生态文明建设，还能促进环境和资源的可持续发展。农村能源是农村发展的基础性物质保障，保证能源科学而合理的利用对我国实施乡村振兴战略以及打赢脱贫攻坚战意义重大。当前，我国农村能源转型仍处于起步阶段，本报告以河北省农村能源状况为研究对象，从农村能源转型的战略意义、可行性、发展现状入手，分析指出，河北省在加快新能源开发利用过程中存在能源消费仍以煤炭为主、传统能源利用率低、能源基础设施薄弱、多种能源之间缺乏协同互补等问题，并针对问题提出制定能源转型计划、大力发展新能源和可再生能源、健全能源管理体制机制、完善法律法规体系、提升技术研发手段等建议。

关键词： 农村能源 能源转型 可再生能源 绿色能源

能源是推动当代社会发展与进步的基础保障。18世纪以来，人类对能源的创新性利用推动了内燃机和蒸汽机的发明，进而引领了第一次和第二次

---

[*] 耿卫新，河北省社会科学院农村经济研究所副研究员，主要研究方向为农村经济、农村能源；韩彦慧，河北大学经济学院硕士研究生，主要研究方向为资源与环境。

工业革命，实现了从薪柴时代到油气时代的跨越，极大地推动了生产力的发展。然而，随着全球城市化进程的加快以及工业水平的快速提升，对能源的不合理利用导致的诸如雾霾污染、气候变暖、酸雨等问题日益显现，同时，化石能源日益枯竭导致能源总量供不应求的状况严重限制了全球的可持续发展。当前，能源行业正在经历深刻的变革，能源转型问题已经成为社会各界关注的重点，寻求正确的能源转型方向和策略对我国突破资源瓶颈、实现绿色发展具有重要意义。

从全球范围来看，能源转型已经是大势所趋。就能源转型发生的条件来看，历史上的两次能源转型是市场对劣等品淘汰的结果，而本次能源转型则更多来自能源短缺的外部压力以及人民群众内心对绿色健康生活的追求。能源转型主要是指逐渐摆脱已被广泛使用的难以再生却易产生温室气体的传统化石能源，向高效安全能源以及能源技术低碳化转型，简而言之，即从不可持续且有污染的化石能源转向清洁且安全的可再生能源。这与生态环境、国家前景以及每个人的衣食住行都密切相关。

一 农村能源转型的战略意义

2020年是全面建成小康社会之年，是"十三五"收官与"十四五"即将到来的交接之年，亦是我国加快推进乡村振兴战略的关键之年。在乡村振兴的美好蓝图中，农村能源革命占有重要的地位，合理开发利用农村能源、推动农村能源转型是推动农村现代化建设的重要保障，因而实现农村能源转型具有重要的战略意义。

（一）农村能源转型助力打造绿水青山

耿旭在2014年中国农业展望大会上提出：尽管农村地区消耗的能源只占总量的15%，但是产出了大量污染物，尤其是所产生的氮氧化物占总量的比值达到40%，其主要原因为农村地区大量使用低效率能源，尤其是煤炭这一不清洁能源的过量使用，导致空气中形成大量二次颗粒物，进而导致雾霾污染。①

建设美丽乡村的关键在于营造生态宜居的生活环境，这就要求优化并改善农村能源结构，推动可持续能源的开发并加强清洁能源的广泛及高效利用，尤其是拓宽电气、液化气、天然气等优质能源在农村地区的覆盖面，从而替代大多农户作为燃料使用的秸秆、煤炭。近些年来越来越多的农村开始构建绿色电网，农村绿色电力网络主要采取光伏发电、水力发电等新能源发电形式。以广东省清远供电局对连樟村实行电网改造为例，电网改造在极大程度上满足了民众对煤电的需求，电力普及后相当于每年为该村节省燃烧标煤约2吨，进而降低了二氧化碳排放总量。

尽管近几年来，河北省二氧化硫和烟尘排放总量在全国所居位次有所下降，但与往年相比，污染物排放量的总值仍然呈现上升趋势，并且污染程度已超过了环境的承载能力。统计显示，2016年河北农村以小锅炉、小煤炉、茶浴炉为主的分散燃煤年消耗量为3700余万吨，80%用于取暖，若以新型能源替代部分煤炭，同时在农村推行清洁炉替代老式煤炉，河北省农村地区由燃煤导致的污染物排放量将会缩减85%左右，对大气污染防治和空气质量改善贡献巨大，能在守护好自然生态环境的同时节约成本，有助于打赢蓝天保卫战。

（二）能源转型保障我国能源的安全

经济的快速发展提升了人类对能源的依赖性，我国的能源安全问题也逐渐显现，具体表现在两个方面。一方面，我国是能源消费大国，从总量上看，能源消费量远高于能源产出量，因而供需矛盾较大，对外依赖严重，尤其是在油气资源方面受制于他国，我国2019年原油进口量已经超过5亿吨。另一方面，我国存在能源结构不合理、资源分配不均衡的问题：从能源种类上来看，我国资源禀赋具有"富煤、缺油、少气"的特点，导致煤炭成为我国主要的消费能源，其全国平均消费占比高达60%～70%，而河北省煤

---

① 耿旭：《农村能源消耗与空气质量》，https：//aocm.agri-outlook.cn/2014/baogao/nongzi2.pdf。

炭消费占比则高于平均值；从分布地域来看，我国80%的煤炭储备分布于华北及东北等地区，而中西部化石能源分布较少，这也对我国不同地区的经济状况产生了一定影响。

当下，我国已将"保能源安全"列为"六保"任务之一，由于能源产业对社会的经济发展具有较强的带动效应，习近平总书记也高度重视能源发展改革，做出一系列重要论述和指示，特别是在2014年6月中央财经领导小组第六次会议上发表重要讲话，提出要推动能源消费革命、能源供给革命、能源技术革命、能源体制革命和全方位加强国际合作等重大战略思想。[①] 农村地区作为能源结构不尽完善的区域，部分基础能源设施未能全面普及，尤其是电网与天然气管道和热力管道之间的衔接配合不均衡。若能推动农村地区能源的改革与发展，将会进一步提高我国对新能源的消费水平，在节能环保的同时进一步确保能源安全，改善我国在世界能源领域竞争中的不利局面。

（三）改善地区经济状况，为城市能源转型提供借鉴

能源转型是一项涉及生态、经济、消费和技术的大型工程，需要长期而持续的发展才能成功。而农村地区是新型能源首选的试点地区，一方面，农村地区具有丰富的自然物质资源，具有较大的操作空间；另一方面，新型能源的普及将给农村人民的生活带来巨大的改变，并推进农村地区经济发展，例如光伏发电这一工程首先在农村地区试点成功后进行推广，电力的普及在较大程度上改善了农民的生活，推动了生产发展。同时，随着近些年我国城市化进程的加快，大量中青年人口涌向城镇就业，导致城市就业岗位紧张，而新能源系统的运行可以为农村地区提供更多的技术就业岗位，避免多数人选择背井离乡、外出打工，推动农村地区的发展进步。另外，农村能源结构的改变，也可为城市能源改革提供经验，推进后续的改革进程。

---

① 《习近平强调：积极推动能源生产和消费革命》，国际在线网，2004年6月13日，http://news.cri.cn/gb/42071/2014/06/13/6891s4576630.htm。

（四）能源转型结合扶贫，提高农村人民生活品质

在脱贫攻坚与实施乡村振兴战略的特殊历史时刻，能源扶贫具有特殊的优势，从微观层面来说，能够长久地改善贫困户的经济条件和生活状况，而不仅是简单的物质帮扶；从宏观层面来说，能源扶贫能够有效实现农村地区的产业结构升级，建设美丽乡村，实现生态与经济的协调发展。农村绿色电网的兴起和发展不仅改变了农民日常生活和娱乐的方式，而且提升了农村市场对新型电器及交通工具的需求，进一步推动了农村生活现代化的步伐，带动了农村地区电商、新能源汽车等新兴产业的发展。因此，坚持协调实施能源革命，因地制宜地开展能源精准扶贫项目，大力推进"光伏＋农业""风电＋旅游""水电＋旅游"等能源产业的发展，不仅能够提高居民收入和地方财政收入，促进农村经济社会的发展，还能够优化地区能源供应结构，推动地方对可再生能源的利用。

二 农村能源转型的可行性

农村地区由于其特有的地理位置优势和物质资源，在实现能源转型方面具有较大的操作空间，而且不同区域能源结构和用能需求有所差异，具有较大的灵活性，是能源转型的首选地点。

（一）农村可再生能源资源丰富

我国农村地区可再生能源较为丰富，种类多且数量大。河北省地处北方，日照时间长，具有较大的光能开发潜力，而且局部地区如张家口、秦皇岛、太行山、燕山等地风能等可再生能源丰富，可开发的风能资源超过8000万千瓦。另外，农村地区生物质能资源丰富，如各种农作物秸秆、有机废弃物和人畜的排泄物，还有山中田间的溪流等水能资源，这些丰富的物质资源都能通过一定的方式转换成清洁的可再生能源。据测算，河北省农作物秸秆年产量约为7000万吨。近几年，河北省推广了将秸秆变废为宝的活

动,秸秆焚烧点逐年减少,更多农民选择将秸秆粉碎还田或制成压块饲料,这对提高农业收益和防治空气污染都具有促进作用。

(二)农村现有能源消费及利用方式有利于能源转型

分布式用能是当前我国农村地区主要的用能模式,这种使用能源的方式具有得天独厚的优势。首先,在能源的配置方面,分布式用能以资源效益最大化为目标运行,损耗较小;其次,在能源的运输方面,分布式用能能够有效减少长距离运输过程中能源的损失,提高运输效率;最后,在环保方面,该种方式能够将污染适度分散,避免大规模污染的出现。而光伏、风力等清洁能源分布式的特点与农村地区的用能模式相适应,两者的一致性为清洁能源在农村地区的发展奠定了基础。河北省可以根据不同地区的地理位置和资源禀赋等因素,对不同的能源进行最优化的组合,将天然气、风力和生物质能等以多种方式结合,形成符合用户实际特点与需求的供应系统,以满足现代化农业建设中的电力和能量需求,构筑清洁可持续并充满活力的农村能源形态。

(三)农村可再生能源建设已有一定的基础

可再生能源开发工程在我国已经具有一定的理论和实践基础。首先,从理论的层面来看,我国颁布了《中华人民共和国可再生能源法》《中华人民共和国节约能源法》等法律,明确表明国家高度重视建设可持续发展社会以及可再生能源的推广工作,也从一定程度上提高了农民在能源使用方面的环保意识。其次,从实践的层面来看,部分农村地区利用当地丰富的太阳能技术、风能技术等发展小型水电站,或积极发展农村地区气化燃料。作为农业大省,河北省积极开展秸秆能源化利用,在实现减排目标的同时,提高农民的生活品质,帮助农民找到合理处理秸秆废物的途径。

(四)国家对农村能源建设的大力扶持

近些年来,我国逐渐将农村能源的开发建设提升到战略高度上来,着重强调农村能源建设是关系到我国8亿农民日常生产和生活的大事。党中央、国务院在2018年印发的《乡村振兴战略规划（2018—2022年）》中，明确提出要构建农村现代能源体系，并对此项工作给予一定的经济支持，国家专门下达405亿元进行贫困地区的农网改造升级，积极鼓励绿色能源示范县建设，并鼓励当地村民利用废弃土地发展生物质能，引导其在住宅内使用地热能和太阳能等可再生能源。做好农村能源转型工作，不仅是建设现代农村经济体系的关键环节，更是改善美化农村生态环境、提高农民生活水平的重要一步。

三 河北省农村能源发展现状分析

近几年来，河北省积极响应国家号召发展农村能源建设，并且在多方面取得了较为理想的成就，总体来说，河北省农村能源现状相较于以往有明显的改善。

（一）农村能源基础设施建设不断完善

近年来随着国家对农村能源基础设施的重视程度不断提高以及相关政策的大力支持，农村地区迎来了崭新的发展机遇，河北省农村能源基础设施条件有了明显的改善：农村"煤改气"工程进行得如火如荼，不少乡村燃气管网已经铺设完成，投入使用；利用可再生能源的绿色电网也逐步普及；光伏发电、沼气发电等诸多技术也在农村由试点运行逐步趋于成熟，部分地区采用补贴的方式推广使用清洁炉以降低使用煤炭造成的污染。但是河北省当下现状表明，部分地区仍然存在优质资源供给不足的问题，在因地制宜推动可再生能源多元化发展方面仍有待加强。

（二）农村可再生能源发展势头强劲

经过几年的探索，河北省农村地区可再生能源开发有了明显的进步，且发展势头较强。经过多年研究，农村户用沼气技术已有所进步，应用范围更广且节能效率逐步提高；在水能利用方面，小型水电站投入使用顺利解决了边远地区的照明用电等问题，实现了村村通电的战略目标，成本少而见效快。而且农村地区具有土地开阔和阳光充裕的特点，具有较大的太阳能开发利用潜力。2018年，河北省公布了农村地区太阳能取暖试点实施方案，对太阳能资源较为充裕的地区如张家口、承德等通过政府补贴的方式应用"太阳能光伏+"取暖技术，以更环保的方式解决了农村地区冬天取暖的问题。

农村地区有丰富的生物质能可以利用，通过合理的方式进行开发利用，不但能够变废为宝，而且对保护环境有重要的促进作用。但也不可否认，当前河北省部分地区能源的利用效率仍有待加强，与当前国际先进水平相比仍存在较大差距，尤其是在提高生物质能的利用效率与提升循环经济的建设方面，省内并无创新性发展成果。

（三）多项农村现代能源试点全国领先

河北省近几年积极开发农村现代能源项目，并创新性地将生态建设与互联网建设相结合，充分利用现代科技解决能源问题，多个试点项目在全国范围内处于领先地位。张北县全球最大的单体新能源发电项目"互联网+智慧能源"，采用最新网络技术建设新能源电站智能集中运维平台，工作人员能够实时掌握设备的具体运行状况，极大地提高了工作效率。另外，正定塔元庄村建成了全国首家村级综合能源服务站，深度挖掘当地红色旅游和农业观光等产业特色，通过提供智慧充电、分布储能、直流配电、能效服务、智能营业厅等智能服务，推动乡村生态文明与能源系统深度融合。

（四）农村能源消费水平不断升级

随着清洁能源的不断推广，其消费范围也逐步扩大。2017年和2018年全省完成居民"双代煤"431余万户，大幅削减了诸如二氧化硫、氮氧化物及烟尘等污染物的排放量，改善了空气质量。另外，河北省便利能源使用方式日益广泛。2019年初收集的10656户省内"乡镇用能情况调研问卷"表明，有超过50%的农村家庭将燃气灶、电磁炉等清洁灶具作为主要灶头类型,超过40%的农村家庭安装了太阳能或电热水器,超过90%的农村家庭同时拥有电冰箱、洗衣机和电视机,随着农村能源消费的不断升级,农民的日常生活也更加舒适便利。

四 河北省农村能源转型存在的问题

河北省正努力加快新能源开发利用的进程,但在此过程中不可避免地出现了诸多问题。具体表现在以下几个方面。

(一)能源消费仍然以煤为主,污染环境

受我国当前"富煤、贫油、少气"的能源禀赋特点以及农村地区对散煤监管不到位等因素的影响,河北省短期内难以实现新能源大量替代传统能源的目标,因此,煤炭、天然气和石油在未来相当长的一段时间内仍将是河北省的主要消耗能源。然而煤炭所产生的污染物总量远高于其他种类的能源,这也意味着河北省部分地区未来一段时间内都将面临较大的生态压力。无论是从我国国情的角度出发,还是考虑到能源转型工程的复杂度,煤炭在未来很长的一段时间内都将是河北省的主导能源,因此需要充分认识并把握"减煤"的难度,不能抱有过于乐观的心态。

(二)传统能源利用效率低

河北省农村住房面临着能耗大、资源浪费的问题。从河北省农村居民的居住情况来看,目前农村住房主要以平房为主,平房的户型和外围护结构面积较大、维护结构建材的导热率高,大部分住房建筑没有保温处理,导致冬天部分农村地区出现取暖难的问题。多数住房由于年久失修,建材的热阻有所降低,导致房屋的供热负荷十分巨大且热量损失高。而农村冬季取暖大部分采用燃煤锅炉供热的方式,农村所用的锅炉均为小型锅炉,这种锅炉的热转换率极其低下,造成了能源的大量浪费。因此,大力推广太阳能、地热能及风能等新能源,减少能源的浪费就成为农村能源发展的必经之路。

（三）可再生能源开发利用程度低

尽管河北省具有丰富的可再生资源，但是开发利用流程的不完善导致利用程度较低，特别是秸秆这一生物质能利用难度较大。一方面，秸秆数量多，但较为分散，统一处理需要耗费大量的人力物力；另一方面，秸秆收购时间短但储存周期长，厂商因成本问题不愿收购。因此，发展生物质能源产业，必须要在降低成本的基础上建立产业化和规范化的回收流程。同时，煤炭与液化石油气等能源的供应与服务网点存在脱节现象，导致农村可再生能源的开发利用程度低下。除此之外，其他的可再生能源在农村的发展前景并不友好，农村地区虽然建立了诸如沼气、太阳能热水器以及太阳能光伏发电等一系列可再生能源设施，但是缺少与之相匹配的服务体系，且市场化与产业化水平相对较低。可再生能源的再开发面临着成本高、技术高的难题，目前难以在大部分农村地区推广。河北省应不断进行技术的创新升级，完善与发展可再生能源的配套设施，降低成本，完善整体流程，进而全面推广。

（四）能源基础设施仍然薄弱

从整体来看，河北省能源基础设施建设仍然比较薄弱，相应的管理机制也并不完备。尽管农村地区煤炭和液化石油气在能源消耗总量中所占比重较高，但其供应网点和服务网点的分布及相互间的配合却不够完善。此外，农村地区当前已经建设发展的可再生能源基础设施如太阳能热水器、太阳灶等缺乏配套的服务体系，不利于农村能源和可持续发展的后续运行工作，远不能满足广大农村用户的能源需求。另外，由于缺乏相关经验和人力物力的支持，河北省能源服务能力有所欠缺。尽管近些年，国家加大了服务体系方面的投入，在农村地区陆续建立了乡村服务网点，并配置了专业的能源维修工具，但从实际情况来看，服务能力不强、服务水平不高、服务机制不完善、服务不及时不到位的问题依旧较为突出。主要是由于工作经费缺乏，项目投资标准偏低但要求较高，相关服务人员缺乏工作热情。

（五）多种能源之间缺乏协同互补

随着河北省能源系统中各个细分品种的各自发展，不平衡和不可持续的问题开始显现。如煤炭因其污染物排放已经不能适应环境保护的发展需求；太阳能和风能等受周期性等因素的制约，无法保证供能的持续性和稳定性；天然气供应量不稳定且需要铺设管道才能实现气源的持续供应；生物质能源尤其是秸秆等农业剩余物资源受季节性强等因素的制约，难以保证全年材料供给的持续性。为破解上述难题，实现多能互补集成优化模式是重要的突破口。但是，目前在河北省农村，多能互补这一想法才刚刚提出，尚未建立起多品种、多源头、多方式协同互补的体系以及适合农村特点的能源综合利用发展机制，供能系统整体的协调性仍有待提高。

五 推动河北省农村能源转型的对策和建议

（一）根据河北省的具体情况制订能源转型计划

现阶段，相较于传统能源（煤炭、石油等）而言，可再生能源虽然对环境的污染程度更小，但能量转化成本高。据此，政府应结合相关政策，制定中长期发展规划，确保可再生能源投资者与使用者的利益，加快发展可再生能源利用技术。另外，政府应该及时加强对民众的可再生能源宣传教育工作，使他们从根本上认识到能源转型不仅有助于个人和家庭的发展，更能够造福子孙后代。同时要兼顾能源绿色发展的各方利益相关者，一方面，鼓励企业寻找自身利益与绿色发展的平衡点，在满足自身利益的前提下为社会生态发展贡献力量；另一方面，能源终端用户消费者需承担由能源转型带来的成本上升，政府可适当对其予以部分经济补贴。

（二）大力发展新能源和可再生能源等替代传统能源

要想成功实现农村能源改革与转型，就必须推动可再生能源的发展。尽管目前我国可再生能源发展势头强劲,但是发展时间较短,普及率并不高,且能源利用技术尚未成熟,利用率不高。因此,在加强以秸秆为主的生物质能,以太阳能、风能为主的新能源的研发与应用的同时,还应完善其配套设施的建设和储备流程。在推进能源转型的过程中,一方面,应构建农村绿色电网,实行"煤改电""煤改气"等改革工程,通过推广使用清洁能源来保护环境;另一方面,政府应积极打击"劣质煤"的销售,优化煤炭使用方式,确保燃煤污染降到最低。针对可再生能源推广过程中出现的使用价格较高、村民使用意向低等问题,政府应适时地给予一定的政策扶持,结合河北省不同农村地区的经济发展水平状况,适当予以资金支持,保障新能源的广泛使用。

(三)健全能源管理体制机制,成立能源转型职能部门

当前我国及各省区市能源转型这一大工程缺乏系统的指挥与管理,随着国家煤炭工业部的撤销以及相关职能部门分散至多个部门,煤炭产业缺乏统一的领导机构和核心,管理机构难以适应新的形式,一方面将严重影响政府管理效率,另一方面也不利于及时针对突发状况发布相关政策,难以及时对新的变化形势做出反应,不利于国家能源产业转型工作。因此建议河北省健全能源管理体制机制,设立能源统一管理部门,以市场调控为主、以政府调控为辅的方式及时制定和完善能源发展政策,并适当借鉴国外能源转型实践经验,努力构建竞争有序且平等交换的现代能源市场体系,进一步促进能源效率的提升。

(四)完善法律法规体系,促进可再生能源开发

当前,我国推动开发并利用可再生能源的工作仍处于起步阶段,因而相关法律法规并不完善,应向在此方面具有丰富经验的国家如德国学习借鉴。德国针对不同资源领域分别立法,根据其实际特点建立专门的法规体系,并设立促进可再生能源使用的经济优惠条款,主要以提升传统能源生态税、减少生物质燃料税费的方式推广可再生能源,同时政府方面每年出资约5亿欧

元进行建筑物的节能改造工作。法律法规也并不总是一成不变的，政府会根据在实际情况中遇到的各种问题灵活修订调整法规，有针对性地出台政策及时应对突发状况。河北省也可在可再生能源的开发方面适当给予一定的经济激励，并提高法律法规的出台效率。

（五）提升技术研发手段，保障可再生能源发展

可再生能源的发展离不开技术的支持。在风力发电和光伏发电发明之后，传统电力系统主要依赖传统化石燃料来适应风力发电及光伏发电的间歇性和波动性，经过创新研发并全力培育相关技术，提高了电力系统的灵活性，通过降低功率和缩短开机时间的方式，对风力发电和光伏发电予以灵活性补充，建立智能电网，合理调节能源的使用。技术是保障可再生能源发展的核心竞争力，在能源转型方面，改进传统能源利用技术并创新研发可再生能源是两个重要的方面，只有在基础技术保障到位的前提下，不断创新研发，才有利于人类对能源的合理利用。

参考文献

冯凯辉、闫湖、张红宪：《"十四五"我国农村如何推进能源转型》，《国家电网报》2020年12月8日。

车亮亮、武春友：《我国能源绿色转型对策研究》，《大连理工大学学报》（社会科学版）2015年第2期。

张有生等：《世界能源转型发展及对我国的启示》，《宏观经济管理》2015年第12期。

王朝、李伟峰、韩立建：《京津冀城市群能源协同发展背景下能源生产结构变化探究》，《生态学报》2019年第4期。

张所续、马伯永：《世界能源发展趋势与中国能源未来发展方向》，《中国国土资源经济》2019年第10期。

梁媛：《中国可再生能源学会推动"打响蓝天保卫战"——学会关于河北能源转型问题的研究成果成为全国人大会议提案》，《太阳能》2017年第3期。

石元春：《中国能源困境与转型》，《中国工程科学》2009年第11期。

刘媛媛：《能源转型下可再生能源发展现状与趋势研究》，《中国经贸导刊（中）》2018年第35期。

林绿等：《德国和美国能源转型政策创新及对我国的启示》，《环境保护》2017年第19期。

曲卫华：《我国能源消费对环境与公共健康的影响研究》，博士学位论文，北京理工大学，2016。

典型村调查
Investigation Report

B.21
河北省保定市涞水县南峪村调研报告
——一个太行深山网红民宿旅游品牌的兴起

闫永路*

摘　要： 南峪村曾是太行山贫困村，资源匮乏、劳动力流失多、集体经济薄弱等问题突出。近年来，南峪村通过进入市场竞争机制，获得中国三星"美丽乡村——分享村庄项目"外部支援，走上乡村旅游发展之路。南峪村脱贫致富案例有如下启示：在脱贫攻坚与乡村振兴有序衔接中，要注重发挥市场的竞争机制，激发村民的组织能动性，以制度化建设硬化产业利益的分配机制并保障产业可持续运行，坚持"两山"理念，将山林生态资源转化为产业要素资源，各级党委、政府要支持并信任基层干部和群众，保护他们干事创业和振兴乡村的热情。

---

* 闫永路，河北省社会科学院农村经济研究所副研究员，主要研究方向为农业农村经济。

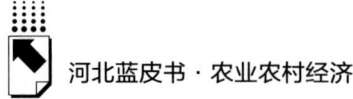

关键词： 南峪村　民宿　市场化　专业合作社　脱贫攻坚

一　引言

在各级党委、政府各种支持帮扶下，河北省燕山—太行山区贫困村逐步逐个脱离贫困，但远未走上致富之路。涞水县南峪村从一个太行山普通贫困村嬗变为网红民宿旅游专业村，实现了整村脱贫和全村致富。2020年9月3日～4日，河北省社会科学院农村经济研究所一行10人到南峪村进行了实地调研，调研组与村党支部书记段春亭同志开展了座谈，实地考察了南峪村民宿产业发展、村庄建设和生态建设情况，亲身体验了农家民宿服务。调研认为，南峪村不是完全依靠外部力量的打造或支持而成功的，其成功是该村以敏锐的市场嗅觉，引入市场化专业力量并遵循市场化运营规律的必然结果。它走出了一条外部力量引导、市场力量主导、村民力量自力更生的成功之路，成为众多得到帮扶走出贫困的代表，又成为从脱贫走向致富的新生代表。它的成功，对当下河北深入贯彻落实十九届五中全会精神和进一步巩固拓展脱贫攻坚成果具有强烈的启发意义。

二　县村情况

（一）县域概况

涞水县隶属于河北省保定市，位于河北省中部偏西，太行山东麓北端。地形由西北向东南狭长倾斜，山区最高海拔1983米，丘陵海拔100米左右，平原海拔30米左右。地貌以山区、丘陵、平原为主，呈阶梯状分布，差异十分明显。县域南北宽137.9公里，东西长74公里，总面积为1661.61平方公里，其中，西北部山区面积为1226.3平方公里，占全县总面积的73.8%；东南部平原面积为325.2平方公里，占全县总面积的19.6%；中部丘陵面积为99.012平方公里，占全县总面积的6%。①

涞水县历史悠久，西周之初已成居住规模，属侯国管辖。至汉高帝六年（公元前201年）始设遒县，属涿郡管辖。南北朝时期，北魏改遒县，属范阳郡。隋开皇十八年（598年），始称涞水县。涞水县定名之后，所辖地域及所属管辖频繁变更，先后经历东文山、永阳、洛平、水北、娄村等乡被划出管辖，撤销东文山、永阳、洛平、水北、娄村等乡，又经历撤公社改乡、撤区并区建镇等行政区划调整。到2019年10月，涞水县下辖11个镇、4个乡、1个社区，284个行政村，户籍总人口36.41万人。

涞水县属海河流域、大清河水系，拒马河为县内主要河流，发源于涞源，在涞水县内分为两段、流经全县百余公里：一段从龙门乡入境、三坡镇出境，流经3个乡镇，长约74公里；另一段从宋各庄乡入境，自铁锁崖分成南拒马河、北拒马河，南拒马河流经5个乡镇，长约36公里，经义安镇流入定兴县境，北拒马河流入涿州市。涞水县属暖温带大陆性气候，年平均气温13.1℃，无霜期213天，年降水量483毫米，相对湿度60%，多南风，平均风速0.9米/秒。

涞水县经济以旅游经济等第三产业为主，第一和第二产业规模较小。2019年全县地区生产总值为89.25亿元，其中，第一产业增加值为16.78亿元，占全县地区生产总值的18.81%；第二产业增加值为15.34亿元，占全县地区生产总值的17.18%；第三产业增加值为57.13亿元，占全县地区生产总值的64.01%。同年全县财政收入为11.83亿元，其中一般公共预算收入为6.82亿元，占全部财政收入的57.65%。涞水县名胜古迹众多，有庆化寺花塔、西岗塔、皇甫寺塔、怡贤亲王墓等4处国家级重点文物保护单位。野三坡5A级风景名胜区（简称"野三坡景区"）是京津冀地区最著名的风景名胜区之一，景区面积498.5平方公里，约占县域总面积的1/3。1986年景区开发以来，对京津冀全域旅游发挥了较强的带动作用，是首届河北省旅游产业发展大会举办地，先后获得"世界地质公园""国家森林公园"等众多荣誉称号。

---

① 涞水县人民政府网，http：//www.laishui.gov.cn。

（二）村庄概况

南峪村隶属于涞水县三坡镇，临近张涿高速（首都环线）野三坡旅游景区高速口，村庄依拒马河而建，距离三坡镇政府10公里，距离野三坡景区百里峡、大峡谷、百草畔森林公园等核心景点15~20公里，交通条件和区位条件十分优越。全村由北峪、南峪、南坡、大坑四个自然庄组成，共有224户671人，其中党员37人，村"两委"班子5人，山场面积约2万亩，其中耕地土地面积400亩。2014年建档立卡贫困户52户85人，2018年底全部实现脱贫。2014年全村人均纯收入为2600元，2019年提高到8800元。在上级党委、政府和中国扶贫基金会大力支持下，该村通过不懈努力，成功中标中国三星"美丽乡村—分享村庄项目"，引入了首批社会化扶贫资金，从此走上旅游脱贫致富之路。该村依托野三坡景区资源，利用紧邻张涿高速口的交通区位优势，按照"景区带村、能人带户"理念，成立了"南峪村农宅旅游农民专业合作社"，培育了"麻麻花的山坡"高端旅游民宿网红品牌，依托"旅游+民宿"，以股份合作社的方式将贫困群众组织起来，将旅游扶贫产业、乡村文化产业做得风生水起，激发了村民自觉自主发展的内生动力，走出了一条崭新的靠生态和旅游脱贫致富的新模式，引起了理论研究和各级管理部门的强烈关注。

三 发展困境

野三坡景区开发较早，但在张涿高速开通之前和之后的很长一段时间内，南峪村都未能摆脱贫困境地，存在交通限制旅游发展、青壮年劳动资源力流失、生态资源贫乏、集体经济和外部支援较少等多种障碍。

（一）交通限制景区旅游经济溢出

野三坡景区20世纪90年代已在京津冀地区叫响旅游品牌，但临近景区的南峪村并未因野三坡景区旅游经济的火热而致富，原因是从景区到南峪村没有一条像样的道路。拒马河将南峪村自然村分割，一座简易木桥要在夏季汛期拆除，秋季非汛期再重新装回，缺桥少路成为限制该村加快发展的首要因素。2011年张涿高速公路开工建设，南峪村成为从高速公路进入野三坡景区的第一个出口，这一利好激起了全村发展大旅游、打造"旅游第一村"的热情。但是，成功并非易事。高速公路通车后，南峪村发现更多的旅游车奔向了野三坡景区，南峪村求发展的愿望并未成功。

（二）耕地资源和生态资源贫乏

南峪村仅有耕地400亩，人均耕地不到0.6亩，全村只能靠山吃山，主要经济来源是农户养羊放牧。据统计，全村养羊规模曾经达到1.5万只，半数以上村民靠养羊生活。农户无序散养和缺少生态保护意识，造成的严重后果就是生态破坏，这又成了挡在南峪村发展面前的又一只"拦路虎"。

（三）青壮年人力资源流失较多

在城市经济快速发展的背景下，农村长期的发展落后，使城市对农村青壮年劳动力产生了巨大的虹吸效应，农村逐渐空心化、老龄化。南峪村也不例外，村庄空心化、老龄化造成的教育设施落后，进一步加剧了学生资源的流失。据了解，南峪村最多有30余名妇女劳力去往县城陪读。人力资源短缺也成为南峪村加快发展的制约因素。

（四）集体经济和外部支援较少

缺人少地的先天条件，使得南峪村既无集体经济，也少外部支援，只能依靠野三坡景区和2万亩山场资源等待时机。在这期间，南峪村在党支部书记段春亭带领下，先后尝试修建了出村简易道路，规劝村民一步步缩小养羊规模，努力保护好生态资源，为再次发展旅游产业积极创造条件。

四 发展路径

2014年11月，中国三星与中国扶贫基金会联合启动"美丽乡村—分享村庄项目",旨在以社会资金助力脱贫攻坚,在陕西省十二盘村第一个项目实验性起步后,2015年选择在河北省实施第二个"美丽乡村—分享村庄项目"。但是与之前不同的是,中国三星与中国扶贫基金会在项目遴选上引入了两个重要的工作机制,一是村庄遴选竞争机制,为了防止贫困村一哄而上,保证项目质量,项目专家组设计了3轮考察、3轮评审、1个试点项目考评的村庄"PK"制度,河北省共有22个村庄报名参与项目,南峪村亦在其中。以段春亭为首的村两委班子决定抓住良机、不让机会溜走,带领群众改善村庄环境、完善基础设施、迎接专家组考察评审,最终南峪村历经22进10、10进2、最后两村比拼,赢得评审答辩,"南峪美丽乡村梦"正式启航。二是在项目实施中,引入收益分工机制,目的是充分调动帮扶村庄群众自愿参与的积极性,为项目长久实施和提高村庄"造血"能力创造条件。

(一)将季节桥转变成"黄金桥"

1999年在全国热播的电视剧《西游记》续集中有一段唐僧四人在水流湍急的拒马河上过木桥的场景,其取景地即南峪村的季节性木桥。1999年8月,刚刚当选村党支部书记的段春亭即意识到,这处木桥取景地极具旅游开发价值,可以作为全村旅游发展的开发点之一,于是带领群众对该桥进行了整体性改造,通过在河床上埋设水泥管、在桥面上铺设水泥路,成功将季节性木桥变为一座坚固的漫水桥。"美丽乡村—分享村庄项目"实施后,村两委对漫水桥重新进行设计、整修和宣传,现在这座漫水桥在旅游旺季成为游客戏水、拍照留影的热度景点之一,不仅发挥了南峪村交通出行的交通桥作用,还成为南峪村发展乡村旅游、带动经济发展的"黄金桥"。

(二)将泥泞路打造成幸福路

1999年之前,南峪村还没有一条像样的进村路,在首次确定乡村旅游发展方向后,村党支部书记段春亭带领群众,修了一条长4.5公里、宽3米的水泥路,初步改善了村庄与外部的交通条件。但是2012年7月21日保定市经历了特大暴雨，全市受灾人口85.3万人，受灾面积413万亩，涉及11个县市、121个乡镇，直接经济损失95.3亿元，涞水县是特大暴雨的重灾区，南峪村新修不久的通村路也化为乌有。借着脱贫攻坚国家扶持政策和中国三星"美丽乡村—分享村庄项目"，村两委再次带领全村重新修路，在专业团队的支持下，南峪村已经修成双向两车道的环村旅游公路。交通条件的极大改善为南峪村发展旅游经济奠定了坚实基础，村里的烂泥路已经变成村民发展民宿旅游的幸福路。

（三）将贫困户带动成致富户

"美丽乡村—分享村庄项目"落地后，村两委、村民代表与项目团队深入研讨并认为，南峪村拥有太行山、拒马河交相辉映的山水资源，村庄及山场区域$PM_{2.5}$含量常年保持在$10\mu g/m^3$以下，空气清新，负氧离子浓度高，山场、耕地、果园、林地、河岸滩地等用地类型多样，全村有60余处富有地方建筑特色和改造利用价值的闲置民宅，花椒、麻核桃、山杏、柿子等特色农产品丰富，又毗邻国家级风景名胜区野三坡，靠近高速路口，交通便利，具备打造成特色乡村民宿旅游地，建设成集太行山休闲养生、农村文化、特色农产品旅游产品等多功能于一体的旅游专业村的优越条件。2016年4月南峪村成立了"农宅旅游农民专业合作社"，并引入专业运营商——恒观远方（北京）网络科技有限公司，整体运营高端民宿，打造了2套高端民宿，实现了8万元营业收入。2016~2019年，南峪村将高端民宿套数由2套逐步发展到15套，营业收入由8万元提高到365万元，年底村民分红由100元提高到700元，贫困人口分红由200元提高到1400元。高端民宿的发展带来的稳定客源，进一步带动了合作社以外、个人开办的民宿发展，高端民宿项目保障了贫困户稳定脱贫、带动了贫困户致富增收。

（四）将山花培育成网红品牌

南峪村将民宿旅游从无到有发展起来，还将高端民宿打造成了网红品牌——麻麻花的山坡。麻麻花，一种广泛分布于华北、东北地区的野生草本植物，野生麻麻花十分珍贵，是冀晋等省北部地区百姓喜爱的上等调味料，南峪村当地称之为"野韭菜花"。麻麻花特有的朴实、香气激发了南峪村的灵感，长满山坡的麻麻花与南峪村高端民宿项目的文化内涵十分契合。在专业经营团队的运营下，麻麻花的山坡上线电商平台后，清新、舒适、养生、放松、美食等南峪村高端民宿的亮点在京津冀旅游圈口碑相传，周末、月末、季末、春节、黄金周等节假日预订火爆。预订一所高端民宿小院，可享受爬山、戏水、采摘、畅聊、美食乐趣，彻底放松身心。南峪村民宿正由家庭散客尝试性消费目的地拓展为民营公司员工"团建"热选之地，麻麻花正由一朵山坡野花成长为"网红"品牌。

五 发展思考

以旅游产业促进脱贫或以民宿经济带动农村经济发展的案例数不胜数，但真正经受住市场化考验的案例少之又少，南峪村在野三坡风景区成功站稳脚跟，有四个方面的改变不容忽视。

（一）经营模式由粗放式经营向高品质经营转变

根据国家统计局调查，近10年来我国居民一天中用于休闲的时间比10年前增加了25分钟。作为休闲最重要的方式，旅游活动已深嵌中国家庭日常生活之中。中国旅游研究院发布的数据显示，2018年中国城镇居民周末、节假日户外休闲比重逐渐增大，休闲空间不断扩大、休闲活动日趋丰富，假日旅游休闲持续稳定增长。2018年春节、清明、"五一"、端午期间，国内旅游总人数分别同比增长12.1%、8.3%、9.3%、7.9%。与旅游井喷式需求相对应，随着中国城镇化率显著提高，中国居民参与旅游的方式也已发生深刻变化，从旅游团模式快速过渡到自驾游模式，由长假游模式向周末游、短日游模式转变，旅游消费品位由走马观花式旅游快速转变为对景区景点的深度游、休闲游、体验游，等等。生活在快节奏大城市中的居民越来越倾向于选择清净、休闲、干扰少的农村旅游。农村旅游产品也由粗放式经营快速向高品质经营迭代，传统的赶大集、赶庙会等熙熙攘攘的旅游场景正逐步被青山绿水、休闲舒畅的旅游方式所替代。低端旅游产品供给多、高品质休闲游产品供给少，成为全域旅游待解的供给侧矛盾。南峪村高端民宿正是以敏锐的市场嗅觉和成功的市场定位，从粗放式经营华丽转向高品质经营，从而在市场之中稳立潮头。

（二）动力模式由"等靠要"思维向竞争性内生转变

"等靠要"思想始终是脱贫攻坚要着力克服的问题，在众多贫困村中，激发贫困户内生发展动力，帮助贫困户树立发展之志，一直是帮扶单位和社会各方的工作重点。南峪村在高端民宿项目中，通过设立不同的就业岗位，制定相应的考核办法，并将岗位服务质量与收入报酬挂钩，引入竞争上岗机制，激发了全体村民干事创业的热情。比如，南峪村为每所民宿小院设定了一名管家，管家负责游客的接待、卫生、饮食甚至医疗等保姆式居家服务，游客接待量和服务质量都是收入考核的硬指标。同时，管家在上岗之前，都要接受专业化经营团队开展的为期两个月的服务培训，经考核合格后才能上岗服务，并通过设置星级管家激发群众提升服务质量。竞争机制的引入让每位管家更加珍惜就业岗位，通过自身努力获得真金白银的经济收入也让管家欣喜不已。所以，激发村民竞争性内生动力彻底破除了"等靠要"思想，是南峪村高端民宿项目得以快速发展、贫困群众得以脱贫致富的关键。

（三）脱贫模式由包办式脱贫向市场化致富转变

在脱贫攻坚实践中，也有部分贫困村是在各地党委、政府的包办下脱贫的。政府出资帮扶的重点领域主要集中于道路交通、安全饮水、环境卫生、文化教育等基本公共服务领域，但是也有部分贫困村依赖政府拉来特色种植、特色养殖、手工艺加工等企业帮扶，这种靠政府扶持起来的产业往往竞争力不强，只有依靠市场力量，通过发挥贫困村自身比较优势发展起来的产业，才更具发展前景和生命力。南峪村高端民宿项目从实施之初，即注重发挥市场机制的作用，从南峪村在22个候选村中成功中标"美丽乡村—分享村庄项目"、委托专业团队经营麻麻花品牌、高端民宿电商销售、小院管家上岗，到村内普通农户开办一般民宿（未参加合作社），村内的经营活动无一不在竞争之中谋生存、快发展。所以，南峪村由高端民宿带动的乡村旅游产业是生于市场、长于市场之中的，市场在资源配置中发挥了决定性作用，其脱贫致富也是遵循市场化规律的必然结果。

（四）发展模式由昙花一现向持续发展模式转变

如上所述，南峪村以高端民宿为主体的乡村旅游在市场竞争中具有旺盛的生命力，其可持续发展的根基一方面来源于适应市场的经营主体，另一方面来源于持续改善的生态环境。一手抓产业、一手抓生态，两手都要抓、两手都要硬，现在南峪村已禁止村民山林放牧，村民有了乡村旅游的稳定收入，生态保护意识和需求也越来越强烈。经过3~4年不断探索，南峪村高端民宿不断开拓市场，现在已成长为区域性"网红"品牌，成功走出昙花一现、开业失业的商业窠臼，成功实现了向可持续发展模式的转变。

六 启示

南峪村以高端民宿发展旅游产业，自力更生带动贫困户脱贫致富，加大生态环境建设力度，引导乡村旅游走上可持续发展之路，其成功并非偶然，我们认为，加强市场竞争性、制度化、"两山"理念和信任建设，是积极贯彻党的十九届五中全会精神，进一步巩固拓展脱贫攻坚成果，加快推进美丽乡村建设的有益启示。

（一）以市场竞争性激发组织能动性

主观能动性是干事创业的基础，激发村民的主观能动性只是迈出了村庄发展的第一步。我们认为，加快乡村发展、推动乡村振兴，既要注重激发村民个体的主观能动性，也要激发民村群体的组织能动性，将村民组织起来、凝聚发展合力是促进发展的先决条件。这既需要村两委班子团结给力、齐心合力，也需要引入市场竞争机制。南峪村发展实践表明，在引进乡村建设项目的初期，就需要着力依靠竞争机制，对项目可实施的地域、地点加大筛选淘汰力度，在项目实施过程中，同样需要依靠市场竞争来激发个体主观能动性，从而激发其内生动力。在此基础上，应着力发挥社会第三方（专业化市场运营团队）对村民群体组织能动性的挖掘、培养与激发，通过市场竞争机制和利益联结机制，将村民群体与乡村建设项目融为一体，构建项目建设（运用）与村民个体的投入与收益关系，将个体利益嵌入村庄集体发展利益。

（二）以制度化建设保障产业运营

要使竞争性机制和利益联结机制发挥作用，就需要建立制度化保障体系，并根据实践发展不断优化调整制度内容。比如，南峪村成立"农宅旅游农民专业合作社"之后，在专业运营团队指导下，选举产生了理事会、监事会，设立了三级联动、五户联助的管理模式，制定了合作社成员确权方案及确权标准，从而建立了合作社专业化运营的基础管理架构。同时，合作社还与专业运营团队建立了"三七分成，二五保底"的利益分配机制，即营收分配中，运营团队占30%，合作社占70%；其中20%作为管家收入，50%为合作社分成。制度化机制的建立，保障了合作社、村集体、运营商、管家等各方经营利益，从而保证了旅游产业平稳快速发展。在贫困户脱贫上，南峪村还制定了贫困人口分红收入是非贫困人口分红收入2倍的基础性制度，从而保障了贫困户等特殊群体的利益。

（三）以"两山"理念支撑美丽乡村

南峪村发展实践再次证明，绿水青山就是金山银山，是美丽乡村建设中应始终坚持的真理，既要将"两山"理念贯穿于建设始终，也要将生态资源产业化。麻麻花满山遍野，将麻麻花开发成商业品牌，更显示出南峪村在发展生态、利用生态上"棋高一着"。在农村调研中，我们也多次发现，部分美丽乡村的生态环境建设已走在前列，但是其经济功能的开发还不甚成功，更多是承担参观、调研等公益性功能，缺乏将生态优势转化为产业优势、经济优势的路径与机制。下一步，应努力瞄准生态产业化和产业生态化目标，在推进美丽乡村建设中，加强生态与产业的互动转化，为美丽乡村建设注入新的发展动能。

（四）以支持信任保护干部群众热情

在美丽乡村建设中，除了加强引入市场竞争机制、构建制度化利益分配机制、增强生态经济转化能力，还应加强对农村基层干部队伍的支持信任机制建设。在实际工作中，还存在一些偏向性歧见甚至错误性认识，认为基层干部队伍和村民群众的能力普遍较低，要在加强指导和管理上下功夫，进而加强对美丽乡村建设的直接管理，这种认识或管理既束缚了农村基层干部群众的创造力，也打击了他们的工作积极性，甚至会使其养成一种惰性，认为凡事有上级政府或单位帮助，不用村里多操一份心，所以，这种管理模式并不利于调动各方能动性。南峪村以遴选方式中标中国三星"美丽乡村—分享村庄项目"，其重要的宝贵经验之一就是在专业团队规划指导下，完全下放项目建设主导权，放手发动基层干部和村民群众的创造力，形成了支援方与受援方相互信任、相互支持的良好互动机制，从而保障了项目的成功实施。因此，在美丽乡村建设中，除了要调动干部群众的干事热情，还要给予他们充分的支持与信任，以信任铺就社会各方积极参与美丽乡村建设的基石，推动美丽乡村建设更好更快发展，促进各级各类乡村全面振兴。

参考文献

刘世芬：《麻麻花开（报告文学）》，河北新闻网，2020年4月3日，http：//hbrb.hebnews.cn/pc/paper/c/202004/03/content_31951.html。

南峪村党支部：《南峪村旅游扶贫工作汇报》，2020年7月。

南峪村党支部：《美丽乡村·中国三星分享村庄（河北）项目涞水县三坡镇南峪村情况陈述报告》，2015年10月。

河北省旅游发展委员会：《河北省旅游产业扶贫典型案例》，2018年7月。

调研组对南峪村党支部书记段春亭同志会谈交流记录，2020年9月。

B.22 后　记

《河北农业农村经济发展报告（2021）》是以河北省社会科学院农村经济研究所为主，由国家统计局河北调查总队、河北省农业农村厅、河北农业大学等有关单位和部门共同参与完成的。全书在分析总结2020年河北省农业农村经济运行总体状况的基础上，对2021年河北省粮食、蔬菜、水果、畜牧、渔业以及农产品生产者价格、农村居民收入、农村居民生活消费、农村市场价格、农产品进出口贸易情况进行了分析总结与预测，并提出了2021年河北省加快农业农村发展、促进农民持续增收的对策建议。同时，本书还针对河北省都市农业发展、京津冀农业科技协调发展、县域经济发展、农业产业化、脱贫攻坚与乡村振兴衔接等问题开展了专题研究，力求在更深层次分析河北省农业农村发展面临的问题，回应社会关切，为政府决策提供参考。

本书由康振海策划，穆兴增、张波主持审定，段小平对全书进行统稿修改。在本书研究和书稿形成的过程中，我们参阅了大量相关文献和资料，在参考文献中未能一一列出，在此向作者表示感谢。同时，感谢在研究中向我们提供帮助的相关部门领导和专家，感谢社会科学文献出版社及时编辑出版此书。

编　者

2020年12月

社会科学文献出版社

皮 书

智库报告的主要形式
同一主题智库报告的聚合

❖ 皮书定义 ❖

皮书是对中国与世界发展状况和热点问题进行年度监测,以专业的角度、专家的视野和实证研究方法,针对某一领域或区域现状与发展态势展开分析和预测,具备前沿性、原创性、实证性、连续性、时效性等特点的公开出版物,由一系列权威研究报告组成。

❖ 皮书作者 ❖

皮书系列报告作者以国内外一流研究机构、知名高校等重点智库的研究人员为主,多为相关领域一流专家学者,他们的观点代表了当下学界对中国与世界的现实和未来最高水平的解读与分析。截至2021年,皮书研创机构有近千家,报告作者累计超过7万人。

❖ 皮书荣誉 ❖

皮书系列已成为社会科学文献出版社的著名图书品牌和中国社会科学院的知名学术品牌。2016年皮书系列正式列入"十三五"国家重点出版规划项目;2013~2021年,重点皮书列入中国社会科学院承担的国家哲学社会科学创新工程项目。

权威报告·一手数据·特色资源

皮书数据库
ANNUAL REPORT(YEARBOOK) DATABASE

分析解读当下中国发展变迁的高端智库平台

所获荣誉

- 2019年，入围国家新闻出版署数字出版精品遴选推荐计划项目
- 2016年，入选"'十三五'国家重点电子出版物出版规划骨干工程"
- 2015年，荣获"搜索中国正能量 点赞2015""创新中国科技创新奖"
- 2013年，荣获"中国出版政府奖·网络出版物奖"提名奖
- 连续多年荣获中国数字出版博览会"数字出版·优秀品牌"奖

成为会员

通过网址www.pishu.com.cn访问皮书数据库网站或下载皮书数据库APP，进行手机号码验证或邮箱验证即可成为皮书数据库会员。

会员福利

- 已注册用户购书后可免费获赠100元皮书数据库充值卡。刮开充值卡涂层获取充值密码，登录并进入"会员中心"—"在线充值"—"充值卡充值"，充值成功即可购买和查看数据库内容。
- 会员福利最终解释权归社会科学文献出版社所有。

卡号：492898314176
密码：

数据库服务热线：400-008-6695
数据库服务QQ：2475522410
数据库服务邮箱：database@ssap.cn
图书销售热线：010-59367070/7028
图书服务QQ：1265056568
图书服务邮箱：duzhe@ssap.cn

S 基本子库
SUB DATABASE

中国社会发展数据库（下设12个子库）

整合国内外中国社会发展研究成果，汇聚独家统计数据、深度分析报告，涉及社会、人口、政治、教育、法律等12个领域，为了解中国社会发展动态、跟踪社会核心热点、分析社会发展趋势提供一站式资源搜索和数据服务。

中国经济发展数据库（下设12个子库）

围绕国内外中国经济发展主题研究报告、学术资讯、基础数据等资料构建，内容涵盖宏观经济、农业经济、工业经济、产业经济等12个重点经济领域，为实时掌控经济运行态势、把握经济发展规律、洞察经济形势、进行经济决策提供参考和依据。

中国行业发展数据库（下设17个子库）

以中国国民经济行业分类为依据，覆盖金融业、旅游、医疗卫生、交通运输、能源矿产等100多个行业，跟踪分析国民经济相关行业市场运行状况和政策导向，汇集行业发展前沿资讯，为投资、从业及各种经济决策提供理论基础和实践指导。

中国区域发展数据库（下设6个子库）

对中国特定区域内的经济、社会、文化等领域现状与发展情况进行深度分析和预测，研究层级至县及县以下行政区，涉及省份、区域经济体、城市、农村等不同维度，为地方经济社会宏观态势研究、发展经验研究、案例分析提供数据服务。

中国文化传媒数据库（下设18个子库）

汇聚文化传媒领域专家观点、热点资讯，梳理国内外中国文化发展相关学术研究成果、一手统计数据，涵盖文化产业、新闻传播、电影娱乐、文学艺术、群众文化等18个重点研究领域。为文化传媒研究提供相关数据、研究报告和综合分析服务。

世界经济与国际关系数据库（下设6个子库）

立足"皮书系列"世界经济、国际关系相关学术资源，整合世界经济、国际政治、世界文化与科技、全球性问题、国际组织与国际法、区域研究6大领域研究成果，为世界经济与国际关系研究提供全方位数据分析，为决策和形势研判提供参考。

法律声明

"皮书系列"(含蓝皮书、绿皮书、黄皮书)之品牌由社会科学文献出版社最早使用并持续至今,现已被中国图书市场所熟知。"皮书系列"的相关商标已在中华人民共和国国家工商行政管理总局商标局注册,如LOGO( )、皮书、Pishu、经济蓝皮书、社会蓝皮书等。"皮书系列"图书的注册商标专用权及封面设计、版式设计的著作权均为社会科学文献出版社所有。未经社会科学文献出版社书面授权许可,任何使用与"皮书系列"图书注册商标、封面设计、版式设计相同或者近似的文字、图形或其组合的行为均系侵权行为。

经作者授权,本书的专有出版权及信息网络传播权等为社会科学文献出版社享有。未经社会科学文献出版社书面授权许可,任何就本书内容的复制、发行或以数字形式进行网络传播的行为均系侵权行为。

社会科学文献出版社将通过法律途径追究上述侵权行为的法律责任,维护自身合法权益。

欢迎社会各界人士对侵犯社会科学文献出版社上述权利的侵权行为进行举报。电话:010-59367121,电子邮箱:fawubu@ssap.cn。

社会科学文献出版社